改正 児童福祉法・児童虐待防止法のポイント

（平成29年4月完全施行）
新旧対照表・改正後条文

中央法規

改正児童福祉法・児童虐待防止法のポイント（平成29年4月完全施行）
——新旧対照表・改正後条文

第1編 改正児童福祉法・改正児童虐待防止法のポイント
Ⅰ 制度改革の背景／2
Ⅱ 制度見直しのポイント／5
 1 平成28年6月3日施行—児童福祉法の理念の明確化／5
 2 平成28年10月1日施行—児童虐待の発生予防／9
 3 平成29年4月1日施行—児童虐待発生時の迅速・的確な対応／15

第2編 児童福祉法・児童虐待防止法の改正後条文
◉児童福祉法（昭和22年12月12日法律第164号）／28
◉児童虐待の防止等に関する法律（平成12年5月24日法律第82号）／142

第3編 児童福祉法・児童虐待防止法の新旧対照表
◉児童福祉法（抄）（昭和22年12月12日法律第164号）
 ＊平成28年6月3日・10月1日施行／156
 ＊平成29年4月1日施行／168
◉児童虐待の防止等に関する法律（抄）（平成12年5月24日法律第82号）
 ＊平成28年6月3日・10月1日施行／184
 ＊平成29年4月1日施行／189

第4編 資　料
◎児童福祉法等の一部を改正する法律案に対する附帯決議
       （平成28年5月26日 参議院厚生労働委員会）／194
◎児童虐待防止対策強化プロジェクト（施策の方向性）／196
◎児童相談所強化プラン
    （平成28年4月25日 厚生労働省児童虐待防止対策推進本部決定）／202

キーワード索引

第 1 編
改正児童福祉法・改正児童虐待防止法のポイント

第1編　改正児童福祉法・改正児童虐待防止法のポイント

Ⅰ 制度改革の背景

　平成12年に制定された「児童虐待の防止等に関する法律（以下、「児童虐待防止法」）の施行から15年が経過しています。この間、児童福祉法と合わせて4回の大きな改正が行われ、平成24年4月には「民法等の一部を改正する法律」が施行されるなど、児童虐待については発生予防、早期発見・早期の適切な対応、虐待を受けた子どもの保護・自立に向けた支援など、切れ目のない支援が行われるよう対策が推進されてきました。

　しかしながら、平成27年度の児童相談所での児童虐待相談対応件数は10万3260件（速報値）であり、児童虐待防止法施行前の平成11年度の約8.9倍となりました（図1）。また、平成26年度における市町村での児童虐待相談対応件数は8万7694件であり、統計を取り始めた平成17年度の2.2倍となっています。児童相談所と市町村のいずれにおいても毎年増加している状況であり、平成26年度はいずれも過去最高の件数となっています。厚生労働省が把握した平成25年度における児童虐待による死亡事例は、63事例・69人に上っています。このように児童虐待に関する相談対応件数は増加し続けるとともに、虐待による死亡事例は後を絶たない状況にあります。

　他方、家庭・地域における養育力が低下し、子育ての孤立化や不安・負担感が増大していること、地域の関係機関の連携が未だ不十分な場合があること、社会的養護を必要とする児童は自立に時間を要する場合が多いこと等も課題となっています。

　こうしたことから、児童虐待の発生予防から被虐待児への自立支援まで、一連の対策の更なる強化を図るため、「児童虐待防止対策強化プロジェクト」が策定されました。
　「児童虐待防止対策強化プロジェクト」の具体的な内容は、以下の通りです。詳しくは、196頁を参照してください。
① 　「児童虐待の発生予防」として、
　・子育て世代包括支援センターの法定化・全国展開や、支援を要する妊婦の情報の確実な把握など、妊娠期から子育て期までの切れ目ない支援の推進
　・孤立しがちな子育て家庭へのアウトリーチ支援の実施
② 　「発生時の迅速・的確な対応」として、
　・児童相談所の体制や専門性を計画的に強化する、「児童相談所強化プラン」の策定
　・市町村の要保護児童対策地域協議会の機能強化
③ 　「被虐待児童への自立支援」として、
　・里親委託等の家庭的養護の推進
　・児童養護施設退所者等を対象とした自立支援資金貸付事業の創設

図1　児童相談所での児童虐待相談対応件数とその推移

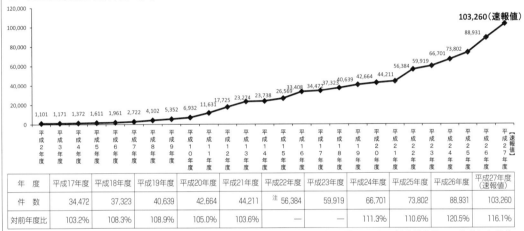

1　平成27年度の児童相談所での児童虐待相談対応件数
　平成27年度中に、全国208か所の児童相談所が児童虐待相談として対応した件数は103,260件（速報値）で、過去最多。
　※対前年度比116.1％（14,329件の増加）
　※相談対応件数とは、平成27年度中に児童相談所が相談を受け、援助方針会議の結果により指導や措置等を行った件数。
　※平成27年度の件数は、速報値のため今後変更があり得る

2　児童虐待相談対応件数の推移

年度	平成17年度	平成18年度	平成19年度	平成20年度	平成21年度	平成22年度	平成23年度	平成24年度	平成25年度	平成26年度	平成27年度（速報値）
件数	34,472	37,323	40,639	42,664	44,211	注 56,384	59,919	66,701	73,802	88,931	103,260
対前年度比	103.2%	108.3%	108.9%	105.0%	103.6%	—	—	111.3%	110.6%	120.5%	116.1%

注）平成22年度の件数は、東日本大震災の影響により、福島県を除いて集計した数値。

3　主な増加要因（平成26年度と比して児童虐待相談対応件数が大幅に増加した自治体からの聞き取りによる。）
● 心理的虐待が増加。
● 心理的虐待が増加した要因の一つに考えられることとして、児童が同居する家庭における配偶者に対する暴力がある事案（面前DV）について、警察からの通告が増加。
　・心理的虐待：　　平成26年度：38,775件→平成27年度：48,693件（＋9,918件）
　・警察からの通告：平成26年度：29,172件→平成27年度：38,522件（＋9,350件）
● 児童相談所全国共通ダイヤルの３桁化（189）の広報や、マスコミによる児童虐待の事件報道等により、国民や関係機関の児童虐待に対する意識が高まったことに伴う通告の増加。

資料　厚生労働省

　児童虐待防止対策強化プロジェクト等を踏まえ、一連の対策の更なる強化を図るため、平成28年通常国会に、児童福祉法等改正法案の提出がなされ、平成28年5月27日、「児童福祉法等の一部を改正する法律」（平成28年法律第63号）が参議院本会議で全会一致で可決、成立しました。
　改正法においては、児童福祉法の基本理念を見直すとともに、子育て世代包括支援センターの法定化、児童相談所等の体制の整備、里親支援の都道府県業務への位置付け等の所要の措置を講ずることとされました（図2）。

図2　児童福祉法等の一部を改正する法律（平成28年法律第63号）の概要

(平成28年5月27日成立・6月3日公布)

> 全ての児童が健全に育成されるよう、児童虐待について発生予防から自立支援まで一連の対策の更なる強化等を図るため、児童福祉法の理念を明確化するとともに、母子健康包括支援センターの全国展開、市町村及び児童相談所の体制の強化、里親委託の推進等の所要の措置を講ずる。

改正の概要

1　児童福祉法の理念の明確化等
(1) 児童は、適切な養育を受け、健やかな成長・発達や自立等を保障されること等の権利を有することを明確化する。
(2) 国・地方公共団体は、保護者を支援するとともに、家庭と同様の環境における児童の養育を推進するものとする。
(3) 国・都道府県・市町村それぞれの役割・責務を明確化する。
(4) 親権者は、児童のしつけに際して、監護・教育に必要な範囲を超えて児童を懲戒してはならない旨を明記。

2　児童虐待の発生予防
(1) 市町村は、妊娠期から子育て期までの切れ目ない支援を行う母子健康包括支援センターの設置に努めるものとする。
(2) 支援を要する妊婦等を把握した医療機関や学校等は、その旨を市町村に情報提供するよう努めるものとする。
(3) 国・地方公共団体は、母子保健施策が児童虐待の発生予防・早期発見に資することに留意すべきことを明確化する。

3　児童虐待発生時の迅速・的確な対応
(1) 市町村は、児童等に対する必要な支援を行うための拠点の整備に努めるものとする。
(2) 市町村が設置する要保護児童対策地域協議会の調整機関について、専門職を配置するものとする。
(3) 政令で定める特別区は、児童相談所を設置するものとする。
(4) 都道府県は、児童相談所に①児童心理司、②医師又は保健師、③指導・教育担当の児童福祉司を置くとともに、弁護士の配置又はこれに準ずる措置を行うものとする。
(5) 児童相談所等から求められた場合に、医療機関や学校等は、被虐待児童等に関する資料等を提供できるものとする。

4　被虐待児童への自立支援
(1) 親子関係再構築支援について、施設、里親、市町村、児童相談所などの関係機関等が連携して行うべき旨を明確化する。
(2) 都道府県（児童相談所）の業務として、里親の開拓から児童の自立支援までの一貫した里親支援を位置付ける。
(3) 養子縁組里親を法定化するとともに、都道府県（児童相談所）の業務として、養子縁組に関する相談・支援を位置付ける。
(4) 自立援助ホームについて、22歳の年度末までの間にある大学等就学中の者を対象に追加する。

（検討規定等）
○施行後速やかに、要保護児童の保護措置に係る手続における裁判所の関与の在り方、特別養子縁組制度の利用促進の在り方を検討する。
○施行後2年以内に、児童相談所の業務の在り方、要保護児童の通告の在り方、児童福祉業務の従事者の資質向上の方策を検討する。
○施行後5年を目途として、中核市・特別区が児童相談所を設置できるよう、その設置に係る支援等の必要な措置を講ずる。

施行期日
平成29年4月1日（1、2(3)については公布日、2(2)、3(4)(5)、4(1)については平成28年10月1日）

資料　厚生労働省

Ⅱ 制度見直しのポイント

1 平成28年6月3日施行──児童福祉法の理念の明確化

1 児童の福祉を保障するための原理の明確化

児童福祉法(昭和22年法律第164号)の理念規定は、昭和22年の制定時から見直されておらず、児童が権利の主体であること、児童の最善の利益が優先されること等が明確でないといった課題が指摘されていました。

このため、児童福祉法において、児童は、適切な養育を受け、健やかな成長・発達や自立が図られること等を保障される権利を有することを、総則の冒頭(第1条)に位置づけ、その上で、国民、保護者、国・地方公共団体が、それぞれこれを支える形で、児童の福祉が保障される旨を明確化することとされました(図3)。(児童福祉法第1条・第2条➡29頁)

図3 児童の福祉を保障するための理念の明確化

考え方
- 児童福祉法の理念規定は、昭和22年の制定当初から見直されていない。
- 児童が権利の主体であること、意見を尊重されること、最善の利益を優先されること等が明らかでない。

改正法による対応
- 児童は、適切な養育を受け、健やかな成長・発達や自立等を保障される権利を有すること等を明確化する。
- 児童を中心に位置付け、その上で、国民、保護者、国・地方公共団体(都道府県・市町村)が支えるという形で、その福祉が保障される旨を明確化する。

改正後 ※下線部が改正部分	改正前
第1条 全て児童は、児童の権利に関する条約の精神にのっとり、適切に養育されること、その生活を保障されること、愛され、保護されること、その心身の健やかな成長及び発達並びにその自立が図られることその他の福祉を等しく保障される権利を有する。 第2条 全て国民は、児童が良好な環境において生まれ、かつ、社会のあらゆる分野において、児童の年齢及び発達の程度に応じて、その意見が尊重され、その最善の利益が優先して考慮され、心身ともに健やかに育成されるよう努めなければならない。 ② 児童の保護者は、児童を心身ともに健やかに育成することについて第一義的責任を負う。 ③ 国及び地方公共団体は、児童の保護者とともに、児童を心身ともに健やかに育成する責任を負う。	第1条 すべて国民は、児童が心身ともに健やかに生まれ、且つ、育成されるよう努めなければならない。 ② すべて児童は、ひとしくその生活を保障され、愛護されなければならない。 第2条 国及び地方公共団体は、児童の保護者とともに、児童を心身ともに健やかに育成する責任を負う。

資料 厚生労働省

2　家庭と同様の環境における養育の推進

　家庭は、児童の成長・発達にとって最も自然な環境であり、児童が家庭において心身ともに健やかに養育されるよう、その保護者を支援することが重要であることから、その旨について法律に明記されました。

　一方、保護者により虐待が行われているなど、家庭で適切な養育を受けられない場合に、児童養護施設等の施設における養育が中心となっていますが、家庭に近い環境での養育を推進するため、養子縁組や里親・ファミリーホームへの委託を一層進めることが重要であるとされ、こうした場合には、家庭と同様の養育環境において、継続的に養育されることが原則である旨を法律に明記することとされました。

　ただし、専門的なケアを要するなど、里親等への委託が適当でない場合には、施設において養育することとなりますが、その場合においても、できる限り小規模で家庭に近い環境（小規模グループケアやグループホーム等）において養育されるよう必要な措置を講じなければならない旨を法律に明記することとされました（図４）。（児童福祉法第３条の２ ➡ 30頁）

　これらの規定に基づき、養子縁組や里親・ファミリーホームへの委託を積極的に推進することが重要です。特に就学前の乳幼児期は、愛着関係の基礎を作る時期であり、児童が安心できる、温かく安定した家庭で養育されることが重要であるため、養子縁組や里親・ファミリーホームへの委託を原則とすることとされています。

　なお、「家庭」とは、実父母や親族等を養育者とする環境を、「家庭における養育環境と同様の養育環境」とは、養子縁組による家庭、里親家庭、ファミリーホーム（小規模住居型児童養育事業）を、「良好な家庭的環境」とは、施設のうち小規模で家庭に近い環境（小規模グループケアやグループホーム等）を指しています。

▶１　里親等への委託が適当でない場合について、具体的にどのようなケースがあり得るか、今後、「里親委託ガイドライン」（平成23年３月30日付け雇用均等・児童家庭局長通知）の改正等により示される予定です。

▶２　養子縁組を積極的に推進することとしたこと等を踏まえ、今後、「児童養護施設等の小規模化及び家庭的養護の推進について」（平成24年11月30日付け雇用均等・児童家庭局長通知）により作成を依頼した「都道府県推進計画」の目標のあり方について検討される予定です。

図4 家庭と同様の環境における養育の推進

考え方
- 児童が心身ともに健やかに養育されるよう、より家庭に近い環境での養育の推進を図ることが必要。
- しかしながら、社会的養護を必要とする児童の約9割が施設に入所しているのが現状。
- このため、児童相談所が要保護児童の養育環境を決定する際の考え方を法律において明確化することが必要。

改正法による対応
- 国・地方公共団体（都道府県・市町村）の責務として家庭と同様の環境における養育の推進等を明記。
  ① まずは、児童が家庭において健やかに養育されるよう、保護者を支援。
  ② 家庭における養育が適当でない場合、児童が「家庭における養育環境と同様の養育環境」において継続的に養育されるよう、必要な措置。
  ③ ②の措置が適当でない場合、児童が「できる限り良好な家庭的環境」で養育されるよう、必要な措置。
  ※特に就学前の児童については、②の措置を原則とすること等を通知において明確化。

施設	良好な家庭的環境 施設（小規模型）	家庭と同様の養育環境	家庭
児童養護施設 大舎（20人以上）、 中舎（13～19人）、 小舎（12人以下） 1歳～18歳未満 （必要な場合 0歳～20歳未満） **乳児院** 乳児（0歳） 必要な場合幼児（小学校就学前）	**地域小規模児童養護施設 （グループホーム）** 本体施設の支援の下で地域の民間住宅などを活用して家庭的養護を行う **小規模グループケア（分園型）** ・地域において、小規模なグループで家庭的養護を行う ・1グループ6～8人（乳児院は4～6人）	**養子縁組（特別養子縁組を含む。）** **小規模住居型児童養育事業**　**里親** **小規模住居型児童養育事業 （ファミリーホーム）** ・養育者の住居で養育を行う家庭養護 ・定員5～6人 **里親** ・家庭における養育を里親に委託する家庭養護 ・児童4人まで	**実親による養育**

里親等委託率 = （里親＋ファミリーホーム）/（養護＋乳児＋里親＋ファミリーホーム）
平成27年3月末 16.5% → 平成31年度目標22%

→ 本体施設、グループホーム、里親等をそれぞれ概ね3分の1、児童養護施設の本体施設は、全て小規模グループケアに

※改正法を踏まえ、特別養子縁組の位置付け等について今後検討

資料　厚生労働省

3　市町村・都道府県・国の役割と責務の明確化

　児童の福祉を保障するためには、その担い手となる市町村、都道府県、国それぞれが、自らの役割・責務を十分に認識し、円滑かつ効果的にその事務を遂行する必要があります。従来の児童福祉法の規定では、その役割・責務は、様々な規定に分散し、必ずしも明確ではありませんでした。

　このため改正法では、市町村、都道府県、国それぞれの役割・責務について、児童福祉法の総則に規定し、明確化することとされました（図5）。（児童福祉法第3条の3➡30頁）

図5　市町村・都道府県・国の役割と責務の明確化

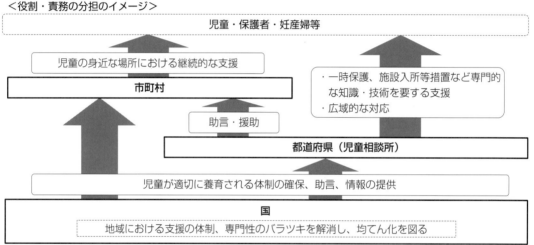

資料　厚生労働省

4　国による要保護児童に係る調査研究の推進

児童虐待防止対策等を一層促進する観点から、国において、要保護児童の事例の分析や必要な統計整備等、要保護児童の健全な育成に資する調査研究を推進することとされました。
（児童福祉法第33条の9の2 ➡102頁）

5　しつけを名目とした児童虐待の禁止

依然として後を絶たない「しつけを名目とした児童虐待」を抑止する観点から、法律上「親権を行う者は、児童のしつけに際して、監護及び教育に必要な範囲を超えて当該児童を懲戒してはならない」旨を明記することとされました。（児童虐待防止法第14条➡152頁）

6　一時保護の目的の明確化

従来の規定では、児童相談所長は「必要と認めるとき」に一時保護を行うことができるとされ、その目的等について、これ以上の考え方は明示されていませんでした。しかしながら、一時保護は、児童と保護者を一時的に引き離すものであり、児童が保護者の下で養育さ

れる権利や保護者の親権を制約する面があることに鑑みれば、どのような目的で一時保護が行われるか明らかであることが、当事者にとって望ましいです。

このため、改正法では、一時保護の目的を「児童の安全を迅速に確保し適切な保護を図るため、又は児童の状況を把握するために行うものである」こととされました。(児童福祉法第33条➡98頁)

7 児童及び保護者に対する通所・在宅における指導措置

児童相談所が虐待相談を受けて対応したケースのうち多くは、施設入所等の措置を採るに至らず在宅支援となっていますが、その後に重篤な虐待事例が生じる場合が少なくない実態があります。その意味において、市町村が、身近な場所で、児童や保護者に寄り添って継続的に支援し、児童虐待の発生を防止することが重要です。

このため、市町村を中心とした在宅支援を強化することとし、その一環として、児童相談所による指導措置について、市町村に委託して指導させることができることとされました。これにより、在宅ケースについて、児童や保護者の置かれた状況に応じ、児童相談所の責任の下で、市町村による養育支援等を受けるよう指導する措置を行うことが可能となります。

(児童福祉法第26条第1項第2号➡93頁)

2 平成28年10月1日施行──児童虐待の発生予防

1 支援を要する妊婦等に関する情報提供

虐待による児童の死亡事例については、0歳児の割合が4割強を占めており、この背景としては、母親が妊娠期から一人で悩みを抱えているケースや、産前産後の心身の不調、家庭環境の問題などがあると考えられます。また、妊娠の届出をしておらず母子健康手帳を持っていない、妊婦健診を受診していないといった妊婦については、市町村で状況を把握できない場合があります。

こうした課題に対応するためには、妊婦等自身からの相談を待つだけでなく、支援を要する妊婦等に積極的にアプローチすることが必要です。その前提として、そうした妊婦等を把握しやすい機関等からの連絡を受けて、市町村がその状況を把握し、妊娠期からの必要な支援につなぐことが重要です。このため、支援を要する妊婦等に日頃から接する機会の多い、医療機関、児童福祉施設、学校等が、支援を要する妊婦等を把握した場合には、その情報を市町村に提供するよう努めることとされました(図6)。(児童福祉法第21条の10の5第1項➡72頁)

なお、刑法の秘密漏示罪の規定その他の守秘義務に関する法律の規定は、こうした情報提供を妨げるものと解釈してはならないとされました。(同条第2項➡73頁)

また、歯科医師については、児童虐待の早期発見において重要な役割を果たしており、児童虐待防止法第4条第2項及び第5条第1項における「その他児童の福祉に職務上関係のある者」と同様、改正後の児童福祉法第21条の10の5第1項における「その他児童又は妊産婦の医療、福祉又は教育に関連する職務に従事する者」に含まれます。

図6 支援を要する妊婦等に関する情報提供

<考え方>
- 虐待による死亡事例における0歳児の割合は4割強を占める。
- 0歳児の死亡事例の背景として、母親が妊娠期から一人で悩みを抱えていること、産前産後の心身の不調や家庭環境の問題等がある。
- ← 支援を要する妊婦等を把握しやすい機関が、妊娠期から虐待リスクに着目し、市町村を通じ、支援につなぐことが必要。

<改正法による対応>
- 支援を要する妊婦等（※）を把握した医療機関や学校等は、その旨を市町村に情報提供するよう努めるものとする。
  ※「支援を要する妊婦等」とは
    ①特定妊婦：出産後の養育について、出産前において支援を行うことが特に必要と認められる妊婦
      （望まない妊娠、若年の妊娠、精神疾患を有するなどの事情を有する妊婦）
    ②要支援児童：保護者の養育を支援することが特に必要と認められる児童
      （子育てに対して強い不安や孤立感等を抱える家庭・不適切な養育状態にある家庭等の児童）

＜支援を要する妊婦と虐待による死亡事例の関連データ＞

	0歳児（※1）	0日児（※1）	母子健康手帳の未発行（※2）	妊婦健診の未受診（※2）
虐待による死亡事例における割合	44.0%	16.8%（このうち望まない妊娠の割合は70.4%）	17.6%	21.7%

※1 社会保障審議会児童部会児童虐待等要保護事例の検証に関する専門委員会「子ども虐待による死亡事例等の検証結果等について」第1次から第11次報告の累計（平成15年〜26年）
※2 社会保障審議会児童部会児童虐待等要保護事例の検証に関する専門委員会「子ども虐待による死亡事例等の検証結果等について」第3次から第11次報告の累計（平成17年〜26年）
資料　厚生労働省

2　児童相談所の体制強化

児童虐待相談対応件数は増加が続く一方、複雑・困難なケースも増加しており、児童の心理、健康・発達、法律等の側面で専門的知識に基づく的確・迅速な対応が必要となっています。こうした状況を踏まえ、児童相談所において、業務量に見合った体制強化・専門性向上を図るため、専門職を配置し、その資質の向上を図ることとされました。

具体的には、都道府県は、児童相談所に①児童心理司、②医師・保健師、③指導・教育担当の児童福祉司（スーパーバイザー）を置くとともに、弁護士の配置又はこれに準ずる措置

を行うこととなりました。（児童福祉法第12条の3 ➡39頁、第13条➡40頁）
　新たに児童相談所に配置する専門職の任用要件としては、以下の通りです。
（1）　児童心理司
　　・精神保健に関する学識経験を有する医師
　　・大学において心理学を専攻した者
（2）　指導・教育を行う児童福祉司（スーパーバイザー）
　　・おおむね5年以上、児童福祉司として勤務経験を有する者

　また、児童福祉司の数は、政令（児童福祉法施行令（昭和23年政令第74号））で定める基準を標準として都道府県が定めることとされており、各児童相談所につき各年度において、児童福祉司の数が、アに掲げる数とイに掲げる数とを合計した数以上の数であって、児童福祉法による保護を要する児童の数、交通事情等を考慮したものであることとされています（図7）。

　ア　当該児童相談所の管轄区域における人口（公表された最近の国勢調査の結果による。イ①において同じ。）を4万で除して得た数（その数に1に満たない端数があるときは、これを1に切り上げる。）

▶**経過措置（平成28年政令第284号附則第2項）**
　人口要件については、児童福祉司の配置状況を勘案して経過措置が規定されており、平成28年10月1日から平成29年3月31日までは「6万」、平成29年4月1日から平成31年3月31日までは「5万」とされています（図8）。

　イ　①に掲げる件数から②に掲げる件数を控除して得た件数（その件数が0を下回るときは、0とする。）を40で除して得た数（その数に1に満たない端数があるときは、これを1に切り上げる。）
　　①　当該年度の前々年度において当該児童相談所が児童虐待に係る相談に応じた件数
　　②　当該年度の前々年度において全国の児童相談所が応じた児童虐待に係る相談の全国の人口1人当たりの件数として厚生労働省令（児童福祉法施行規則（昭和23年厚生省

▶3　専門職の増員に係る平成31年度までの配置目標等を盛り込んだ「児童相談所強化プラン」（平成28年4月25日厚生労働省児童虐待防止対策推進本部決定）の詳細については、202頁を参照してください。
▶4　法改正による制度面での強化と併せて、財政面でも「児童相談所強化プラン」を策定し、地方交付税措置の拡充を行うこととされています。
▶5　「弁護士の配置に準ずる措置」とは、弁護士を配置することと実質的に同等であると客観的に認められる措置であることが求められます。都道府県ごとに、区域内の人口等を勘案して中央児童相談所等に適切な数の弁護士を配置し、弁護士が配置されていない児童相談所との間における連携・協力を図ること等を想定しています。単に法令事務の経験を有する行政職員を配置すること等は、含まれません。

令第11号))で定める人口1人当たりの件数に当該児童相談所の管轄区域における人口を乗じて得た件数
ウ 当該年度の前々年度において全国の児童相談所が応じた児童虐待に係る相談の全国の人口1人当たりの件数として厚生労働省令で定める件数は、0.001とすること。

> 必要な配置数＝当該児童相談所の管轄区域人口／4万＋(当該児童相談所の虐待相談対応件数－0.001×当該児童相談所の管轄区域人口)÷40

さらに、スーパーバイザーの数は、政令で定める基準を参酌して都道府県が定めることとされています。参酌基準は、各児童相談所につき、スーパーバイザーの数が、児童福祉司の数を6で除して得た数(その数に1に満たない端数があるときは四捨五入)となります。

図7 児童福祉司の配置標準の見直しについて

○ 児童相談所における児童福祉司の配置標準は、児童福祉法施行令に規定。今般の児童福祉法の改正(改正児童福祉法第13条第2項)等を踏まえ、これを改正し、平成28年8月に公布。
○ 平成28年10月からは、以下のように改正される。
　①各児童相談所の管轄地域の人口4万人に1人以上を配置することを基本とする。
　②全国平均より虐待相談対応の発生率が高い場合には、業務量(虐待相談対応件数)に応じて上乗せを行う。
　※平成27年度の全国の児童相談所における児童福祉司の配置実態を踏まえ、①の人口要件について経過措置を設ける。

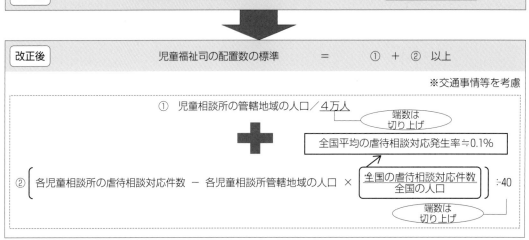

※各年度における配置標準は、人口は直近の国勢調査の数値を、虐待相談対応件数は前々年度の福祉行政報告例の数値を用いて算定。
※各児童相談所の虐待相談対応発生率が、全国平均の虐待相談対応発生率よりも高い場合のみ、①に②を加えて得た数を標準とする。
※②の「40」は、平均的な児童福祉司の虐待相談に係る持ちケース数(年間約40ケース(雇用均等・児童家庭局総務課調べ))を踏まえたもの。

資料　厚生労働省

図8 児童福祉司の配置標準の経過措置について

資料　厚生労働省

3　臨検・捜索手続の簡素化

改正前、臨検・捜索を実施するには、出頭要求（任意）、立入調査を行った後、再出頭要求を行う必要がありましたが、臨検・捜索は、児童の安全の確認・確保の最終手段であることを踏まえ、必要な場合には、迅速に実施できるようにしなければなりません。

このため、臨検・捜索までの手続に要する時間・手間をできる限り短縮できるよう、再出頭要求を経ずとも、児童相談所が裁判官の許可状を得た上で実施できることとされました。
（児童虐待防止法第9条の3➡145頁）

4　関係機関等による調査協力

児童相談所や市町村から児童虐待に係る情報の提供を求められた場合、地方公共団体の機関は提供できることとされている一方、児童虐待の兆しや疑いを発見しやすい立場にある民間の医療機関、児童福祉施設、学校等は提供できる主体に含まれておらず、これらの機関等が児童虐待に係る有益な情報を有しているような場合であっても、個人情報保護や守秘義務の観点を考慮し、情報提供を拒むことがあります。

▶6　前頁の算定式による配置数以上であって、かつ、法による保護を要する児童の数、交通事情等を考慮したものであることとされています。

児童虐待が疑われるケースについては、児童や保護者の心身の状況、置かれている環境等の情報は、児童相談所や市町村において、児童の安全を確保し、対応方針を迅速に決定するために必要不可欠であることから、これらの機関等についても、児童虐待に係る情報を提供できることとされました。（児童虐待防止法第13条の４➡151頁）

　これにより、これらの機関等は、原則として、個人情報保護法や守秘義務に違反することなく、児童虐待に係る情報を提供できることとなります。なお、歯科医師については、改正後の児童福祉法第21条の10の５第１項と同様、「その他児童又は妊産婦の医療、福祉又は教育に関連する職務に従事する者」に含まれます。

5　親子関係再構築支援

　虐待等のリスクが高く、施設入所等の措置や一時保護により、一旦、親子分離し、児童の安全を確保したケースについて、本来であれば、親子が共に暮らせるようにすることが最も自然な形と考えられますが、親子関係再構築がうまくいかず、より深刻な事態に陥るケースも見受けられます。その背景には、親子関係再構築について、支援が十分に行われず、また、関係機関間の連携が不十分であるという状況があります。

　こうした事態を防止するため、児童相談所が措置等を解除するに当たっては、在宅に戻った後、親子に対し継続的なフォローを行い、親子関係が安定して再構築されるよう丁寧な支援を続けることが重要です。

　このため、措置解除に当たり、児童相談所が、民間団体等への委託を含め、保護者に対し、児童への接し方等の助言・カウンセリングを行うこととし、措置解除後には、児童相談所が地域の関係機関と連携し、定期的な児童の安全確認、保護者への相談・支援等を実施することとされています（図９）。（児童福祉法第48条の３➡119頁、児童虐待防止法第13条・第13条の２➡150頁）

6　児童福祉審議会に関する事項

　都道府県や市町村に置かれている児童福祉審議会は、児童、妊産婦等の福祉に関する事項を調査審議し、それぞれ都道府県知事又は市町村長の諮問に答え、又は関係行政機関に意見を具申することとされ、調査審議のため特に必要があると認めるときは、関係行政機関に対し、職員の説明や資料提出等を求めることができるとされています。

　しかしながら、具体的なケースについて実情をより正確に把握し、児童自身の権利を擁護していくことが必要です。このため、児童や家族本人から意見を聴くことができることとするとともに、児童福祉審議会の委員に、より高い公正性を求めることとされました。（児童福祉法第８条第６項➡36頁、第９条➡37頁）

図9　親子関係再構築支援

考え方
- 親子関係再構築について、保護者の意向に左右されること等により、実効ある支援が十分行われていないほか、支援の際の関係機関間の連携が不十分。
- 措置を解除した後に、より深刻な虐待が発生するケースがみられる。
- ← 児童相談所や市町村のみならず、児童を現に養育する施設や里親も、積極的に親子関係再構築支援を行うとともに、都道府県が措置を解除するに当たっては、継続的なフォローを行う必要がある。

改正法による対応
- 親子関係再構築支援について、児童相談所、市町村、施設、里親などの関係機関等が連携して行うべき旨を明確化する。
- 措置の解除に当たって、以下の取組を実施する。

　・措置解除時、児童相談所が保護者に対し、児童への接し方等の助言・カウンセリングを実施
　　（NPO法人等に委託可）
　・措置解除後の一定期間、児童相談所は地域の関係機関と連携し、定期的な児童の安全確認、保護者への相談・支援等を実施
　※併せて、児童相談所の体制強化・専門性向上による保護者への継続的な指導等の実施、親子関係再構築プログラムの充実を含む国の調査・研究の推進、一時保護・保護者指導等への裁判所の関与の在り方の検討等に取り組む。

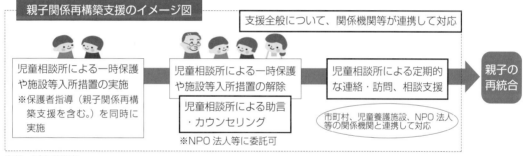

資料　厚生労働省

3　平成29年4月1日施行——児童虐待発生時の迅速・的確な対応

1　市町村における支援拠点の整備

　児童や家庭に対する支援は、その生活が営まれている身近な場所で行われることが重要です。市町村における支援の水準は、地域ごとに差異があり、格差が生じているほか、在宅での支援のための基盤が十分整備されていない状況にあります。そのため改正法では、市町村は基礎的な地方公共団体であるとして、身近な場所における支援を担う役割・責務がある旨が児童福祉法第3条の3に明記されています。

　これにより、市町村は、児童及び妊産婦の福祉に関し、必要な支援を行うための拠点の整備に努めることとされました（図10）。（児童福祉法第10条の2 ➡37頁）

図10 市町村における支援拠点の整備

考え方
- 児童・家庭への支援は、その生活が営まれている身近な場所で行われることが重要。
- 市町村における支援の水準は、地域ごとにバラツキがあり、格差が生じているほか、在宅での支援のための基盤が十分整備されていない。
  ← 市町村における支援体制を一層充実させる必要がある。

改正法による対応
- 市町村は、児童等に対する必要な支援を行うための拠点の整備に努めるものとする。（第10条の2）
  ※拠点においては、児童家庭に関する実情の把握、情報の提供、相談対応、調査・指導、関係機関との連絡調整を一体的に担うことを想定。子育て世代包括支援センターを兼ねることも可能。
  ※物理的に新たな施設を設置するだけでなく、既存の機関・施設も活用しつつ、拠点としての機能を明確化することを想定。
  ※併せて、市町村レベルで上記の業務を一体的に担う事業（予算）の創設を検討。

＜市町村における支援拠点のイメージ＞

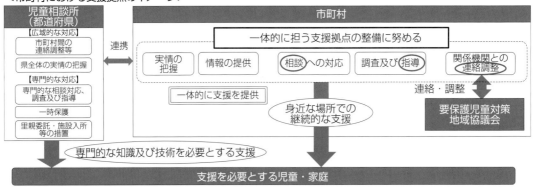

資料　厚生労働省

2　市町村の要保護児童対策地域協議会の機能強化

　市町村における要保護児童対策地域協議会（以下、「要対協」）の調整機関は、児童相談所、警察、学校等の関係機関間の調整、協力要請や支援の進行状況の確認等の管理・評価、主として対応する機関の選定などの業務を担っています。しかしながら、実態として、関係機関の連携が十分でなく、個々の事案への対応に漏れ等が生じ、結果として深刻な事態に至ったケースが指摘されています。要対協の機能を強化し、関係機関間の協力・連携を徹底することが必要です。

　このため、努力義務とされている市町村の要対協の調整機関への専門職配置を義務付けし、さらに、当該専門職に研修を課すことにより、責任を持って個々のケースに応じて調整を行い、実効ある役割が果たされるようにすることとされました（図11）。（児童福祉法第25条の2第6項・第8項➡91頁）

図11 要保護児童対策調整機関における専門職の配置

考え方
- 要保護児童対策地域協議会（以下、「要対協」）が設置されている市町村であっても、深刻なケースで連携の漏れが指摘される場合があり、責任をもって関係機関の対応を統括することが必要。
- 要保護児童対策調整機関（以下、「調整機関」）が、個々のケースに応じて関係機関の対応を統括し、実効ある役割を果たすためには、児童の問題に通じた専門性を有する人材が必要。

改正法による対応
- 調整機関に専門職の配置を義務付け（現行は努力義務）──児童福祉司、保健師、保育士等
- 調整機関に配置される専門職に、研修受講を義務付け。
  ※要対協の運営の改善策として、①要対協において情報共有すべき児童等の範囲の明確化、②協議に時間を要する場合の主たる支援機関の選定、などの取組を進める。

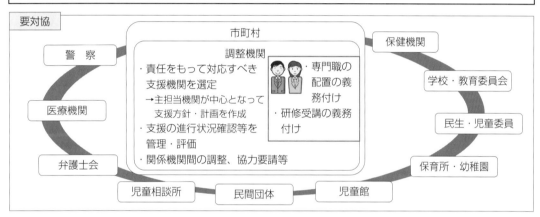

＜調整機関における専門職の配置状況＞（平成27年4月1日時点）

区分	市区	町	村	合計
地域協議会設置数	812	734	180	1,726
調整機関における専門職の配置状況	760	495	132	1,387
	93.6%	67.4%	73.3%	80.4%

資料　厚生労働省

3　児童相談所設置自治体の拡大

　改正前、児童相談所設置を希望する市は、政令による指定を受けて児童相談所を設置することができますが、東京都の特別区は、希望する場合であっても、政令による指定を受けて児童相談所を設置することができません。

　児童虐待相談対応件数の増加が続くとともに、複雑・困難なケースも増加するなど、特に都市部において児童相談所を中心にきめ細かな対応が求められていることから、児童相談所の設置を促進するため、希望する特別区は、政令による指定を受けて児童相談所を設置できるようにすることとされました（図12）。（児童福祉法第59条の4第1項➡134頁）

図12 児童相談所設置自治体の拡大

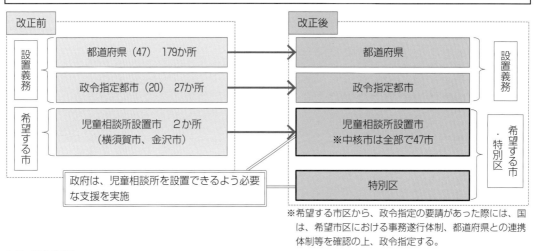

資料　厚生労働省

4　児童相談所の体制強化

　児童福祉司（スーパーバイザーを含む。）については、国の基準に適合する研修の受講が義務付けられることとなりました。併せて社会福祉主事を児童福祉司として任用する場合には、任用前の指定講習会の課程を修了した者であることとされました。（児童福祉法第13条第3項第5号➡40頁、第8項➡41頁）

5　児童相談所から市町村への事案送致等

　児童虐待の対応については、①市町村は、在宅支援や子育て支援事業等、児童や保護者の身近な場所における支援を、②児童相談所は、立入調査や一時保護、施設入所等の措置等の行政権限を活用しつつ、児童や保護者に対する専門的な支援を行うこととしていますが、改正前は、市町村から児童相談所への事案送致の規定はあるものの、その逆の規定は設けられていませんでした。このため、改正法では、虐待事案が適切な機関において対応されるよう、児童相談所から市町村に事案を送致できることとされました。

その際、児童相談所と市町村との間で、対応に漏れや齟齬が生じることのないよう、施行までの間に、厚生労働省において共通の基準となるアセスメントツールを作成し、これを踏まえ、地域ごとの実情に応じた分担を定めていくことが予定されています。児童相談所から市町村に対し、一方的に事案を送致することのないよう、留意する必要があります。(児童福祉法第26条第1項第3号・第8号➡93・94頁)

6　里親委託の推進

　児童相談所ではこれまでも、里親からの相談に応じ、必要な情報提供や助言、研修の実施を行うなど、里親に対する援助を行ってきました。しかしながら、①里親制度に対する社会的認知度が低く、委託可能な登録里親が少ない、②児童相談所が里親委託業務に十分に関わることができず、個別の里親への支援が行き届いていない等の課題があります。

　このため、里親制度の広報啓発等による里親開拓から、里親と児童のマッチング、里親に対する訪問支援、里親に委託された児童の自立支援まで、一貫した里親支援を都道府県（児童相談所）の業務として位置付けることとされました。また、児童相談所、里親、民間団体等が一体となり、一貫した支援を行うことが重要であるため、これらの業務を里親に対する支援について知見や経験を有するNPO法人等の民間団体に委託できることとされました（図13）。（児童福祉法第11条第1項第2号へ➡38頁）

図13 里親委託の推進

考え方
- 里親制度に対する社会的認知度が低く、委託可能な登録里親が少ない。
- 児童相談所が虐待対応業務に追われ、里親委託の業務に十分関わることができず、個別の里親への支援が行き届いていない。
  ← 里親制度の普及促進及び里親支援の拡充が必要。

改正法による対応
- 家庭と同様の環境における養育推進の理念を明確化。
- 里親制度の広報啓発等による里親開拓から、里親と児童のマッチング、里親に対する訪問支援等による自立支援まで、一貫した里親支援を都道府県（児童相談所）の業務として法定。

○里親等委託率の推移及び目標値　　　（※）少子化社会対策大綱（平成27年3月閣議決定）における目標値

H22年度末	H23年度末	H24年度末	H25年度末	H26年度末	H31年度末	H41年度末
12.0%	13.5%	14.8%	15.6%	16.5%	22.0%（※）	概ね33%

改正法を踏まえ、特別養子縁組の位置付け等について今後検討

○里親等への委託の推進及び児童養護施設等の小規模化を推進するための「都道府県推進計画」の内容等に関する調査結果（平成28年3月末日現在）

	平成27年4月1日	平成31年度	平成36年度	平成41年度
里親・ファミリーホームへの委託児童の割合	15.8%	20.2%	24.7%	30.8%
グループホーム入所児童の割合	7.9%	11.6%	17.1%	24.8%
本体施設入所児童の割合	76.4%	68.2%	58.1%	44.5%
合計	100%	100%	100%	100%

※国が目標としている「概ね33%」に満たない目標設定にとどまっている自治体については、より一層の取組が必要。
資料　厚生労働省

7　養子縁組に関する相談・支援

養子縁組制度は、保護者のない児童や家庭に恵まれない児童に温かい家庭を与え、かつその児童の養育に法的安定性を与えることにより、児童の健全な育成を図るものです。このため、養子縁組に関する相談・支援が児童相談所において確実に行われるよう、児童を養子とする養子縁組に関する者につき、その相談に応じ、援助を行うことを都道府県（児童相談所）の業務として位置付けることとされました。(児童福祉法第11条第1項第2号ト➡38頁)

8　養子縁組里親の法定化

養子縁組里親は、将来的に児童との養子縁組を成立させることにより、保護者のない児童や実親による養育が困難な児童に温かい家庭を与えることにより、児童の健全な育成を図る制度です。親は児童と多くの時間を共にし、児童に与える影響が大きいことから、養育の質

について、全国的に一定の水準を確保するため、養子縁組里親に対し、研修を実施することにより、親として身に付けるべき知識や児童への接し方を学ぶ機会を十分に確保するとともに、最低限必要な欠格要件を設けることとされました（図14）。（児童福祉法第6条の4第2号➡35頁、第34条の19〜第34条の21➡112・113頁）

図14 養子縁組里親の法定化

考え方
- 親は児童と多くの時間を共にし、児童の成長、発達などに与える影響が大きいことから、養育の質について、全国的に一定の水準を確保する必要がある。
- 自ら妊娠・出産する場合、乳幼児健診や両親学級などがある。養子縁組里親についても、親として身に付けるべき知識や子どもへの接し方を学ぶ機会を十分に確保することが必要。

改正法による対応
- 養子縁組里親を法定化し、①研修の義務付け、②名簿登録制、③欠格要件を規定。

里親の類型

	養育里親（専門里親を含む）（児福法第6条の4第1号、第34条の19・20）	養子縁組里親（児福法第6条の4第2号、第34条の19・20）	親族里親（児福法第6条の4第3号）
対象児童	要保護児童	要保護児童	扶養義務があり両親等の養育が期待できない児童
研修の受講義務	あり	なし → あり	なし
名簿登録	必須	任意 → 必須	任意
欠格要件	あり	なし → あり	なし
手当等 里親手当	あり	なし	なし
手当等 一般生活費 教育費 など	あり	あり	あり

	登録里親数	委託里親数	委託児童数		登録里親数	委託里親数	委託児童数
養育里親	7,893世帯	2,905世帯	3,599人	親族里親	485世帯	471世帯	702人
専門里親	676世帯	174世帯	206人	合計	9,949世帯	3,644世帯	4,731人
養子縁組里親	3,072世帯	222世帯	224人				

出典：平成26年度福祉行政報告例（平成27年3月現在）

資料　厚生労働省

9　18歳以上の者に対する支援の継続

児童福祉法では、児童の範囲を18歳未満の者としており、原則18歳未満の者に対して支援を行うこととしていますが、児童の自立の観点から必要と認められる場合には、里親等委託や施設入所等の支援を20歳に達するまで継続できることとされています。

これは、18歳に達した時点で、その後の生活の見通しが何ら立っていないにも関わらず、機械的に措置を解除することとした場合、それまで行ってきた保護指導の効果が失われ、自立した生活を営むことが困難になるためです。

18歳を超えた場合においても、自立のための支援が必要に応じて継続されることが不可欠です。このため、18歳以上20歳未満の者のうち、施設入所等の措置等が採られている者について、必要な支援を継続できるようにすることとされました（図15）。（児童福祉法第25条の2第1項・第2項➡90・91頁、第31条第4項➡97頁、第33条第6項・第8項➡99頁、児童虐待防止法第16条➡152頁）

図15　18歳以上の者に対する支援の継続

考え方
- 改正前の法律においては、原則として18歳（措置延長の場合は20歳）に到達した時点で支援が終了しており、支援の必要があるにもかかわらず、18歳に到達することにより支援を断たれる場合がある。
- ⇐児童福祉法の児童の年齢である18歳を超えた場合においても、自立のための支援が必要に応じて継続されるための仕組みの整備が必要。

改正法による対応
- 一時保護中に18歳に達した者の一時保護の延長・措置を可能とする。
- 里親委託等中に18歳に達した者の措置変更・更新、一時保護を可能とする。
- 自立援助ホームの入所者について、大学等に就学中の場合には、22歳に達する日の属する年度の末日まで支援の対象とする。

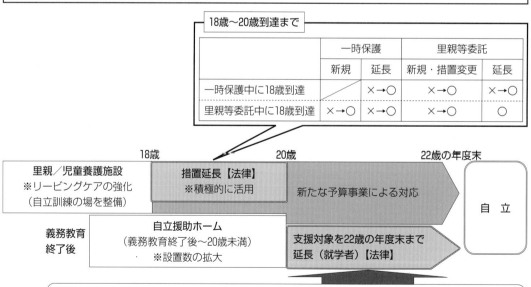

資料　厚生労働省

10　自立援助ホームの対象者の拡大

　児童自立生活援助事業は、児童の自立を図る観点から、児童養護施設等を退所した20歳未満の児童等であって就職や就学をするものに対して、共同生活を営むべき住居（以下、「自立援助ホーム」）において日常生活上の援助や就業の支援等を行う制度です。

　自立援助ホームで生活している者のうち、就学している者については、就労している者とは異なり、一定程度の収入を得ることが難しく、20歳到達時に退所させると、学業の継続に悪影響を及ぼすと考えられることから、20歳に達する前から入所している者のうち、大学の学生等であって20歳に達した日から22歳に達する日の属する年度の末日までの間にある者（20歳に達する日の前日において児童自立生活援助が行われていたものに限る。）を児童自立生活援助の対象とすることとされました（図16）。（児童福祉法第6条の3第1項➡32頁、第33条の6➡101頁）

図16　自立援助ホームの対象者の拡大

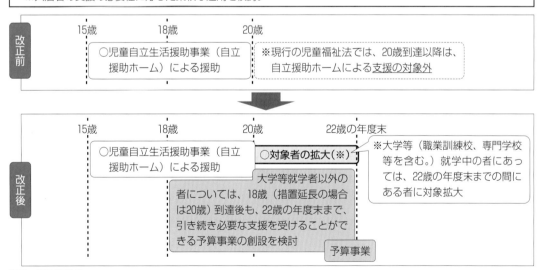

資料　厚生労働省

11　情緒障害児短期治療施設の名称変更等

　「情緒障害児短期治療施設」は、保護者等による虐待、家庭や学校での人間関係等が原因となって、心理的に不安定な状態に陥ることにより、社会生活が困難になっている児童が短期間入所し、又は保護者の下から通い、心理面からの治療及び指導を受けることを目的とする施設です。

　施設の名称については、支援の実態等を踏まえ変更した方が良いとの考えから、「社会的養護の課題と将来像」（平成23年7月社会保障審議会児童部会社会的養護専門委員会とりまとめ）において、今後の検討課題とされ、「情緒障害児短期治療施設運営指針」（平成24年3月29日付け雇用均等・児童家庭局長通知）において、当面、「児童心理治療施設」という通称を用いるとされたところです。このような経緯を踏まえ、その対象を、環境上の理由により社会生活への適応が困難となった児童とし、その目的を社会生活に適応するために必要な心理に関する治療及び生活指導を主として行うものとして明確化するとともに、その名称を「児童心理治療施設」とすることとされました。（児童福祉法第43条の2 ➡117頁）

12　施設入所等に係る徴収金の収納事務の私人委託

　改正前、施設入所等の措置等に係る徴収金については、原則、その収納を私人に行わせることができない公金であることから、地方公共団体の指定金融機関を通じて収納することとされていましたが、地方公共団体の収入の確保及び本人又は扶養義務者の利便性の向上の観点から、コンビニエンスストア等の私人に委託することができることとされました。

13　子育て世代包括支援センターの法定化

　地域のつながりの希薄化等により、妊産婦・母親の孤立感や負担感が高まっている中、妊娠期から子育て期までの支援は、関係機関が連携し、切れ目のない支援を実施することが重要となっています。

　このため、妊娠期から子育て期にわたるまでの切れ目のない支援を行う「子育て世代包括支援センター」について、おおむね平成32年度末までに全国展開を目指していくこととされました。全国展開に向けて、同センターの設置根拠（法律上の名称は「母子健康包括支援センター」）を設け、市町村は同センターを設置するように努めなければならないこととされました（図17）。（母子保健法第22条）

> **（参考）母子保健法（昭和40年法律第141号）**
> 〔母子健康包括支援センター〕
> 第22条　市町村は、必要に応じ、母子健康包括支援センターを設置するように努めなければならない。
> 2　母子健康包括支援センターは、第1号から第4号までに掲げる事業を行い、又はこれらの事業に併せて第5号に掲げる事業を行うことにより、母性並びに乳児及び幼児の健康の保持及び増進に関する包括的な支援を行うことを目的とする施設とする。

一　母性並びに乳児及び幼児の健康の保持及び増進に関する支援に必要な実情の把握を行うこと。
　二　母子保健に関する各種の相談に応ずること。
　三　母性並びに乳児及び幼児に対する保健指導を行うこと。
　四　母性及び児童の保健医療又は福祉に関する機関との連絡調整その他母性並びに乳児及び幼児の健康の保持及び増進に関し、厚生労働省令で定める支援を行うこと。
　五　健康診査、助産その他の母子保健に関する事業を行うこと（前各号に掲げる事業を除く。）。
３　市町村は、母子健康包括支援センターにおいて、第９条の相談、指導及び助言並びに第10条の保健指導を行うに当たつては、児童福祉法第21条の11第１項の情報の収集及び提供、相談並びに助言並びに同条第２項のあつせん、調整及び要請と一体的に行うように努めなければならない。

図17　子育て世代包括支援センターの法定化・全国展開

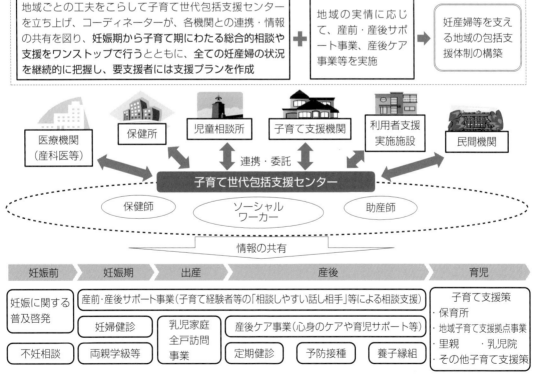

資料　厚生労働省

（参考）児童福祉法等の一部を改正する法律　施行期日

施行日		改正事項
平成28年6月3日施行	児童の福祉を保障するための原理の明確化【児童福祉法】	
	家庭と同様の環境における養育の推進【児童福祉法】	
	国・地方公共団体の役割・責務の明確化	・国・都道府県・市町村それぞれの役割・責務を明確化【児童福祉法】 ・市町村業務等における「支援」の明確化【　〃　】 ・通所・在宅指導措置の明確化【　〃　】
	しつけを名目とした児童虐待の防止【児童虐待防止法】	
	母子保健施策を通じた虐待予防等【母子保健法】	
	その他	・一時保護の目的の明確化【児童福祉法】 ・国による要保護児童に係る調査研究の推進【　〃　】 ・母子家庭等の支援機関への婦人相談員の追加【母子及び父子並びに寡婦福祉法】
平成28年10月1日施行	支援を要する妊婦等に関する情報提供【児童福祉法】	
	児童相談所の体制強化	・児童相談所における弁護士の配置【児童福祉法】 ・児童心理司・保健師等、主任児童福祉司の配置【　〃　】 ・児童福祉司の配置標準の見直し【　〃　】
	児童相談所の権限強化等	・臨検・捜索手続の簡素化【児童虐待防止法】 ・児童虐待に係る資料等の提供主体の拡大【　〃　】
	親子関係再構築支援	・施設長・里親による親子の再統合等のための支援【児童福祉法】 ・施設入所等の措置の解除時等における助言の実施・安全確認等【児童虐待防止法】
	その他	・児童福祉審議会の調査権限の強化、委員要件の厳格化【児童福祉法】 ・婦人相談所長による母子保護を要する者の報告【売春防止法】 ・報告を受けた市町村等による母子保護の申込の勧奨【児童福祉法】
平成29年4月1日施行	市区町村の体制強化	・子育て世代包括支援センターの法定化【母子保健法】 ・市町村における支援拠点の整備【児童福祉法】 ・市町村の要保護児童対策地域協議会調整機関に専門職の配置及び研修受講の義務付け【　〃　】 　※国において義務研修に係るガイドライン等を策定予定 ・児童相談所設置自治体の拡大【　〃　】
	児童相談所の体制強化	・児童福祉司（スーパーバイザーを含む。）の研修義務化【児童福祉法】 ・社会福祉主事の児童福祉司任用時における指定講習会の修了要件追加【　〃　】 　※国において義務研修に係るガイドライン、講習会プログラム等を策定予定
	児童相談所の権限強化等	・児童相談所から市町村への事案送致【児童福祉法・児童虐待防止法】 　※国において共通アセスメントツールを作成予定
	里親委託等の推進	・都道府県（児童相談所）の業務における里親支援の追加【児童福祉法】 ・都道府県（児童相談所）の業務への養子縁組支援の追加【　〃　】 ・養子縁組里親の法定化（研修義務化、名簿登録）【　〃　】 　※国において「里親委託ガイドライン」の改正等や「都道府県推進計画」の目標のあり方について検討する予定
	18歳以上の者に対する支援の継続	・18歳以上の者に対する支援の継続【児童福祉法・児童虐待防止法】 ・児童自立生活援助事業の対象者の見直し【児童福祉法】 　※国において施設入所等措置を受けていた者について、18歳（措置延長の場合は20歳）到達後も、22歳の年度末まで、引き続き必要な支援を受けることができる事業の創設を検討
	その他	・情緒障害児短期治療施設の名称変更【児童福祉法】 ・婦人相談員の非常勤規定の削除【売春防止法】 ・母子・父子自立支援員の原則非常勤規定の削除【母子及び父子並びに寡婦福祉法】 ・施設入所者等の負担金に係る収納事務の私人委託【児童福祉法】

資料　厚生労働省

第 2 編
児童福祉法・児童虐待防止法の改正後条文

注
1　平成28年6月3日法律第63号「児童福祉法等の一部を改正する法律」によって改正された改正後の条文を示しています。
　　条文中、下線や網掛けの意味は以下の通りです。
　　　　　部分…平成28年6月3日施行分
　　　　　部分…平成28年10月1日施行分
　　　　　部分…平成29年4月1日施行分
2　各条に見出しが付されていないものおよび条文中には掲げられていない公布年月日等については、便宜上〔　　〕を付して挿入しています。

●児童福祉法

〔昭和22年12月12日
法律第164号〕

注　平成28年6月3日法律第65号改正現在
（平成29年4月1日施行分改正後条文）

目次　　　　　　　　　　　　　　　　　　　　　　　　　　　　　　　　　頁

第1章　総則（第1条―第3条）………………………………………………29
　　第1節　国及び地方公共団体の責務（第3条の2・第3条の3）……………30
　　第2節　定義（第4条―第7条）…………………………………………30
　　第3節　児童福祉審議会等（第8条・第9条）……………………………36
　　第4節　実施機関（第10条―第12条の6）………………………………37
　　第5節　児童福祉司（第13条―第15条）…………………………………40
　　第6節　児童委員（第16条―第18条の3）………………………………42
　　第7節　保育士（第18条の4―第18条の24）……………………………43
第2章　福祉の保障
　　第1節　療育の指導、小児慢性特定疾病医療費の支給等
　　　第1款　療育の指導（第19条）……………………………………………46
　　　第2款　小児慢性特定疾病医療費の支給
　　　　第1目　小児慢性特定疾病医療費の支給（第19条の2―第19条の8）……………………………………………………………47
　　　　第2目　指定小児慢性特定疾病医療機関（第19条の9―第19条の21）……………………………………………………………50
　　　　第3目　小児慢性特定疾病児童等自立支援事業（第19条の22）………54
　　　第3款　療育の給付（第20条―第21条の3）……………………………55
　　　第4款　雑則（第21条の4・第21条の5）………………………………56
　　第2節　居宅生活の支援
　　　第1款　障害児通所給付費、特例障害児通所給付費及び高額障害児通所給付費の支給（第21条の5の2―第21条の5の14）……………56
　　　第2款　指定障害児通所支援事業者（第21条の5の15―第21条の5の24）……………………………………………………………62
　　　第3款　業務管理体制の整備等（第21条の5の25―第21条の5の27）……………………………………………………………68
　　　第4款　肢体不自由児通所医療費の支給（第21条の5の28―第21条の5の31）……………………………………………………………70
　　　第5款　障害児通所支援及び障害福祉サービスの措置（第21条の

　　　　　　　　　　6・第21条の7）……………………………………………71
　　　第6款　子育て支援事業（第21条の8—第21条の17）……………………71
　　第3節　助産施設、母子生活支援施設及び保育所への入所等（第22
　　　　　　条—第24条）……………………………………………………………74
　　第4節　障害児入所給付費、高額障害児入所給付費及び特定入所障
　　　　　　害児食費等給付費並びに障害児入所医療費の支給
　　　第1款　障害児入所給付費、高額障害児入所給付費及び特定入所
　　　　　　　障害児食費等給付費の支給（第24条の2—第24条の8）……………76
　　　第2款　指定障害児入所施設等（第24条の9—第24条の19）…………………78
　　　第3款　業務管理体制の整備等（第24条の19の2）…………………………82
　　　第4款　障害児入所医療費の支給（第24条の20—第24条の23）……………82
　　　第5款　障害児入所給付費、高額障害児入所給付費及び特定入所
　　　　　　　障害児食費等給付費並びに障害児入所医療費の支給の特
　　　　　　　例（第24条の24）……………………………………………………83
　　第5節　障害児相談支援給付費及び特例障害児相談支援給付費の支
　　　　　　給
　　　第1款　障害児相談支援給付費及び特例障害児相談支援給付費の
　　　　　　　支給（第24条の25—第24条の27）…………………………………84
　　　第2款　指定障害児相談支援事業者（第24条の28—第24条の37）…………85
　　　第3款　業務管理体制の整備等（第24条の38—第24条の40）………………89
　　第6節　要保護児童の保護措置等（第25条—第33条の9の2）………………90
　　第7節　被措置児童等虐待の防止等（第33条の10—第33条の17）……………102
　　第8節　雑則（第34条・第34条の2）……………………………………………105
第3章　事業、養育里親及び養子縁組里親並びに施設（第34条の3—
　　　　第49条）………………………………………………………………………105
第4章　費用（第49条の2—第56条の5）……………………………………………120
第5章　国民健康保険団体連合会の児童福祉法関係業務（第56条の5
　　　　の2—第56条の5の4）……………………………………………………125
第6章　審査請求（第56条の5の5）…………………………………………………126
第7章　雑則（第56条の6—第59条の8）……………………………………………126
第8章　罰則（第60条—第62条の7）…………………………………………………135
附則

第1章　総則

〔児童の福祉を保障するための原理〕

第1条　全て児童は、児童の権利に関する条約の精神にのつとり、適切に養育されること、その生活を保障されること、愛され、保護されること、その心身の健やかな成長及び発達

並びにその自立が図られることその他の福祉を等しく保障される権利を有する。
〔児童育成の責任〕
第2条 全て国民は、児童が良好な環境において生まれ、かつ、社会のあらゆる分野において、児童の年齢及び発達の程度に応じて、その意見が尊重され、その最善の利益が優先して考慮され、心身ともに健やかに育成されるよう努めなければならない。
② 児童の保護者は、児童を心身ともに健やかに育成することについて第一義的責任を負う。
③ 国及び地方公共団体は、児童の保護者とともに、児童を心身ともに健やかに育成する責任を負う。
〔原理の尊重〕
第3条 前2条に規定するところは、児童の福祉を保障するための原理であり、この原理は、すべて児童に関する法令の施行にあたつて、常に尊重されなければならない。

第1節　国及び地方公共団体の責務

第3条の2 国及び地方公共団体は、児童が家庭において心身ともに健やかに養育されるよう、児童の保護者を支援しなければならない。ただし、児童及びその保護者の心身の状況、これらの者の置かれている環境その他の状況を勘案し、児童を家庭において養育することが困難であり又は適当でない場合にあつては児童が家庭における養育環境と同様の養育環境において継続的に養育されるよう、児童を家庭及び当該養育環境において養育することが適当でない場合にあつては児童ができる限り良好な家庭的環境において養育されるよう、必要な措置を講じなければならない。

第3条の3 市町村（特別区を含む。以下同じ。）は、児童が心身ともに健やかに育成されるよう、基礎的な地方公共団体として、第10条第1項各号に掲げる業務の実施、障害児通所給付費の支給、第24条第1項の規定による保育の実施その他この法律に基づく児童の身近な場所における児童の福祉に関する支援に係る業務を適切に行わなければならない。
② 都道府県は、市町村の行うこの法律に基づく児童の福祉に関する業務が適正かつ円滑に行われるよう、市町村に対する必要な助言及び適切な援助を行うとともに、児童が心身ともに健やかに育成されるよう、専門的な知識及び技術並びに各市町村の区域を超えた広域的な対応が必要な業務として、第11条第1項各号に掲げる業務の実施、小児慢性特定疾病医療費の支給、障害児入所給付費の支給、第27条第1項第3号の規定による委託又は入所の措置その他この法律に基づく児童の福祉に関する業務を適切に行わなければならない。
③ 国は、市町村及び都道府県の行うこの法律に基づく児童の福祉に関する業務が適正かつ円滑に行われるよう、児童が適切に養育される体制の確保に関する施策、市町村及び都道府県に対する助言及び情報の提供その他の必要な各般の措置を講じなければならない。

第2節　定義

〔児童〕
第4条 この法律で、児童とは、満18歳に満たない者をいい、児童を左のように分ける。
一　乳児　満1歳に満たない者
二　幼児　満1歳から、小学校就学の始期に達するまでの者

三 少年 小学校就学の始期から、満18歳に達するまでの者
② この法律で、**障害児**とは、身体に障害のある児童、知的障害のある児童、精神に障害のある児童（発達障害者支援法（平成16年法律第167号）第2条第2項に規定する発達障害児を含む。）又は治療方法が確立していない疾病その他の特殊の疾病であつて障害者の日常生活及び社会生活を総合的に支援するための法律（平成17年法律第123号）第4条第1項の政令で定めるものによる障害の程度が同項の厚生労働大臣が定める程度である児童をいう。

〔妊産婦〕
第5条 この法律で、**妊産婦**とは、妊娠中又は出産後1年以内の女子をいう。

〔保護者〕
第6条 この法律で、**保護者**とは、第19条の3、第57条の3第2項、第57条の3の3第2項及び第57条の4第2項を除き、親権を行う者、未成年後見人その他の者で、児童を現に監護する者をいう。

〔小児慢性特定疾病及び小児慢性特定疾病医療支援〕
第6条の2 この法律で、小児慢性特定疾病とは、児童又は児童以外の満20歳に満たない者（以下「**児童等**」という。）が当該疾病にかかつていることにより、長期にわたり療養を必要とし、及びその生命に危険が及ぶおそれがあるものであつて、療養のために多額の費用を要するものとして厚生労働大臣が社会保障審議会の意見を聴いて定める疾病をいう。
② この法律で、小児慢性特定疾病医療支援とは、都道府県知事が指定する医療機関（以下「**指定小児慢性特定疾病医療機関**」という。）に通い、又は入院する小児慢性特定疾病にかかつている児童等（政令で定めるものに限る。以下「**小児慢性特定疾病児童等**」という。）であつて、当該疾病の状態が当該小児慢性特定疾病ごとに厚生労働大臣が社会保障審議会の意見を聴いて定める程度であるものに対し行われる医療（当該小児慢性特定疾病に係るものに限る。）をいう。

〔障害児通所支援及び障害児相談支援〕
第6条の2の2 この法律で、**障害児通所支援**とは、児童発達支援、医療型児童発達支援、放課後等デイサービス及び保育所等訪問支援をいい、**障害児通所支援事業**とは、障害児通所支援を行う事業をいう。
② この法律で、**児童発達支援**とは、障害児につき、児童発達支援センターその他の厚生労働省令で定める施設に通わせ、日常生活における基本的な動作の指導、知識技能の付与、集団生活への適応訓練その他の厚生労働省令で定める便宜を供与することをいう。
③ この法律で、**医療型児童発達支援**とは、上肢、下肢又は体幹の機能の障害（以下「肢体不自由」という。）のある児童につき、医療型児童発達支援センター又は独立行政法人国立病院機構若しくは国立研究開発法人国立精神・神経医療研究センターの設置する医療機関であつて厚生労働大臣が指定するもの（以下「**指定発達支援医療機関**」という。）に通わせ、児童発達支援及び治療を行うことをいう。
④ この法律で、**放課後等デイサービス**とは、学校教育法（昭和22年法律第26号）第1条に規定する学校（幼稚園及び大学を除く。）に就学している障害児につき、授業の終了後又

は休業日に児童発達支援センターその他の厚生労働省令で定める施設に通わせ、生活能力の向上のために必要な訓練、社会との交流の促進その他の便宜を供与することをいう。

⑤ この法律で、**保育所等訪問支援**とは、保育所その他の児童が集団生活を営む施設として厚生労働省令で定めるものに通う障害児につき、当該施設を訪問し、当該施設における障害児以外の児童との集団生活への適応のための専門的な支援その他の便宜を供与することをいう。

⑥ この法律で、**障害児相談支援**とは、障害児支援利用援助及び継続障害児支援利用援助を行うことをいい、**障害児相談支援事業**とは、障害児相談支援を行う事業をいう。

⑦ この法律で、**障害児支援利用援助**とは、第21条の5の6第1項又は第21条の5の8第1項の申請に係る障害児の心身の状況、その置かれている環境、当該障害児又はその保護者の障害児通所支援の利用に関する意向その他の事情を勘案し、利用する障害児通所支援の種類及び内容その他の厚生労働省令で定める事項を定めた計画（以下「**障害児支援利用計画案**」という。）を作成し、第21条の5の5第1項に規定する通所給付決定（次項において「**通所給付決定**」という。）又は第21条の5の8第2項に規定する通所給付決定の変更の決定（次項において「**通所給付決定の変更の決定**」という。）（以下この条及び第24条の26第1項第1号において「**給付決定等**」と総称する。）が行われた後に、第21条の5の3第1項に規定する指定障害児通所支援事業者等その他の者（次項において「**関係者**」という。）との連絡調整その他の便宜を供与するとともに、当該給付決定等に係る障害児通所支援の種類及び内容、これを担当する者その他の厚生労働省令で定める事項を記載した計画（次項において「**障害児支援利用計画**」という。）を作成することをいう。

⑧ この法律で、**継続障害児支援利用援助**とは、通所給付決定に係る障害児の保護者（以下「**通所給付決定保護者**」という。）が、第21条の5の7第8項に規定する通所給付決定の有効期間内において、継続して障害児通所支援を適切に利用することができるよう、当該通所給付決定に係る障害児支援利用計画（この項の規定により変更されたものを含む。以下この項において同じ。）が適切であるかどうかにつき、厚生労働省令で定める期間ごとに、当該通所給付決定保護者の障害児通所支援の利用状況を検証し、その結果及び当該通所給付決定に係る障害児の心身の状況、その置かれている環境、当該障害児又はその保護者の障害児通所支援の利用に関する意向その他の事情を勘案し、障害児支援利用計画の見直しを行い、その結果に基づき、次のいずれかの便宜の供与を行うことをいう。

一 障害児支援利用計画を変更するとともに、関係者との連絡調整その他の便宜の供与を行うこと。

二 新たな通所給付決定又は通所給付決定の変更の決定が必要であると認められる場合において、当該給付決定等に係る障害児の保護者に対し、給付決定等に係る申請の勧奨を行うこと。

〔事業〕

第6条の3 この法律で、**児童自立生活援助事業**とは、次に掲げる者に対しこれらの者が共同生活を営むべき住居における相談その他の日常生活上の援助及び生活指導並びに就業の支援（以下「**児童自立生活援助**」という。）を行い、あわせて児童自立生活援助の実施を

解除された者に対し相談その他の援助を行う事業をいう。
一　義務教育を終了した児童又は児童以外の満20歳に満たない者であつて、措置解除者等（第27条第１項第３号に規定する措置（政令で定めるものに限る。）を解除された者その他政令で定める者をいう。次号において同じ。）であるもの（以下「**満20歳未満義務教育終了児童等**」という。）
二　学校教育法第50条に規定する高等学校の生徒、同法第83条に規定する大学の学生その他の厚生労働省令で定める者であつて、満20歳に達した日から満22歳に達する日の属する年度の末日までの間にあるもの（満20歳に達する日の前日において児童自立生活援助が行われていた満20歳未満義務教育終了児童等であつたものに限る。）のうち、措置解除者等であるもの（以下「**満20歳以上義務教育終了児童等**」という。）

② この法律で、**放課後児童健全育成事業**とは、小学校に就学している児童であつて、その保護者が労働等により昼間家庭にいないものに、授業の終了後に児童厚生施設等の施設を利用して適切な遊び及び生活の場を与えて、その健全な育成を図る事業をいう。

③ この法律で、**子育て短期支援事業**とは、保護者の疾病その他の理由により家庭において養育を受けることが一時的に困難となつた児童について、厚生労働省令で定めるところにより、児童養護施設その他の厚生労働省令で定める施設に入所させ、その者につき必要な保護を行う事業をいう。

④ この法律で、**乳児家庭全戸訪問事業**とは、一の市町村の区域内における原則として全ての乳児のいる家庭を訪問することにより、厚生労働省令で定めるところにより、子育てに関する情報の提供並びに乳児及びその保護者の心身の状況及び養育環境の把握を行うほか、養育についての相談に応じ、助言その他の援助を行う事業をいう。

⑤ この法律で、**養育支援訪問事業**とは、厚生労働省令で定めるところにより、乳児家庭全戸訪問事業の実施その他により把握した保護者の養育を支援することが特に必要と認められる児童（第８項に規定する要保護児童に該当するものを除く。以下「**要支援児童**」という。）若しくは保護者に監護させることが不適当であると認められる児童及びその保護者又は出産後の養育について出産前において支援を行うことが特に必要と認められる妊婦（以下「**特定妊婦**」という。）（以下「**要支援児童等**」という。）に対し、その養育が適切に行われるよう、当該要支援児童等の居宅において、養育に関する相談、指導、助言その他必要な支援を行う事業をいう。

⑥ この法律で、**地域子育て支援拠点事業**とは、厚生労働省令で定めるところにより、乳児又は幼児及びその保護者が相互の交流を行う場所を開設し、子育てについての相談、情報の提供、助言その他の援助を行う事業をいう。

⑦ この法律で、**一時預かり事業**とは、家庭において保育（養護及び教育（第39条の２第１項に規定する満３歳以上の幼児に対する教育を除く。）を行うことをいう。以下同じ。）を受けることが一時的に困難となつた乳児又は幼児について、厚生労働省令で定めるところにより、主として昼間において、保育所、認定こども園（就学前の子どもに関する教育、保育等の総合的な提供の推進に関する法律（平成18年法律第77号。以下「**認定こども園法**」という。）第２条第６項に規定する認定こども園をいい、保育所であるものを除く。

第24条第2項を除き、以下同じ。）その他の場所において、一時的に預かり、必要な保護を行う事業をいう。

⑧　この法律で、**小規模住居型児童養育事業**とは、第27条第1項第3号の措置に係る児童について、厚生労働省令で定めるところにより、保護者のない児童又は保護者に監護させることが不適当であると認められる児童（以下「**要保護児童**」という。）の養育に関し相当の経験を有する者その他の厚生労働省令で定める者（**次条**に規定する里親を除く。）の住居において養育を行う事業をいう。

⑨　この法律で、**家庭的保育事業**とは、次に掲げる事業をいう。
　一　子ども・子育て支援法（平成24年法律第65号）第19条第1項第2号の内閣府令で定める事由により家庭において必要な保育を受けることが困難である乳児又は幼児（以下「**保育を必要とする乳児・幼児**」という。）であつて満3歳未満のものについて、家庭的保育者（市町村長（特別区の区長を含む。以下同じ。）が行う研修を修了した保育士その他の厚生労働省令で定める者であつて、当該保育を必要とする乳児・幼児の保育を行う者として市町村長が適当と認めるものをいう。以下同じ。）の居宅その他の場所（当該保育を必要とする乳児・幼児の居宅を除く。）において、家庭的保育者による保育を行う事業（利用定員が5人以下であるものに限る。次号において同じ。）
　二　満3歳以上の幼児に係る保育の体制の整備の状況その他の地域の事情を勘案して、保育が必要と認められる児童であつて満3歳以上のものについて、家庭的保育者の居宅その他の場所（当該保育が必要と認められる児童の居宅を除く。）において、家庭的保育者による保育を行う事業

⑩　この法律で、**小規模保育事業**とは、次に掲げる事業をいう。
　一　保育を必要とする乳児・幼児であつて満3歳未満のものについて、当該保育を必要とする乳児・幼児を保育することを目的とする施設（利用定員が6人以上19人以下であるものに限る。）において、保育を行う事業
　二　満3歳以上の幼児に係る保育の体制の整備の状況その他の地域の事情を勘案して、保育が必要と認められる児童であつて満3歳以上のものについて、前号に規定する施設において、保育を行う事業

⑪　この法律で、**居宅訪問型保育事業**とは、次に掲げる事業をいう。
　一　保育を必要とする乳児・幼児であつて満3歳未満のものについて、当該保育を必要とする乳児・幼児の居宅において家庭的保育者による保育を行う事業
　二　満3歳以上の幼児に係る保育の体制の整備の状況その他の地域の事情を勘案して、保育が必要と認められる児童であつて満3歳以上のものについて、当該保育が必要と認められる児童の居宅において家庭的保育者による保育を行う事業

⑫　この法律で、**事業所内保育事業**とは、次に掲げる事業をいう。
　一　保育を必要とする乳児・幼児であつて満3歳未満のものについて、次に掲げる施設において、保育を行う事業
　　イ　事業主がその雇用する労働者の監護する乳児若しくは幼児及びその他の乳児若しくは幼児を保育するために自ら設置する施設又は事業主から委託を受けて当該事業主が

雇用する労働者の監護する乳児若しくは幼児及びその他の乳児若しくは幼児の保育を実施する施設
　　ロ　事業主団体がその構成員である事業主の雇用する労働者の監護する乳児若しくは幼児及びその他の乳児若しくは幼児を保育するために自ら設置する施設又は事業主団体から委託を受けてその構成員である事業主の雇用する労働者の監護する乳児若しくは幼児及びその他の乳児若しくは幼児の保育を実施する施設
　　ハ　地方公務員等共済組合法（昭和37年法律第152号）の規定に基づく共済組合その他の厚生労働省令で定める組合（以下ハにおいて「共済組合等」という。）が当該共済組合等の構成員として厚生労働省令で定める者（以下ハにおいて「共済組合等の構成員」という。）の監護する乳児若しくは幼児及びその他の乳児若しくは幼児を保育するために自ら設置する施設又は共済組合等から委託を受けて当該共済組合等の構成員の監護する乳児若しくは幼児及びその他の乳児若しくは幼児の保育を実施する施設
　二　満3歳以上の幼児に係る保育の体制の整備の状況その他の地域の事情を勘案して、保育が必要と認められる児童であつて満3歳以上のものについて、前号に規定する施設において、保育を行う事業
⑬　この法律で、**病児保育事業**とは、保育を必要とする乳児・幼児又は保護者の労働若しくは疾病その他の事由により家庭において保育を受けることが困難となつた小学校に就学している児童であつて、疾病にかかつているものについて、保育所、認定こども園、病院、診療所その他厚生労働省令で定める施設において、保育を行う事業をいう。
⑭　この法律で、**子育て援助活動支援事業**とは、厚生労働省令で定めるところにより、次に掲げる援助のいずれか又は全てを受けることを希望する者と当該援助を行うことを希望する者（個人に限る。以下この項において「援助希望者」という。）との連絡及び調整並びに援助希望者への講習の実施その他の必要な支援を行う事業をいう。
　一　児童を一時的に預かり、必要な保護（宿泊を伴つて行うものを含む。）を行うこと。
　二　児童が円滑に外出することができるよう、その移動を支援すること。

〔里親〕
第6条の4　この法律で、**里親**とは、次に掲げる者をいう。
　一　厚生労働省令で定める人数以下の要保護児童を養育することを希望する者（都道府県知事が厚生労働省令で定めるところにより行う研修を修了したことその他の厚生労働省令で定める要件を満たす者に限る。）のうち、第34条の19に規定する養育里親名簿に登録されたもの（以下「**養育里親**」という。）
　二　前号に規定する厚生労働省令で定める人数以下の要保護児童を養育すること及び養子縁組によつて養親となることを希望する者（都道府県知事が厚生労働省令で定めるところにより行う研修を修了した者に限る。）のうち、第34条の19に規定する養子縁組里親名簿に登録されたもの（以下「**養子縁組里親**」という。）
　三　第1号に規定する厚生労働省令で定める人数以下の要保護児童を養育することを希望する者（当該要保護児童の父母以外の親族であつて、厚生労働省令で定めるものに限る。）のうち、都道府県知事が第27条第1項第3号の規定により児童を委託する者とし

て適当と認めるもの

〔児童福祉施設等〕

第7条 この法律で、**児童福祉施設**とは、助産施設、乳児院、母子生活支援施設、保育所、幼保連携型認定こども園、児童厚生施設、児童養護施設、障害児入所施設、児童発達支援センター、児童心理治療施設、児童自立支援施設及び児童家庭支援センターとする。

② この法律で、**障害児入所支援**とは、障害児入所施設に入所し、又は指定発達支援医療機関に入院する障害児に対して行われる保護、日常生活の指導及び知識技能の付与並びに障害児入所施設に入所し、又は指定発達支援医療機関に入院する障害児のうち知的障害のある児童、肢体不自由のある児童又は重度の知的障害及び重度の肢体不自由が重複している児童（以下「**重症心身障害児**」という。）に対し行われる治療をいう。

第3節 児童福祉審議会等

〔設置及び権限〕

第8条 第8項、第27条第6項、第33条第5項、第33条の15第3項、第35条第6項、第46条第4項及び第59条第5項の規定によりその権限に属させられた事項を調査審議するため、都道府県に児童福祉に関する審議会その他の合議制の機関を置くものとする。ただし、社会福祉法（昭和26年法律第45号）第12条第1項の規定により同法第7条第1項に規定する地方社会福祉審議会（以下「**地方社会福祉審議会**」という。）に児童福祉に関する事項を調査審議させる都道府県にあつては、この限りでない。

② 前項に規定する審議会その他の合議制の機関（以下「**都道府県児童福祉審議会**」という。）は、同項に定めるもののほか、児童、妊産婦及び知的障害者の福祉に関する事項を調査審議することができる。

③ 市町村は、第34条の15第4項の規定によりその権限に属させられた事項及び前項の事項を調査審議するため、児童福祉に関する審議会その他の合議制の機関を置くことができる。

④ 都道府県児童福祉審議会は、都道府県知事の、前項に規定する審議会その他の合議制の機関（以下「**市町村児童福祉審議会**」という。）は、市町村長の管理に属し、それぞれその諮問に答え、又は関係行政機関に意見を具申することができる。

⑤ 都道府県児童福祉審議会及び市町村児童福祉審議会（以下「**児童福祉審議会**」という。）は、特に必要があると認めるときは、関係行政機関に対し、所属職員の出席説明及び資料の提出を求めることができる。

⑥ 児童福祉審議会は、特に必要があると認めるときは、児童、妊産婦及び知的障害者、これらの者の家族その他の関係者に対し、第1項本文及び第2項の事項を調査審議するため必要な報告若しくは資料の提出を求め、又はその者の出席を求め、その意見を聴くことができる。

⑦ 社会保障審議会及び児童福祉審議会は、必要に応じ、相互に資料を提供する等常に緊密な連絡をとらなければならない。

⑧ 社会保障審議会及び都道府県児童福祉審議会（第1項ただし書に規定する都道府県にあつては、地方社会福祉審議会とする。第27条第6項、第33条第5項、第33条の12第1項及

び第3項、第33条の13、第33条の15、第35条第6項、第46条第4項並びに第59条第5項及び第6項において同じ。）は、児童及び知的障害者の福祉を図るため、芸能、出版物、玩具、遊戯等を推薦し、又はそれらを製作し、興行し、若しくは販売する者等に対し、必要な勧告をすることができる。

〔児童福祉審議会の委員〕

第9条 児童福祉審議会の委員は、児童福祉審議会の権限に属する事項に関し公正な判断をすることができる者であつて、かつ、児童又は知的障害者の福祉に関する事業に従事する者及び学識経験のある者のうちから、都道府県知事又は市町村長が任命する。

② 児童福祉審議会において、特別の事項を調査審議するため必要があるときは、臨時委員を置くことができる。

③ 児童福祉審議会の臨時委員は、前項の事項に関し公正な判断をすることができる者であつて、かつ、児童又は知的障害者の福祉に関する事業に従事する者及び学識経験のある者のうちから、都道府県知事又は市町村長が任命する。

④ 児童福祉審議会に、委員の互選による委員長及び副委員長各1人を置く。

第4節　実施機関

〔市町村の業務〕

第10条 市町村は、この法律の施行に関し、次に掲げる業務を行わなければならない。

一　児童及び妊産婦の福祉に関し、必要な実情の把握に努めること。

二　児童及び妊産婦の福祉に関し、必要な情報の提供を行うこと。

三　児童及び妊産婦の福祉に関し、家庭その他からの相談に応ずること並びに必要な調査及び指導を行うこと並びにこれらに付随する業務を行うこと。

四　前3号に掲げるもののほか、児童及び妊産婦の福祉に関し、家庭その他につき、必要な支援を行うこと。

② 市町村長は、前項第3号に掲げる業務のうち専門的な知識及び技術を必要とするものについては、児童相談所の技術的援助及び助言を求めなければならない。

③ 市町村長は、第1項第3号に掲げる業務を行うに当たつて、医学的、心理学的、教育学的、社会学的及び精神保健上の判定を必要とする場合には、児童相談所の判定を求めなければならない。

④ 市町村は、この法律による事務を適切に行うために必要な体制の整備に努めるとともに、当該事務に従事する職員の人材の確保及び資質の向上のために必要な措置を講じなければならない。

〔必要な支援を行うための拠点の整備〕

第10条の2 市町村は、前条第1項各号に掲げる業務を行うに当たり、児童及び妊産婦の福祉に関し、実情の把握、情報の提供、相談、調査、指導、関係機関との連絡調整その他の必要な支援を行うための拠点の整備に努めなければならない。

〔都道府県の業務〕

第11条 都道府県は、この法律の施行に関し、次に掲げる業務を行わなければならない。

一　第10条第1項各号に掲げる市町村の業務の実施に関し、市町村相互間の連絡調整、市

町村に対する情報の提供、市町村職員の研修その他必要な援助を行うこと及びこれらに付随する業務を行うこと。
二　児童及び妊産婦の福祉に関し、主として次に掲げる業務を行うこと。
　イ　各市町村の区域を超えた広域的な見地から、実情の把握に努めること。
　ロ　児童に関する家庭その他からの相談のうち、専門的な知識及び技術を必要とするものに応ずること。
　ハ　児童及びその家庭につき、必要な調査並びに医学的、心理学的、教育学的、社会学的及び精神保健上の判定を行うこと。
　ニ　児童及びその保護者につき、ハの調査又は判定に基づいて心理又は児童の健康及び心身の発達に関する専門的な知識及び技術を必要とする指導その他必要な指導を行うこと。
　ホ　児童の一時保護を行うこと。
　ヘ　里親に関する次に掲げる業務を行うこと。
　　(1)　里親に関する普及啓発を行うこと。
　　(2)　里親につき、その相談に応じ、必要な情報の提供、助言、研修その他の援助を行うこと。
　　(3)　里親と第27条第1項第3号の規定により入所の措置が採られて乳児院、児童養護施設、児童心理治療施設又は児童自立支援施設に入所している児童及び里親相互の交流の場を提供すること。
　　(4)　第27条第1項第3号の規定による里親への委託に資するよう、里親の選定及び里親と児童との間の調整を行うこと。
　　(5)　第27条第1項第3号の規定により里親に委託しようとする児童及びその保護者並びに里親の意見を聴いて、当該児童の養育の内容その他の厚生労働省令で定める事項について当該児童の養育に関する計画を作成すること。
　ト　養子縁組により養子となる児童、その父母及び当該養子となる児童の養親となる者、養子縁組により養子となつた児童、その養親となつた者及び当該養子となつた児童の父母（民法（明治29年法律第89号）第817条の2第1項に規定する特別養子縁組により親族関係が終了した当該養子となつた児童の実方の父母を含む。）その他の児童を養子とする養子縁組に関する者につき、その相談に応じ、必要な情報の提供、助言その他の援助を行うこと。
三　前2号に掲げるもののほか、児童及び妊産婦の福祉に関し、広域的な対応が必要な業務並びに家庭その他につき専門的な知識及び技術を必要とする支援を行うこと。
②　都道府県知事は、市町村の第10条第1項各号に掲げる業務の適切な実施を確保するため必要があると認めるときは、市町村に対し、必要な助言を行うことができる。
③　都道府県知事は、第1項又は前項の規定による都道府県の事務の全部又は一部を、その管理に属する行政庁に委任することができる。
④　都道府県知事は、第1項第2号ヘに掲げる業務（次項において「里親支援事業」という。）に係る事務の全部又は一部を厚生労働省令で定める者に委託することができる。

⑤　前項の規定により行われる里親支援事業に係る事務に従事する者又は従事していた者は、その事務に関して知り得た秘密を漏らしてはならない。

〔児童相談所〕

第12条　都道府県は、**児童相談所**を設置しなければならない。

②　児童相談所は、児童の福祉に関し、主として前条第1項第1号に掲げる業務（市町村職員の研修を除く。）並びに同項第2号（イを除く。）及び第3号に掲げる業務並びに障害者の日常生活及び社会生活を総合的に支援するための法律第22条第2項及び第3項並びに第26条第1項に規定する業務を行うものとする。

③　都道府県は、児童相談所が前項に規定する業務のうち法律に関する専門的な知識経験を必要とするものを適切かつ円滑に行うことの重要性に鑑み、児童相談所における弁護士の配置又はこれに準ずる措置を行うものとする。

④　児童相談所は、必要に応じ、巡回して、第2項に規定する業務（前条第1項第2号ホに掲げる業務を除く。）を行うことができる。

⑤　児童相談所長は、その管轄区域内の社会福祉法に規定する福祉に関する事務所（以下「**福祉事務所**」という。）の長（以下「福祉事務所長」という。）に必要な調査を委嘱することができる。

〔児童相談所の職員〕

第12条の2　児童相談所には、所長及び所員を置く。

②　所長は、都道府県知事の監督を受け、所務を掌理する。

③　所員は、所長の監督を受け、前条に規定する業務をつかさどる。

④　児童相談所には、第1項に規定するもののほか、必要な職員を置くことができる。

〔児童相談所の所長及び所員の資格〕

第12条の3　児童相談所の所長及び所員は、都道府県知事の補助機関である職員とする。

②　所長は、次の各号のいずれかに該当する者でなければならない。

一　医師であつて、精神保健に関して学識経験を有する者

二　学校教育法に基づく大学又は旧大学令（大正7年勅令第388号）に基づく大学において、心理学を専修する学科又はこれに相当する課程を修めて卒業した者

三　社会福祉士

四　児童の福祉に関する事務をつかさどる職員（以下「**児童福祉司**」という。）として2年以上勤務した者又は児童福祉司たる資格を得た後2年以上所員として勤務した者

五　前各号に掲げる者と同等以上の能力を有すると認められる者であつて、厚生労働省令で定めるもの

③　所長は、厚生労働大臣が定める基準に適合する研修を受けなければならない。

④　相談及び調査をつかさどる所員は、児童福祉司たる資格を有する者でなければならない。

⑤　判定をつかさどる所員の中には、第2項第1号に該当する者又はこれに準ずる資格を有する者及び同項第2号に該当する者又はこれに準ずる資格を有する者が、それぞれ1人以上含まれなければならない。

⑥ 指導をつかさどる所員の中には、次の各号に掲げる指導の区分に応じ、当該各号に定める者が含まれなければならない。
　一　心理に関する専門的な知識及び技術を必要とする指導　第2項第1号に該当する者若しくはこれに準ずる資格を有する者又は同項第2号に該当する者若しくはこれに準ずる資格を有する者
　二　児童の健康及び心身の発達に関する専門的な知識及び技術を必要とする指導　医師又は保健師

〔児童の一時保護施設〕
第12条の4　児童相談所には、必要に応じ、児童を一時保護する施設を設けなければならない。

〔命令への委任〕
第12条の5　この法律で定めるもののほか、児童相談所の管轄区域その他児童相談所に関し必要な事項は、命令でこれを定める。

〔保健所の業務〕
第12条の6　保健所は、この法律の施行に関し、主として次の業務を行うものとする。
　一　児童の保健について、正しい衛生知識の普及を図ること。
　二　児童の健康相談に応じ、又は健康診査を行い、必要に応じ、保健指導を行うこと。
　三　身体に障害のある児童及び疾病により長期にわたり療養を必要とする児童の療育について、指導を行うこと。
　四　児童福祉施設に対し、栄養の改善その他衛生に関し、必要な助言を与えること。
②　児童相談所長は、相談に応じた児童、その保護者又は妊産婦について、保健所に対し、保健指導その他の必要な協力を求めることができる。

　第5節　児童福祉司

〔児童福祉司〕
第13条　都道府県は、その設置する児童相談所に、**児童福祉司**を置かなければならない。
②　児童福祉司の数は、**政令**で定める基準を標準として都道府県が定めるものとする。
③　児童福祉司は、都道府県知事の補助機関である職員とし、次の各号のいずれかに該当する者のうちから、任用しなければならない。
　一　都道府県知事の指定する児童福祉司若しくは児童福祉施設の職員を養成する学校その他の施設を卒業し、又は都道府県知事の指定する講習会の課程を修了した者
　二　学校教育法に基づく大学又は旧大学令に基づく大学において、心理学、教育学若しくは社会学を専修する学科又はこれらに相当する課程を修めて卒業した者であつて、厚生労働省令で定める施設において1年以上児童その他の者の福祉に関する相談に応じ、助言、指導その他の援助を行う業務に従事したもの
　三　医師
　四　社会福祉士
　五　社会福祉主事として2年以上児童福祉事業に従事した者であつて、厚生労働大臣が定める講習会の課程を修了したもの

六　前各号に掲げる者と同等以上の能力を有すると認められる者であつて、厚生労働省令で定めるもの

④　児童福祉司は、児童相談所長の命を受けて、児童の保護その他児童の福祉に関する事項について、相談に応じ、専門的技術に基づいて必要な指導を行う等児童の福祉増進に努める。

⑤　他の児童福祉司が前項の職務を行うため必要な専門的技術に関する指導及び教育を行う児童福祉司は、児童福祉司としておおむね５年以上勤務した者でなければならない。

⑥　前項の指導及び教育を行う児童福祉司の数は、政令で定める基準を参酌して都道府県が定めるものとする。

⑦　児童福祉司は、児童相談所長が定める担当区域により、第４項の職務を行い、担当区域内の市町村長に協力を求めることができる。

⑧　児童福祉司は、厚生労働大臣が定める基準に適合する研修を受けなければならない。

⑨　第３項第１号の施設及び講習会の指定に関し必要な事項は、政令で定める。

> ▶児童福祉法施行令（昭和23年政令第74号）
> 〔児童福祉司の担当区域〕
> **第３条**　法第13条第２項の政令で定める基準は、各児童相談所につき各年度において、同条第１項の規定により置かれる児童福祉司（以下「児童福祉司」という。）の数が、第１号に掲げる数と第２号に掲げる数とを合計した数以上の数であつて、法による保護を要する児童の数、交通事情等を考慮したものであることとする。
> 　一　当該児童相談所の管轄区域における人口（公表された最近の国勢調査の結果によるものとする。次号ロにおいて同じ。）を４万で除して得た数（その数に１に満たない端数があるときは、これを１に切り上げる。）
> 　二　イに掲げる件数からロに掲げる件数を控除して得た件数（その件数が零を下回るときは、零とする。）を40で除して得た数（その数に１に満たない端数があるときは、これを１に切り上げる。）
> 　　イ　当該年度の前々年度において当該児童相談所が児童虐待（児童虐待の防止等に関する法律（平成12年法律第82号）第２条に規定する児童虐待をいう。ロにおいて同じ。）に係る相談に応じた件数
> 　　ロ　当該年度の前々年度において全国の児童相談所が応じた児童虐待に係る相談の全国の人口１人当たりの件数として**厚生労働省令**で定める人口１人当たりの件数に当該児童相談所の管轄区域における人口を乗じて得た件数
>
> > ▶児童福祉法施行規則（昭和23年厚生省令第11号）
> > 〔厚生労働省令で定める人口１人当たりの件数〕
> > **第５条の２の２**　令第３条第１項第２号ロの厚生労働省令で定める人口１人当たりの件数は、1000分の１件とする。
>
> ②　法第13条第６項の政令で定める基準は、各児童相談所につき、同条第５項の指導及び教育を行う児童福祉司の数が児童福祉司の数を６で除して得た数（その数に１に満たない端数があるときは、これを四捨五入する。）であることとする。
> 　　　附　則　（平成28年８月18日政令第284号）
> 　（施行期日）
> １　この政令は、平成28年10月１日から施行する。

(児童福祉司の配置標準に係る基準に関する経過措置)
2　平成28年度(平成28年10月1日から平成29年3月31日までの期間に限る。)における第1条の規定による改正後の児童福祉法施行令第3条第1項の規定の適用については、同項第1号中「4万」とあるのは、「6万」とし、平成29年度及び平成30年度における同項の規定の適用については、同号中「4万」とあるのは、「5万」とする。

〔市町村長又は児童相談所長と児童福祉司との関係〕
第14条　市町村長は、前条第4項に規定する事項に関し、児童福祉司に必要な状況の通報及び資料の提供並びに必要な援助を求めることができる。
②　児童福祉司は、その担当区域内における児童に関し、必要な事項につき、その担当区域を管轄する児童相談所長又は市町村長にその状況を通知し、併せて意見を述べなければならない。

〔命令への委任〕
第15条　この法律で定めるもののほか、児童福祉司の任用叙級その他児童福祉司に関し必要な事項は、命令でこれを定める。

第6節　児童委員

〔児童委員〕
第16条　市町村の区域に児童委員を置く。
②　民生委員法(昭和23年法律第198号)による民生委員は、児童委員に充てられたものとする。
③　厚生労働大臣は、児童委員のうちから、主任児童委員を指名する。
④　前項の規定による厚生労働大臣の指名は、民生委員法第5条の規定による推薦によつて行う。

〔児童委員の職務〕
第17条　児童委員は、次に掲げる職務を行う。
一　児童及び妊産婦につき、その生活及び取り巻く環境の状況を適切に把握しておくこと。
二　児童及び妊産婦につき、その保護、保健その他福祉に関し、サービスを適切に利用するために必要な情報の提供その他の援助及び指導を行うこと。
三　児童及び妊産婦に係る社会福祉を目的とする事業を経営する者又は児童の健やかな育成に関する活動を行う者と密接に連携し、その事業又は活動を支援すること。
四　児童福祉司又は福祉事務所の社会福祉主事の行う職務に協力すること。
五　児童の健やかな育成に関する気運の醸成に努めること。
六　前各号に掲げるもののほか、必要に応じて、児童及び妊産婦の福祉の増進を図るための活動を行うこと。
②　主任児童委員は、前項各号に掲げる児童委員の職務について、児童の福祉に関する機関と児童委員(主任児童委員である者を除く。以下この項において同じ。)との連絡調整を行うとともに、児童委員の活動に対する援助及び協力を行う。
③　前項の規定は、主任児童委員が第1項各号に掲げる児童委員の職務を行うことを妨げるものではない。

④　児童委員は、その職務に関し、都道府県知事の指揮監督を受ける。
〔市町村長又は児童相談所長と児童委員との関係〕
第18条　市町村長は、前条第1項又は第2項に規定する事項に関し、児童委員に必要な状況の通報及び資料の提供を求め、並びに必要な指示をすることができる。
②　児童委員は、その担当区域内における児童又は妊産婦に関し、必要な事項につき、その担当区域を管轄する児童相談所長又は市町村長にその状況を通知し、併せて意見を述べなければならない。
③　児童委員が、児童相談所長に前項の通知をするときは、緊急の必要があると認める場合を除き、市町村長を経由するものとする。
④　児童相談所長は、その管轄区域内の児童委員に必要な調査を委嘱することができる。
〔児童委員の研修〕
第18条の2　都道府県知事は、児童委員の研修を実施しなければならない。
〔命令への委任〕
第18条の3　この法律で定めるもののほか、児童委員に関し必要な事項は、命令でこれを定める。

第7節　保育士

〔定義〕
第18条の4　この法律で、**保育士**とは、第18条の18第1項の登録を受け、保育士の名称を用いて、専門的知識及び技術をもつて、児童の保育及び児童の保護者に対する保育に関する指導を行うことを業とする者をいう。
〔欠格事由〕
第18条の5　次の各号のいずれかに該当する者は、保育士となることができない。
一　成年被後見人又は被保佐人
二　禁錮以上の刑に処せられ、その執行を終わり、又は執行を受けることがなくなつた日から起算して2年を経過しない者
三　この法律の規定その他児童の福祉に関する法律の規定であつて政令で定めるものにより、罰金の刑に処せられ、その執行を終わり、又は執行を受けることがなくなつた日から起算して2年を経過しない者
四　第18条の19第1項第2号又は第2項の規定により登録を取り消され、その取消しの日から起算して2年を経過しない者
五　国家戦略特別区域法（平成25年法律第107号）第12条の4第8項において準用する第18条の19第1項第2号又は第2項の規定により登録を取り消され、その取消しの日から起算して2年を経過しない者
〔保育士の資格〕
第18条の6　次の各号のいずれかに該当する者は、保育士となる資格を有する。
一　都道府県知事の指定する保育士を養成する学校その他の施設（以下「**指定保育士養成施設**」という。）を卒業した者
二　保育士試験に合格した者

〔報告及び検査等〕

第18条の7 都道府県知事は、保育士の養成の適切な実施を確保するため必要があると認めるときは、その必要な限度で、指定保育士養成施設の長に対し、教育方法、設備その他の事項に関し報告を求め、若しくは指導をし、又は当該職員に、その帳簿書類その他の物件を検査させることができる。

② 前項の規定による検査を行う場合においては、当該職員は、その身分を示す証明書を携帯し、関係者の請求があるときは、これを提示しなければならない。

③ 第1項の規定による権限は、犯罪捜査のために認められたものと解釈してはならない。

〔保育士試験の実施〕

第18条の8 保育士試験は、厚生労働大臣の定める基準により、保育士として必要な知識及び技能について行う。

② 保育士試験は、毎年1回以上、都道府県知事が行う。

③ 保育士として必要な知識及び技能を有するかどうかの判定に関する事務を行わせるため、都道府県に保育士試験委員(次項において「試験委員」という。)を置く。ただし、次条第1項の規定により指定された者に当該事務を行わせることとした場合は、この限りでない。

④ 試験委員又は試験委員であつた者は、前項に規定する事務に関して知り得た秘密を漏らしてはならない。

〔指定試験機関の指定〕

第18条の9 都道府県知事は、厚生労働省令で定めるところにより、一般社団法人又は一般財団法人であつて、保育士試験の実施に関する事務(以下「試験事務」という。)を適正かつ確実に実施することができると認められるものとして当該都道府県知事が指定する者(以下「指定試験機関」という。)に、試験事務の全部又は一部を行わせることができる。

② 都道府県知事は、前項の規定により指定試験機関に試験事務の全部又は一部を行わせることとしたときは、当該試験事務の全部又は一部を行わないものとする。

③ 都道府県は、地方自治法(昭和22年法律第67号)第227条の規定に基づき保育士試験に係る手数料を徴収する場合においては、第1項の規定により指定試験機関が行う保育士試験を受けようとする者に、条例で定めるところにより、当該手数料の全部又は一部を当該指定試験機関へ納めさせ、その収入とすることができる。

〔指定試験機関の役員の選任及び解任〕

第18条の10 指定試験機関の役員の選任及び解任は、都道府県知事の認可を受けなければ、その効力を生じない。

② 都道府県知事は、指定試験機関の役員が、この法律(この法律に基づく命令又は処分を含む。)若しくは第18条の13第1項に規定する試験事務規程に違反する行為をしたとき、又は試験事務に関し著しく不適当な行為をしたときは、当該指定試験機関に対し、当該役員の解任を命ずることができる。

〔保育士試験委員〕

第18条の11 指定試験機関は、試験事務を行う場合において、保育士として必要な知識及び

技能を有するかどうかの判定に関する事務については、保育士試験委員（次項及び次条第1項において「試験委員」という。）に行わせなければならない。

② 前条第1項の規定は試験委員の選任及び解任について、同条第2項の規定は試験委員の解任について、それぞれ準用する。

〔秘密保持義務等〕

第18条の12 指定試験機関の役員若しくは職員（試験委員を含む。次項において同じ。）又はこれらの職にあつた者は、試験事務に関して知り得た秘密を漏らしてはならない。

② 試験事務に従事する指定試験機関の役員又は職員は、刑法（明治40年法律第45号）その他の罰則の適用については、法令により公務に従事する職員とみなす。

〔試験事務規程〕

第18条の13 指定試験機関は、試験事務の開始前に、試験事務の実施に関する規程（以下「試験事務規程」という。）を定め、都道府県知事の認可を受けなければならない。これを変更しようとするときも、同様とする。

② 都道府県知事は、前項の認可をした試験事務規程が試験事務の適正かつ確実な実施上不適当となつたと認めるときは、指定試験機関に対し、これを変更すべきことを命ずることができる。

〔事業計画の認可等〕

第18条の14 指定試験機関は、毎事業年度、事業計画及び収支予算を作成し、当該事業年度の開始前に（指定を受けた日の属する事業年度にあつては、その指定を受けた後遅滞なく）、都道府県知事の認可を受けなければならない。これを変更しようとするときも、同様とする。

〔監督命令〕

第18条の15 都道府県知事は、試験事務の適正かつ確実な実施を確保するため必要があると認めるときは、指定試験機関に対し、試験事務に関し監督上必要な命令をすることができる。

〔報告、質問及び立入検査〕

第18条の16 都道府県知事は、試験事務の適正かつ確実な実施を確保するため必要があると認めるときは、その必要な限度で、指定試験機関に対し、報告を求め、又は当該職員に、関係者に対し質問させ、若しくは指定試験機関の事務所に立ち入り、その帳簿書類その他の物件を検査させることができる。

② 前項の規定による質問又は立入検査を行う場合においては、当該職員は、その身分を示す証明書を携帯し、関係者の請求があるときは、これを提示しなければならない。

③ 第1項の規定による権限は、犯罪捜査のために認められたものと解釈してはならない。

〔不服申立て〕

第18条の17 指定試験機関が行う試験事務に係る処分又はその不作為について不服がある者は、都道府県知事に対し、審査請求をすることができる。この場合において、都道府県知事は、行政不服審査法（平成26年法律第68号）第25条第2項及び第3項、第46条第1項及び第2項、第47条並びに第49条第3項の規定の適用については、指定試験機関の上級行政

庁とみなす。

〔登録〕

第18条の18 保育士となる資格を有する者が保育士となるには、保育士登録簿に、氏名、生年月日その他厚生労働省令で定める事項の登録を受けなければならない。

② 保育士登録簿は、都道府県に備える。

③ 都道府県知事は、保育士の登録をしたときは、申請者に第1項に規定する事項を記載した保育士登録証を交付する。

〔登録の取消し等〕

第18条の19 都道府県知事は、保育士が次の各号のいずれかに該当する場合には、その登録を取り消さなければならない。

一 第18条の5各号（第4号を除く。）のいずれかに該当するに至つた場合

二 虚偽又は不正の事実に基づいて登録を受けた場合

② 都道府県知事は、保育士が第18条の21又は第18条の22の規定に違反したときは、その登録を取り消し、又は期間を定めて保育士の名称の使用の停止を命ずることができる。

〔登録の消除〕

第18条の20 都道府県知事は、保育士の登録がその効力を失つたときは、その登録を消除しなければならない。

〔信用失墜行為の禁止〕

第18条の21 保育士は、保育士の信用を傷つけるような行為をしてはならない。

〔秘密保持義務〕

第18条の22 保育士は、正当な理由がなく、その業務に関して知り得た人の秘密を漏らしてはならない。保育士でなくなつた後においても、同様とする。

〔名称の使用制限〕

第18条の23 保育士でない者は、保育士又はこれに紛らわしい名称を使用してはならない。

〔政令への委任〕

第18条の24 この法律に定めるもののほか、指定保育士養成施設、保育士試験、指定試験機関、保育士の登録その他保育士に関し必要な事項は、政令でこれを定める。

第2章 福祉の保障

第1節 療育の指導、小児慢性特定疾病医療費の支給等

第1款 療育の指導

第19条 保健所長は、身体に障害のある児童につき、診査を行ない、又は相談に応じ、必要な療育の指導を行なわなければならない。

② 保健所長は、疾病により長期にわたり療養を必要とする児童につき、診査を行い、又は相談に応じ、必要な療育の指導を行うことができる。

③ 保健所長は、身体障害者福祉法（昭和24年法律第283号）第15条第4項の規定により身体障害者手帳の交付を受けた児童（身体に障害のある15歳未満の児童については、身体障

害者手帳の交付を受けたその保護者とする。以下同じ。）につき、同法第16条第2項第1号又は第2号に掲げる事由があると認めるときは、その旨を都道府県知事に報告しなければならない。

第2款　小児慢性特定疾病医療費の支給
第1目　小児慢性特定疾病医療費の支給

〔小児慢性特定疾病医療費〕

第19条の2　都道府県は、次条第3項に規定する医療費支給認定（以下この条において「医療費支給認定」という。）に係る**小児慢性特定疾病**児童等が、次条第6項に規定する医療費支給認定の有効期間内において、指定小児慢性特定疾病医療機関（同条第5項の規定により定められたものに限る。）から当該医療費支給認定に係る小児慢性特定疾病医療支援（以下「指定小児慢性特定疾病医療支援」という。）を受けたときは、厚生労働省令で定めるところにより、当該小児慢性特定疾病児童等に係る同条第7項に規定する医療費支給認定保護者（次項において「医療費支給認定保護者」という。）に対し、当該指定小児慢性特定疾病医療支援に要した費用について、小児慢性特定疾病医療費を支給する。

② 　小児慢性特定疾病医療費の額は、1月につき、次に掲げる額の合算額とする。

一　同一の月に受けた指定小児慢性特定疾病医療支援（食事療養（健康保険法（大正11年法律第70号）第63条第2項第1号に規定する食事療養をいう。第21条の5の28第2項及び第24条の20第2項において同じ。）を除く。）につき健康保険の療養に要する費用の額の算定方法の例により算定した額から、当該医療費支給認定保護者の家計の負担能力、当該医療費支給認定に係る小児慢性特定疾病児童等の治療の状況又は身体の状態、当該医療費支給認定保護者と同一の世帯に属する他の医療費支給認定に係る小児慢性特定疾病児童等及び難病の患者に対する医療等に関する法律（平成26年法律第50号）第7条第1項に規定する支給認定を受けた指定難病（同法第5条第1項に規定する指定難病をいう。）の患者の数その他の事情をしん酌して政令で定める額（当該政令で定める額が当該算定した額の100分の20に相当する額を超えるときは、当該相当する額）を控除して得た額

二　当該指定小児慢性特定疾病医療支援（食事療養に限る。）につき健康保険の療養に要する費用の額の算定方法の例により算定した額から、健康保険法第85条第2項に規定する食事療養標準負担額、医療費支給認定保護者の所得の状況その他の事情を勘案して厚生労働大臣が定める額を控除した額

③ 　前項に規定する療養に要する費用の額の算定方法の例によることができないとき、及びこれによることを適当としないときの小児慢性特定疾病医療支援に要する費用の額の算定方法は、厚生労働大臣の定めるところによる。

〔申請〕

第19条の3　小児慢性特定疾病児童等の保護者（小児慢性特定疾病児童等の親権を行う者、未成年後見人その他の者で、当該小児慢性特定疾病児童等を現に監護する者をいう。以下この条、第57条の3第2項、第57条の3の3第2項及び第57条の4第2項において同じ。）は、前条第1項の規定により小児慢性特定疾病医療費の支給を受けようとするとき

は、都道府県知事の定める医師(以下「指定医」という。)の診断書(小児慢性特定疾病児童等が小児慢性特定疾病にかかつており、かつ、当該小児慢性特定疾病の状態が第6条の2第2項に規定する厚生労働大臣が定める程度であることを証する書面として厚生労働省令で定めるものをいう。)を添えて、都道府県に申請しなければならない。

② 指定医の指定の手続その他指定医に関し必要な事項は、厚生労働省令で定める。

③ 都道府県は、第1項の申請に係る小児慢性特定疾病児童等が小児慢性特定疾病にかかつており、かつ、当該小児慢性特定疾病の状態が第6条の2第2項に規定する厚生労働大臣が定める程度であると認められる場合には、小児慢性特定疾病医療費を支給する旨の認定(以下「医療費支給認定」という。)を行うものとする。

④ 都道府県は、第1項の申請があつた場合において、医療費支給認定をしないこととするとき(申請の形式上の要件に適合しない場合として厚生労働省令で定める場合を除く。)は、あらかじめ、次条第1項に規定する小児慢性特定疾病審査会に当該申請に係る小児慢性特定疾病児童等の保護者について医療費支給認定をしないことに関し審査を求めなければならない。

⑤ 都道府県は、医療費支給認定をしたときは、厚生労働省令で定めるところにより、指定小児慢性特定疾病医療機関の中から、当該医療費支給認定に係る小児慢性特定疾病児童等が小児慢性特定疾病医療支援を受けるものを定めるものとする。

⑥ 医療費支給認定は、厚生労働省令で定める期間(次項及び第19条の6第1項第2号において「医療費支給認定の有効期間」という。)内に限り、その効力を有する。

⑦ 都道府県は、医療費支給認定をしたときは、当該医療費支給認定を受けた小児慢性特定疾病児童等の保護者(以下「医療費支給認定保護者」という。)に対し、厚生労働省令で定めるところにより、医療費支給認定の有効期間を記載した医療受給者証(以下「医療受給者証」という。)を交付しなければならない。

⑧ 医療費支給認定は、その申請のあつた日に遡つてその効力を生ずる。

⑨ 指定小児慢性特定疾病医療支援を受けようとする医療費支給認定保護者は、厚生労働省令で定めるところにより、第5項の規定により定められた指定小児慢性特定疾病医療機関に医療受給者証を提示して指定小児慢性特定疾病医療支援を受けるものとする。ただし、緊急の場合その他やむを得ない事由のある場合については、医療受給者証を提示することを要しない。

⑩ 医療費支給認定に係る小児慢性特定疾病児童等が第5項の規定により定められた指定小児慢性特定疾病医療機関から指定小児慢性特定疾病医療支援を受けたとき(当該小児慢性特定疾病児童等に係る医療費支給認定保護者が当該指定小児慢性特定疾病医療機関に医療受給者証を提示したときに限る。)は、都道府県は、当該医療費支給認定保護者が当該指定小児慢性特定疾病医療機関に支払うべき当該指定小児慢性特定疾病医療支援に要した費用について、小児慢性特定疾病医療費として当該医療費支給認定保護者に支給すべき額の限度において、当該医療費支給認定保護者に代わり、当該指定小児慢性特定疾病医療機関に支払うことができる。

⑪ 前項の規定による支払があつたときは、当該医療費支給認定保護者に対し、小児慢性特

定疾病医療費の支給があつたものとみなす。

〔小児慢性特定疾病審査会〕

第19条の4 前条第4項の規定による審査を行わせるため、都道府県に、小児慢性特定疾病審査会を置く。

② 小児慢性特定疾病審査会の委員は、小児慢性特定疾病に関し知見を有する医師その他の関係者のうちから、都道府県知事が任命する。

③ 委員の任期は、2年とする。

④ この法律に定めるもののほか、小児慢性特定疾病審査会に必要な事項は、厚生労働省令で定める。

〔医療費支給認定の変更〕

第19条の5 医療費支給認定保護者は、現に受けている医療費支給認定に係る第19条の3第5項の規定により定められた指定小児慢性特定疾病医療機関その他の厚生労働省令で定める事項を変更する必要があるときは、都道府県に対し、当該医療費支給認定の変更の申請をすることができる。

② 都道府県は、前項の申請又は職権により、医療費支給認定保護者に対し、必要があると認めるときは、厚生労働省令で定めるところにより、医療費支給認定の変更の認定を行うことができる。この場合において、都道府県は、当該医療費支給認定保護者に対し医療受給者証の提出を求めるものとする。

③ 都道府県は、前項の医療費支給認定の変更の認定を行つたときは、医療受給者証に当該変更の認定に係る事項を記載し、これを返還するものとする。

〔医療費支給認定の取消し〕

第19条の6 医療費支給認定を行つた都道府県は、次に掲げる場合には、当該医療費支給認定を取り消すことができる。

一 医療費支給認定に係る小児慢性特定疾病児童等が、その疾病の状態、治療の状況等からみて指定小児慢性特定疾病医療支援を受ける必要がなくなつたと認めるとき。

二 医療費支給認定保護者が、医療費支給認定の有効期間内に、当該都道府県以外の都道府県の区域内に居住地を有するに至つたと認めるとき。

三 その他政令で定めるとき。

② 前項の規定により医療費支給認定の取消しを行つた都道府県は、厚生労働省令で定めるところにより、当該取消しに係る医療費支給認定保護者に対し、医療受給者証の返還を求めるものとする。

〔支給調整〕

第19条の7 小児慢性特定疾病医療費の支給は、当該小児慢性特定疾病の状態につき、健康保険法の規定による家族療養費その他の法令に基づく給付であつて政令で定めるもののうち小児慢性特定疾病医療費の支給に相当するものを受けることができるときは政令で定める限度において、当該政令で定める給付以外の給付であつて国又は地方公共団体の負担において小児慢性特定疾病医療費の支給に相当するものが行われたときはその限度において、行わない。

〔厚生労働省令への委任〕

第19条の8 この目に定めるもののほか、小児慢性特定疾病医療費の支給に関し必要な事項は、厚生労働省令で定める。

第2目 指定小児慢性特定疾病医療機関

〔指定小児慢性特定疾病医療機関の指定〕

第19条の9 第6条の2第2項の指定（以下「指定小児慢性特定疾病医療機関の指定」という。）は、厚生労働省令で定めるところにより、病院若しくは診療所（これらに準ずるものとして政令で定めるものを含む。以下同じ。）又は薬局の開設者の申請があつたものについて行う。

② 都道府県知事は、前項の申請があつた場合において、次の各号のいずれかに該当するときは、指定小児慢性特定疾病医療機関の指定をしてはならない。

一 申請者が、禁錮以上の刑に処せられ、その執行を終わり、又は執行を受けることがなくなるまでの者であるとき。

二 申請者が、この法律その他国民の保健医療若しくは福祉に関する法律で政令で定めるものの規定により罰金の刑に処せられ、その執行を終わり、又は執行を受けることがなくなるまでの者であるとき。

三 申請者が、労働に関する法律の規定であつて政令で定めるものにより罰金の刑に処せられ、その執行を終わり、又は執行を受けることがなくなるまでの者であるとき。

四 申請者が、第19条の18の規定により指定小児慢性特定疾病医療機関の指定を取り消され、その取消しの日から起算して5年を経過しない者（当該指定小児慢性特定疾病医療機関の指定を取り消された者が法人である場合においては、当該取消しの処分に係る行政手続法（平成5年法律第88号）第15条の規定による通知があつた日前60日以内に当該法人の役員又はその医療機関の管理者（以下「役員等」という。）であつた者で当該取消しの日から起算して5年を経過しないものを含み、当該指定小児慢性特定疾病医療機関の指定を取り消された者が法人でない場合においては、当該通知があつた日前60日以内に当該者の管理者であつた者で当該取消しの日から起算して5年を経過しないものを含む。）であるとき。ただし、当該取消しが、指定小児慢性特定疾病医療機関の指定の取消しのうち当該取消しの処分の理由となつた事実その他の当該事実に関して当該指定小児慢性特定疾病医療機関の開設者が有していた責任の程度を考慮して、この号本文に規定する指定小児慢性特定疾病医療機関の指定の取消しに該当しないこととすることが相当であると認められるものとして厚生労働省令で定めるものに該当する場合を除く。

五 申請者が、第19条の18の規定による指定小児慢性特定疾病医療機関の指定の取消しの処分に係る行政手続法第15条の規定による通知があつた日（第7号において「通知日」という。）から当該処分をする日又は処分をしないことを決定する日までの間に第19条の15の規定による指定小児慢性特定疾病医療機関の指定の辞退の申出をした者（当該辞退について相当の理由がある者を除く。）で、当該申出の日から起算して5年を経過しないものであるとき。

六 申請者が、第19条の16第1項の規定による検査が行われた日から聴聞決定予定日（当

該検査の結果に基づき第19条の18の規定による指定小児慢性特定疾病医療機関の指定の取消しの処分に係る聴聞を行うか否かの決定をすることが見込まれる日として厚生労働省令で定めるところにより都道府県知事が当該申請者に当該検査が行われた日から10日以内に特定の日を通知した場合における当該特定の日をいう。）までの間に第19条の15の規定による指定小児慢性特定疾病医療機関の指定の辞退の申出をした者（当該辞退について相当の理由がある者を除く。）で、当該申出の日から起算して5年を経過しないものであるとき。

七　第5号に規定する期間内に第19条の15の規定による指定小児慢性特定疾病医療機関の指定の辞退の申出があつた場合において、申請者が、通知日前60日以内に当該申出に係る法人（当該辞退について相当の理由がある法人を除く。）の役員等又は当該申出に係る法人でない者（当該辞退について相当の理由がある者を除く。）の管理者であつた者で、当該申出の日から起算して5年を経過しないものであるとき。

八　申請者が、前項の申請前5年以内に小児慢性特定疾病医療支援に関し不正又は著しく不当な行為をした者であるとき。

九　申請者が、法人で、その役員等のうちに前各号のいずれかに該当する者のあるものであるとき。

十　申請者が、法人でない者で、その管理者が第1号から第8号までのいずれかに該当する者であるとき。

③　都道府県知事は、第1項の申請があつた場合において、次の各号のいずれかに該当するときは、指定小児慢性特定疾病医療機関の指定をしないことができる。

一　当該申請に係る病院若しくは診療所又は薬局が、健康保険法第63条第3項第1号に規定する保険医療機関若しくは保険薬局又は厚生労働省令で定める事業所若しくは施設でないとき。

二　当該申請に係る病院若しくは診療所若しくは薬局又は申請者が、小児慢性特定疾病医療費の支給に関し診療又は調剤の内容の適切さを欠くおそれがあるとして重ねて第19条の13の規定による指導又は第19条の17第1項の規定による勧告を受けたものであるとき。

三　申請者が、第19条の17第3項の規定による命令に従わないものであるとき。

四　前3号に掲げる場合のほか、当該申請に係る病院若しくは診療所又は薬局が、指定小児慢性特定疾病医療機関として著しく不適当と認めるものであるとき。

〔指定の更新〕

第19条の10　指定小児慢性特定疾病医療機関の指定は、6年ごとにその更新を受けなければ、その期間の経過によつて、その効力を失う。

②　健康保険法第68条第2項の規定は、前項の更新について準用する。この場合において、必要な技術的読替えは、政令で定める。

〔指定小児慢性特定疾病医療機関の責務〕

第19条の11　指定小児慢性特定疾病医療機関は、厚生労働大臣の定めるところにより、良質かつ適切な小児慢性特定疾病医療支援を行わなければならない。

〔診療方針〕

第19条の12 指定小児慢性特定疾病医療機関の診療方針は、健康保険の診療方針の例による。

② 前項に規定する診療方針によることができないとき、及びこれによることを適当としないときの診療方針は、厚生労働大臣が定めるところによる。

〔指導〕

第19条の13 指定小児慢性特定疾病医療機関は、小児慢性特定疾病医療支援の実施に関し、都道府県知事の指導を受けなければならない。

〔変更の届出〕

第19条の14 指定小児慢性特定疾病医療機関は、当該指定に係る医療機関の名称及び所在地その他厚生労働省令で定める事項に変更があつたときは、厚生労働省令で定めるところにより、10日以内に、その旨を都道府県知事に届け出なければならない。

〔指定の辞退〕

第19条の15 指定小児慢性特定疾病医療機関は、1月以上の予告期間を設けて、指定小児慢性特定疾病医療機関の指定を辞退することができる。

〔報告の徴収等〕

第19条の16 都道府県知事は、小児慢性特定疾病医療支援の実施に関して必要があると認めるときは、指定小児慢性特定疾病医療機関若しくは指定小児慢性特定疾病医療機関の開設者若しくは管理者、医師、薬剤師その他の従業者であつた者（以下この項において「開設者であつた者等」という。）に対し、報告若しくは診療録、帳簿書類その他の物件の提出若しくは提示を命じ、指定小児慢性特定疾病医療機関の開設者若しくは管理者、医師、薬剤師その他の従業者（開設者であつた者等を含む。）に対し出頭を求め、又は当該職員に、関係者に対し質問させ、若しくは当該指定小児慢性特定疾病医療機関について設備若しくは診療録、帳簿書類その他の物件を検査させることができる。

② 前項の規定による質問又は検査を行う場合においては、当該職員は、その身分を示す証明書を携帯し、かつ、関係者の請求があるときは、これを提示しなければならない。

③ 第1項の規定による権限は、犯罪捜査のために認められたものと解釈してはならない。

④ 指定小児慢性特定疾病医療機関が、正当な理由がないのに、第1項の規定により報告若しくは提出若しくは提示を命ぜられてこれに従わず、若しくは虚偽の報告をし、又は同項の規定による検査を拒み、妨げ、若しくは忌避したときは、都道府県知事は、当該指定小児慢性特定疾病医療機関に対する小児慢性特定疾病医療費の支払を一時差し止めることができる。

〔勧告、命令等〕

第19条の17 都道府県知事は、指定小児慢性特定疾病医療機関が、第19条の11又は第19条の12の規定に従つて小児慢性特定疾病医療支援を行つていないと認めるときは、当該指定小児慢性特定疾病医療機関の開設者に対し、期限を定めて、第19条の11又は第19条の12の規定を遵守すべきことを勧告することができる。

② 都道府県知事は、前項の規定による勧告をした場合において、その勧告を受けた指定小

児慢性特定疾病医療機関の開設者が、同項の期限内にこれに従わなかつたときは、その旨を公表することができる。

③　都道府県知事は、第１項の規定による勧告を受けた指定小児慢性特定疾病医療機関の開設者が、正当な理由がなくてその勧告に係る措置をとらなかつたときは、当該指定小児慢性特定疾病医療機関の開設者に対し、期限を定めて、その勧告に係る措置をとるべきことを命ずることができる。

④　都道府県知事は、前項の規定による命令をしたときは、その旨を公示しなければならない。

〔指定の取消し等〕

第19条の18　都道府県知事は、次の各号のいずれかに該当する場合においては、当該指定小児慢性特定疾病医療機関に係る指定小児慢性特定疾病医療機関の指定を取り消し、又は期間を定めてその指定小児慢性特定疾病医療機関の指定の全部若しくは一部の効力を停止することができる。

一　指定小児慢性特定疾病医療機関が、第19条の９第２項第１号から第３号まで、第９号又は第10号のいずれかに該当するに至つたとき。

二　指定小児慢性特定疾病医療機関が、第19条の９第３項各号のいずれかに該当するに至つたとき。

三　指定小児慢性特定疾病医療機関が、第19条の11又は第19条の12の規定に違反したとき。

四　小児慢性特定疾病医療費の請求に関し不正があつたとき。

五　指定小児慢性特定疾病医療機関が、第19条の16第１項の規定により報告若しくは診療録、帳簿書類その他の物件の提出若しくは提示を命ぜられてこれに従わず、又は虚偽の報告をしたとき。

六　指定小児慢性特定疾病医療機関の開設者又は従業者が、第19条の16第１項の規定により出頭を求められてこれに応ぜず、同項の規定による質問に対して答弁せず、若しくは虚偽の答弁をし、又は同項の規定による検査を拒み、妨げ、若しくは忌避したとき。ただし、当該指定小児慢性特定疾病医療機関の従業者がその行為をした場合において、その行為を防止するため、当該指定小児慢性特定疾病医療機関の開設者が相当の注意及び監督を尽くしたときを除く。

七　指定小児慢性特定疾病医療機関が、不正の手段により指定小児慢性特定疾病医療機関の指定を受けたとき。

八　前各号に掲げる場合のほか、指定小児慢性特定疾病医療機関が、この法律その他国民の保健医療若しくは福祉に関する法律で政令で定めるもの又はこれらの法律に基づく命令若しくは処分に違反したとき。

九　前各号に掲げる場合のほか、指定小児慢性特定疾病医療機関が、小児慢性特定疾病医療支援に関し不正又は著しく不当な行為をしたとき。

十　指定小児慢性特定疾病医療機関が法人である場合において、その役員等のうちに指定小児慢性特定疾病医療機関の指定の取消し又は指定小児慢性特定疾病医療機関の指定の

全部若しくは一部の効力の停止をしようとするとき前５年以内に小児慢性特定疾病医療支援に関し不正又は著しく不当な行為をした者があるに至つたとき。
十一　指定小児慢性特定疾病医療機関が法人でない場合において、その管理者が指定小児慢性特定疾病医療機関の指定の取消し又は指定小児慢性特定疾病医療機関の指定の全部若しくは一部の効力の停止をしようとするとき前５年以内に小児慢性特定疾病医療支援に関し不正又は著しく不当な行為をした者であるに至つたとき。

〔公示〕
第19条の19　都道府県知事は、次に掲げる場合には、その旨を公示しなければならない。
一　指定小児慢性特定疾病医療機関の指定をしたとき。
二　第19条の14の規定による届出（同条の厚生労働省令で定める事項の変更に係るものを除く。）があつたとき。
三　第19条の15の規定による指定小児慢性特定疾病医療機関の指定の辞退があつたとき。
四　前条の規定により指定小児慢性特定疾病医療機関の指定を取り消したとき。

〔小児慢性特定疾病医療費の額の決定〕
第19条の20　都道府県知事は、指定小児慢性特定疾病医療機関の診療内容及び小児慢性特定疾病医療費の請求を随時審査し、かつ、指定小児慢性特定疾病医療機関が第19条の３第10項の規定によつて請求することができる小児慢性特定疾病医療費の額を決定することができる。
②　指定小児慢性特定疾病医療機関は、都道府県知事が行う前項の決定に従わなければならない。
③　都道府県知事は、第１項の規定により指定小児慢性特定疾病医療機関が請求することができる小児慢性特定疾病医療費の額を決定するに当たつては、社会保険診療報酬支払基金法（昭和23年法律第129号）に定める審査委員会、国民健康保険法（昭和33年法律第192号）に定める国民健康保険診療報酬審査委員会その他政令で定める医療に関する審査機関の意見を聴かなければならない。
④　都道府県は、指定小児慢性特定疾病医療機関に対する小児慢性特定疾病医療費の支払に関する事務を社会保険診療報酬支払基金、国民健康保険法第45条第５項に規定する国民健康保険団体連合会（以下「連合会」という。）その他厚生労働省令で定める者に委託することができる。
⑤　第１項の規定による小児慢性特定疾病医療費の額の決定については、審査請求をすることができない。

〔厚生労働省令への委任〕
第19条の21　この目に定めるもののほか、指定小児慢性特定疾病医療機関に関し必要な事項は、厚生労働省令で定める。

第３目　小児慢性特定疾病児童等自立支援事業

第19条の22　都道府県は、**小児慢性特定疾病児童等自立支援事業**として、小児慢性特定疾病児童等に対する医療及び小児慢性特定疾病児童等の福祉に関する各般の問題につき、小児慢性特定疾病児童等、その家族その他の関係者からの相談に応じ、必要な情報の提供及び

助言を行うとともに、関係機関との連絡調整その他の厚生労働省令で定める便宜を供与する事業を行うものとする。
② 都道府県は、前項に掲げる事業のほか、小児慢性特定疾病児童等自立支援事業として、次に掲げる事業を行うことができる。
　一　小児慢性特定疾病児童等について、医療機関その他の場所において、一時的に預かり、必要な療養上の管理、日常生活上の世話その他の必要な支援を行う事業
　二　小児慢性特定疾病児童等が相互の交流を行う機会の提供その他の厚生労働省令で定める便宜を供与する事業
　三　小児慢性特定疾病児童等に対し、雇用情報の提供その他小児慢性特定疾病児童等の就職に関し必要な支援を行う事業
　四　小児慢性特定疾病児童等を現に介護する者の支援のため必要な事業
　五　その他小児慢性特定疾病児童等の自立の支援のため必要な事業
③ 都道府県は、前項各号に掲げる事業を行うに当たつては、関係機関並びに小児慢性特定疾病児童等及びその家族その他の関係者の意見を聴くものとする。
④ 前３項に規定するもののほか、小児慢性特定疾病児童等自立支援事業の実施に関し必要な事項は、厚生労働省令で定める。

第３款　療育の給付

〔療育の給付〕
第20条　都道府県は、結核にかかつている児童に対し、療養に併せて学習の援助を行うため、これを病院に入院させて療育の給付を行うことができる。
② 療育の給付は、医療並びに学習及び療養生活に必要な物品の支給とする。
③ 前項の医療は、次に掲げる給付とする。
　一　診察
　二　薬剤又は治療材料の支給
　三　医学的処置、手術及びその他の治療並びに施術
　四　病院又は診療所への入院及びその療養に伴う世話その他の看護
　五　移送
④ 第２項の医療に係る療育の給付は、都道府県知事が次項の規定により指定する病院（以下「指定療育機関」という。）に委託して行うものとする。
⑤ 都道府県知事は、病院の開設者の同意を得て、第２項の医療を担当させる機関を指定する。
⑥ 前項の指定は、政令で定める基準に適合する病院について行うものとする。
⑦ 指定療育機関は、30日以上の予告期間を設けて、その指定を辞退することができる。
⑧ 都道府県知事は、指定療育機関が第６項の規定に基づく政令で定める基準に適合しなくなつたとき、次条の規定に違反したとき、その他指定療育機関に第２項の医療を担当させるについて著しく不適当であると認められる理由があるときは、その指定を取り消すことができる。

〔医療の担当〕

第21条　指定療育機関は、厚生労働大臣の定めるところにより、前条第2項の医療を担当しなければならない。
〔準用規定〕
第21条の2　第19条の12及び第19条の20の規定は、指定療育機関について準用する。この場合において、必要な技術的読替えは、政令で定める。
〔報告の請求及び検査〕
第21条の3　都道府県知事は、指定療育機関の診療報酬の請求が適正であるかどうかを調査するため必要があると認めるときは、指定療育機関の管理者に対して必要な報告を求め、又は当該職員をして、指定療育機関について、その管理者の同意を得て、実地に診療録、帳簿書類その他の物件を検査させることができる。
②　指定療育機関の管理者が、正当な理由がなく、前項の報告の求めに応ぜず、若しくは虚偽の報告をし、又は同項の同意を拒んだときは、都道府県知事は、当該指定療育機関に対する都道府県の診療報酬の支払を一時差し止めることを指示し、又は差し止めることができる。
③　厚生労働大臣は、前項に規定する都道府県知事の権限に属する事務について、児童の利益を保護する緊急の必要があると認めるときは、都道府県知事に対し同項の事務を行うことを指示することができる。

　　　第4款　雑則
〔調査及び研究〕
第21条の4　国は、小児慢性特定疾病の治療方法その他小児慢性特定疾病その他の疾病にかかつていることにより長期にわたり療養を必要とする児童等（第3項及び次条において「疾病児童等」という。）の健全な育成に資する調査及び研究を推進するものとする。
②　国は、前項に規定する調査及び研究の推進に当たつては、難病（難病の患者に対する医療等に関する法律第1条に規定する難病をいう。以下この項において同じ。）の患者に対する良質かつ適切な医療の確保を図るための基盤となる難病の発病の機構、診断及び治療方法に関する調査及び研究との適切な連携を図るよう留意するものとする。
③　厚生労働大臣は、第1項に規定する調査及び研究の成果を適切な方法により小児慢性特定疾病の治療方法その他疾病児童等の健全な育成に資する調査及び研究を行う者、医師、疾病児童等及びその家族その他の関係者に対して積極的に提供するものとする。
④　厚生労働大臣は、前項の規定により第1項に規定する調査及び研究の成果を提供するに当たつては、個人情報の保護に留意しなければならない。
〔基本的方針〕
第21条の5　厚生労働大臣は、良質かつ適切な小児慢性特定疾病医療支援の実施その他の疾病児童等の健全な育成に係る施策の推進を図るための基本的な方針を定めるものとする。
　　第2節　居宅生活の支援
　　　第1款　障害児通所給付費、特例障害児通所給付費及び高額障害児通所給付費の支給
〔障害児通所給付費及び特例障害児通所給付費の支給〕

第21条の５の２　障害児通所給付費及び特例障害児通所給付費の支給は、次に掲げる障害児通所支援に関して次条及び第21条の５の４の規定により支給する給付とする。
一　児童発達支援
二　医療型児童発達支援（医療に係るものを除く。）
三　放課後等デイサービス
四　保育所等訪問支援
〔障害児通所給付費〕
第21条の５の３　市町村は、通所給付決定保護者が、第21条の５の７第８項に規定する通所給付決定の有効期間内において、都道府県知事が指定する障害児通所支援事業を行う者（以下「指定障害児通所支援事業者」という。）又は指定発達支援医療機関（以下「指定障害児通所支援事業者等」と総称する。）から障害児通所支援（以下「指定通所支援」という。）を受けたときは、当該通所給付決定保護者に対し、当該指定通所支援（同条第７項に規定する支給量の範囲内のものに限る。以下この条及び次条において同じ。）に要した費用（食事の提供に要する費用その他の日常生活に要する費用のうち厚生労働省令で定める費用（以下「通所特定費用」という。）を除く。）について、障害児通所給付費を支給する。
②　障害児通所給付費の額は、１月につき、第１号に掲げる額から第２号に掲げる額を控除して得た額とする。
一　同一の月に受けた指定通所支援について、障害児通所支援の種類ごとに指定通所支援に通常要する費用（通所特定費用を除く。）につき、厚生労働大臣が定める基準により算定した費用の額（その額が現に当該指定通所支援に要した費用（通所特定費用を除く。）の額を超えるときは、当該現に指定通所支援に要した費用の額）を合計した額
二　当該通所給付決定保護者の家計の負担能力その他の事情をしん酌して政令で定める額（当該政令で定める額が前号に掲げる額の100分の10に相当する額を超えるときは、当該相当する額）
〔特例障害児通所給付費〕
第21条の５の４　市町村は、次に掲げる場合において、必要があると認めるときは、厚生労働省令で定めるところにより、当該指定通所支援又は第２号に規定する基準該当通所支援（第21条の５の７第７項に規定する支給量の範囲内のものに限る。）に要した費用（通所特定費用を除く。）について、特例障害児通所給付費を支給することができる。
一　通所給付決定保護者が、第21条の５の６第１項の申請をした日から当該通所給付決定の効力が生じた日の前日までの間に、緊急その他やむを得ない理由により指定通所支援を受けたとき。
二　通所給付決定保護者が、指定通所支援以外の障害児通所支援（第21条の５の18第１項の都道府県の条例で定める基準又は同条第２項の都道府県の条例で定める指定通所支援の事業の設備及び運営に関する基準に定める事項のうち都道府県の条例で定めるものを満たすと認められる事業を行う事業所により行われるものに限る。以下「基準該当通所支援」という。）を受けたとき。

三　その他政令で定めるとき。
② 都道府県が前項第2号の条例を定めるに当たつては、第1号から第3号までに掲げる事項については厚生労働省令で定める基準に従い定めるものとし、第4号に掲げる事項については厚生労働省令で定める基準を標準として定めるものとし、その他の事項については厚生労働省令で定める基準を参酌するものとする。
一　基準該当通所支援に従事する従業者及びその員数
二　基準該当通所支援の事業に係る居室の床面積その他基準該当通所支援の事業の設備に関する事項であつて障害児の健全な発達に密接に関連するものとして厚生労働省令で定めるもの
三　基準該当通所支援の事業の運営に関する事項であつて、障害児の保護者のサービスの適切な利用の確保、障害児の安全の確保及び秘密の保持に密接に関連するものとして厚生労働省令で定めるもの
四　基準該当通所支援の事業に係る利用定員
③ 特例障害児通所給付費の額は、1月につき、同一の月に受けた次の各号に掲げる障害児通所支援の区分に応じ、当該各号に定める額を合計した額から、それぞれ当該通所給付決定保護者の家計の負担能力その他の事情をしん酌して政令で定める額（当該政令で定める額が当該合計した額の100分の10に相当する額を超えるときは、当該相当する額）を控除して得た額を基準として、市町村が定める。
一　指定通所支援　前条第2項第1号の厚生労働大臣が定める基準により算定した費用の額（その額が現に当該指定通所支援に要した費用（通所特定費用を除く。）の額を超えるときは、当該現に指定通所支援に要した費用の額）
二　基準該当通所支援　障害児通所支援の種類ごとに基準該当通所支援に通常要する費用（通所特定費用を除く。）につき厚生労働大臣が定める基準により算定した費用の額（その額が現に当該基準該当通所支援に要した費用（通所特定費用を除く。）の額を超えるときは、当該現に基準該当通所支援に要した費用の額）

〔障害児通所給付費等の通所給付決定〕

第21条の5の5　障害児通所給付費又は特例障害児通所給付費（以下この款において「障害児通所給付費等」という。）の支給を受けようとする障害児の保護者は、市町村の障害児通所給付費等を支給する旨の決定（以下「通所給付決定」という。）を受けなければならない。
② 通所給付決定は、障害児の保護者の居住地の市町村が行うものとする。ただし、障害児の保護者が居住地を有しないとき、又は明らかでないときは、その障害児の保護者の現在地の市町村が行うものとする。

〔申請〕

第21条の5の6　通所給付決定を受けようとする障害児の保護者は、厚生労働省令で定めるところにより、市町村に申請しなければならない。
② 市町村は、前項の申請があつたときは、次条第1項に規定する通所支給要否決定を行うため、厚生労働省令で定めるところにより、当該職員をして、当該申請に係る障害児又は

障害児の保護者に面接をさせ、その心身の状況、その置かれている環境その他厚生労働省令で定める事項について調査をさせるものとする。この場合において、市町村は、当該調査を障害者の日常生活及び社会生活を総合的に支援するための法律第51条の14第1項に規定する指定一般相談支援事業者その他の厚生労働省令で定める者（以下この条において「指定障害児相談支援事業者等」という。）に委託することができる。

③　前項後段の規定により委託を受けた指定障害児相談支援事業者等は、障害児の保健又は福祉に関する専門的知識及び技術を有するものとして厚生労働省令で定める者に当該委託に係る調査を行わせるものとする。

④　第2項後段の規定により委託を受けた指定障害児相談支援事業者等の役員（業務を執行する社員、取締役、執行役又はこれらに準ずる者をいい、相談役、顧問その他いかなる名称を有する者であるかを問わず、法人に対し業務を執行する社員、取締役、執行役又はこれらに準ずる者と同等以上の支配力を有するものと認められる者を含む。次項並びに第21条の5の15第2項第6号（第24条の9第2項（第24条の10第4項において準用する場合を含む。）及び第24条の28第2項（第24条の29第4項において準用する場合を含む。）において準用する場合を含む。）、第24条の17第11号及び第24条の36第11号において同じ。）若しくは前項の厚生労働省令で定める者又はこれらの職にあつた者は、正当な理由なしに、当該委託業務に関して知り得た個人の秘密を漏らしてはならない。

⑤　第2項後段の規定により委託を受けた指定障害児相談支援事業者等の役員又は第3項の厚生労働省令で定める者で、当該委託業務に従事するものは、刑法その他の罰則の適用については、法令により公務に従事する職員とみなす。

〔通所支給要否決定等〕

第21条の5の7　市町村は、前条第1項の申請が行われたときは、当該申請に係る障害児の心身の状態、当該障害児の介護を行う者の状況、当該障害児及びその保護者の障害児通所支援の利用に関する意向その他の厚生労働省令で定める事項を勘案して障害児通所給付費等の支給の要否の決定（以下この条において「通所支給要否決定」という。）を行うものとする。

②　市町村は、通所支給要否決定を行うに当たつて必要があると認めるときは、児童相談所その他厚生労働省令で定める機関（次項、第21条の5の10及び第21条の5の13第3項において「児童相談所等」という。）の意見を聴くことができる。

③　児童相談所等は、前項の意見を述べるに当たつて必要があると認めるときは、当該通所支給要否決定に係る障害児、その保護者及び家族、医師その他の関係者の意見を聴くことができる。

④　市町村は、通所支給要否決定を行うに当たつて必要と認められる場合として厚生労働省令で定める場合には、厚生労働省令で定めるところにより、前条第1項の申請に係る障害児の保護者に対し、第24条の26第1項第1号に規定する指定障害児相談支援事業者が作成する障害児支援利用計画案の提出を求めるものとする。

⑤　前項の規定により障害児支援利用計画案の提出を求められた障害児の保護者は、厚生労働省令で定める場合には、同項の障害児支援利用計画案に代えて厚生労働省令で定める障

害児支援利用計画案を提出することができる。
⑥　市町村は、前2項の障害児支援利用計画案の提出があつた場合には、第1項の厚生労働省令で定める事項及び当該障害児支援利用計画案を勘案して通所支給要否決定を行うものとする。
⑦　市町村は、通所給付決定を行う場合には、障害児通所支援の種類ごとに月を単位として厚生労働省令で定める期間において障害児通所給付費等を支給する障害児通所支援の量（以下「支給量」という。）を定めなければならない。
⑧　通所給付決定は、厚生労働省令で定める期間（以下「通所給付決定の有効期間」という。）内に限り、その効力を有する。
⑨　市町村は、通所給付決定をしたときは、当該通所給付決定保護者に対し、厚生労働省令で定めるところにより、支給量、通所給付決定の有効期間その他の厚生労働省令で定める事項を記載した通所受給者証（以下「通所受給者証」という。）を交付しなければならない。
⑩　指定通所支援を受けようとする通所給付決定保護者は、厚生労働省令で定めるところにより、指定障害児通所支援事業者等に通所受給者証を提示して当該指定通所支援を受けるものとする。ただし、緊急の場合その他やむを得ない事由のある場合については、この限りでない。
⑪　通所給付決定保護者が指定障害児通所支援事業者等から指定通所支援を受けたとき（当該通所給付決定保護者が当該指定障害児通所支援事業者等に通所受給者証を提示したときに限る。）は、市町村は、当該通所給付決定保護者が当該指定障害児通所支援事業者等に支払うべき当該指定通所支援に要した費用（通所特定費用を除く。）について、障害児通所給付費として当該通所給付決定保護者に支給すべき額の限度において、当該通所給付決定保護者に代わり、当該指定障害児通所支援事業者等に支払うことができる。
⑫　前項の規定による支払があつたときは、当該通所給付決定保護者に対し障害児通所給付費の支給があつたものとみなす。
⑬　市町村は、指定障害児通所支援事業者等から障害児通所給付費の請求があつたときは、第21条の5の3第2項第1号の厚生労働大臣が定める基準及び第21条の5の18第2項の指定通所支援の事業の設備及び運営に関する基準（指定通所支援の取扱いに関する部分に限る。）に照らして審査の上、支払うものとする。
⑭　市町村は、前項の規定による支払に関する事務を連合会に委託することができる。

〔通所給付決定の変更〕
第21条の5の8　通所給付決定保護者は、現に受けている通所給付決定に係る障害児通所支援の支給量その他の厚生労働省令で定める事項を変更する必要があるときは、厚生労働省令で定めるところにより、市町村に対し、当該通所給付決定の変更の申請をすることができる。
②　市町村は、前項の申請又は職権により、前条第1項の厚生労働省令で定める事項を勘案し、通所給付決定保護者につき、必要があると認めるときは、通所給付決定の変更の決定を行うことができる。この場合において、市町村は、当該決定に係る通所給付決定保護者

に対し通所受給者証の提出を求めるものとする。
③　第21条の５の５第２項、第21条の５の６（第１項を除く。）及び前条（第１項を除く。）の規定は、前項の通所給付決定の変更の決定について準用する。この場合において、必要な技術的読替えは、政令で定める。
④　市町村は、第２項の通所給付決定の変更の決定を行つた場合には、通所受給者証に当該決定に係る事項を記載し、これを返還するものとする。

〔通所給付決定の取消し〕
第21条の５の９　通所給付決定を行つた市町村は、次に掲げる場合には、当該通所給付決定を取り消すことができる。
　一　通所給付決定に係る障害児が、指定通所支援及び基準該当通所支援を受ける必要がなくなつたと認めるとき。
　二　通所給付決定保護者が、通所給付決定の有効期間内に、当該市町村以外の市町村の区域内に居住地を有するに至つたと認めるとき。
　三　通所給付決定に係る障害児又はその保護者が、正当な理由なしに第21条の５の６第２項（前条第３項において準用する場合を含む。）の規定による調査に応じないとき。
　四　その他政令で定めるとき。
②　前項の規定により通所給付決定の取消しを行つた市町村は、厚生労働省令で定めるところにより、当該取消しに係る通所給付決定保護者に対し通所受給者証の返還を求めるものとする。

〔都道府県による援助等〕
第21条の５の10　都道府県は、市町村の求めに応じ、市町村が行う第21条の５の５から前条までの規定による業務に関し、その設置する児童相談所等による技術的事項についての協力その他市町村に対する必要な援助を行うものとする。

〔障害児通所給付費の額の特例〕
第21条の５の11　市町村が、災害その他の厚生労働省令で定める特別の事情があることにより、障害児通所支援に要する費用を負担することが困難であると認めた通所給付決定保護者が受ける障害児通所給付費の支給について第21条の５の３第２項の規定を適用する場合においては、同項第２号中「額）」とあるのは、「額）の範囲内において市町村が定める額」とする。
②　前項に規定する通所給付決定保護者が受ける特例障害児通所給付費の支給について第21条の５の４第３項の規定を適用する場合においては、同項中「を控除して得た額を基準として、市町村が定める」とあるのは、「の範囲内において市町村が定める額を控除して得た額とする」とする。

〔高額障害児通所給付費の支給〕
第21条の５の12　市町村は、通所給付決定保護者が受けた障害児通所支援に要した費用の合計額（厚生労働大臣が定める基準により算定した費用の額（その額が現に要した費用の額を超えるときは、当該現に要した額）の合計額を限度とする。）から当該費用につき支給された障害児通所給付費及び特例障害児通所給付費の合計額を控除して得た額が、著しく

高額であるときは、当該通所給付決定保護者に対し、高額障害児通所給付費を支給する。
② 前項に定めるもののほか、高額障害児通所給付費の支給要件、支給額その他高額障害児通所給付費の支給に関し必要な事項は、指定通所支援に要する費用の負担の家計に与える影響を考慮して、政令で定める。

〔放課後等デイサービス障害児通所給付費等の支給〕

第21条の5の13 市町村は、第21条の5の3第1項、第21条の5の4第1項又は前条第1項の規定にかかわらず、放課後等デイサービスを受けている障害児（以下この項において「通所者」という。）について、引き続き放課後等デイサービスを受けなければその福祉を損なうおそれがあると認めるときは、当該通所者が満18歳に達した後においても、当該通所者からの申請により、当該通所者が満20歳に達するまで、厚生労働省令で定めるところにより、引き続き放課後等デイサービスに係る障害児通所給付費、特例障害児通所給付費又は高額障害児通所給付費（次項において「放課後等デイサービス障害児通所給付費等」という。）を支給することができる。ただし、当該通所者が障害者の日常生活及び社会生活を総合的に支援するための法律第5条第7項に規定する生活介護その他の支援を受けることができる場合は、この限りでない。
② 前項の規定により放課後等デイサービス障害児通所給付費等を支給することができることとされた者については、その者を障害児又は障害児の保護者とみなして、第21条の5の3から前条までの規定を適用する。この場合において、必要な技術的読替えその他これらの規定の適用に関し必要な事項は、政令で定める。
③ 市町村は、第1項の場合において必要があると認めるときは、児童相談所等の意見を聴くことができる。

〔厚生労働省令への委任〕

第21条の5の14 この款に定めるもののほか、障害児通所給付費、特例障害児通所給付費又は高額障害児通所給付費の支給及び指定障害児通所支援事業者等の障害児通所給付費の請求に関し必要な事項は、厚生労働省令で定める。

第2款　指定障害児通所支援事業者

〔指定障害児通所支援事業者の指定〕

第21条の5の15 第21条の5の3第1項の指定は、厚生労働省令で定めるところにより、障害児通所支援事業を行う者の申請により、障害児通所支援の種類及び障害児通所支援事業を行う事業所（以下「障害児通所支援事業所」という。）ごとに行う。
② 都道府県知事は、前項の申請があつた場合において、次の各号（医療型児童発達支援に係る指定の申請にあつては、第7号を除く。）のいずれかに該当するときは、指定障害児通所支援事業者の指定をしてはならない。
一　申請者が都道府県の条例で定める者でないとき。
二　当該申請に係る障害児通所支援事業所の従業者の知識及び技能並びに人員が、第21条の5の18第1項の都道府県の条例で定める基準を満たしていないとき。
三　申請者が、第21条の5の18第2項の都道府県の条例で定める指定通所支援の事業の設備及び運営に関する基準に従つて適正な障害児通所支援事業の運営をすることができな

いと認められるとき。
四　申請者が禁錮以上の刑に処せられ、その執行を終わり、又は執行を受けることがなくなるまでの者であるとき。
五　申請者が、この法律その他国民の保健医療若しくは福祉に関する法律で政令で定めるものの規定により罰金の刑に処せられ、その執行を終わり、又は執行を受けることがなくなるまでの者であるとき。
五の二　申請者が、労働に関する法律の規定であつて政令で定めるものにより罰金の刑に処せられ、その執行を終わり、又は執行を受けることがなくなるまでの者であるとき。
六　申請者が、第21条の５の23第１項の規定により指定を取り消され、その取消しの日から起算して５年を経過しない者（当該指定を取り消された者が法人である場合においては、当該取消しの処分に係る行政手続法第15条の規定による通知があつた日前60日以内に当該法人の役員又はその障害児通所支援事業所を管理する者その他の政令で定める使用人（以下この条及び第21条の５の23第１項第11号において「役員等」という。）であつた者で当該取消しの日から起算して５年を経過しないものを含み、当該指定を取り消された者が法人でない場合においては、当該通知があつた日前60日以内に当該者の管理者であつた者で当該取消しの日から起算して５年を経過しないものを含む。）であるとき。ただし、当該指定の取消しが、指定障害児通所支援事業者の指定の取消しのうち当該指定の取消しの処分の理由となつた事実及び当該事実の発生を防止するための当該指定障害児通所支援事業者による業務管理体制の整備についての取組の状況その他の当該事実に関して当該指定障害児通所支援事業者が有していた責任の程度を考慮して、この号本文に規定する指定の取消しに該当しないこととすることが相当であると認められるものとして厚生労働省令で定めるものに該当する場合を除く。
七　申請者と密接な関係を有する者（申請者（法人に限る。以下この号において同じ。）の株式の所有その他の事由を通じて当該申請者の事業を実質的に支配し、若しくはその事業に重要な影響を与える関係にある者として厚生労働省令で定めるもの（以下この号において「申請者の親会社等」という。）、申請者の親会社等が株式の所有その他の事由を通じてその事業を実質的に支配し、若しくはその事業に重要な影響を与える関係にある者として厚生労働省令で定めるもの又は当該申請者が株式の所有その他の事由を通じてその事業を実質的に支配し、若しくはその事業に重要な影響を与える関係にある者として厚生労働省令で定めるもののうち、当該申請者と厚生労働省令で定める密接な関係を有する法人をいう。）が、第21条の５の23第１項の規定により指定を取り消され、その取消しの日から起算して５年を経過していないとき。ただし、当該指定の取消しが、指定障害児通所支援事業者の指定の取消しのうち当該指定の取消しの処分の理由となつた事実及び当該事実の発生を防止するための当該指定障害児通所支援事業者による業務管理体制の整備についての取組の状況その他の当該事実に関して当該指定障害児通所支援事業者が有していた責任の程度を考慮して、この号本文に規定する指定の取消しに該当しないこととすることが相当であると認められるものとして厚生労働省令で定めるものに該当する場合を除く。

八　削除
九　申請者が、第21条の５の23第１項の規定による指定の取消しの処分に係る行政手続法第15条の規定による通知があつた日から当該処分をする日又は処分をしないことを決定する日までの間に第21条の５の19第２項の規定による事業の廃止の届出をした者（当該事業の廃止について相当の理由がある者を除く。）で、当該届出の日から起算して５年を経過しないものであるとき。
十　申請者が、第21条の５の21第１項の規定による検査が行われた日から聴聞決定予定日（当該検査の結果に基づき第21条の５の23第１項の規定による指定の取消しの処分に係る聴聞を行うか否かの決定をすることが見込まれる日として厚生労働省令で定めるところにより都道府県知事が当該申請者に当該検査が行われた日から10日以内に特定の日を通知した場合における当該特定の日をいう。）までの間に第21条の５の19第２項の規定による事業の廃止の届出をした者（当該事業の廃止について相当の理由がある者を除く。）で、当該届出の日から起算して５年を経過しないものであるとき。
十一　第９号に規定する期間内に第21条の５の19第２項の規定による事業の廃止の届出があつた場合において、申請者が、同号の通知の日前60日以内に当該事業の廃止の届出に係る法人（当該事業の廃止について相当の理由がある法人を除く。）の役員等又は当該届出に係る法人でない者（当該事業の廃止について相当の理由がある者を除く。）の管理者であつた者で、当該届出の日から起算して５年を経過しないものであるとき。
十二　申請者が、指定の申請前５年以内に障害児通所支援に関し不正又は著しく不当な行為をした者であるとき。
十三　申請者が、法人で、その役員等のうちに第４号から第６号まで又は第９号から前号までのいずれかに該当する者のあるものであるとき。
十四　申請者が、法人でない者で、その管理者が第４号から第６号まで又は第９号から第12号までのいずれかに該当する者であるとき。
③　都道府県が前項第１号の条例を定めるに当たつては、厚生労働省令で定める基準に従い定めるものとする。

〔指定の更新〕
第21条の５の16　第21条の５の３第１項の指定は、６年ごとにその更新を受けなければ、その期間の経過によって、その効力を失う。
②　前項の更新の申請があつた場合において、同項の期間（以下この条において「指定の有効期間」という。）の満了の日までにその申請に対する処分がされないときは、従前の指定は、指定の有効期間の満了後もその処分がされるまでの間は、なおその効力を有する。
③　前項の場合において、指定の更新がされたときは、その指定の有効期間は、従前の指定の有効期間の満了の日の翌日から起算するものとする。
④　前条の規定は、第１項の指定の更新について準用する。この場合において、必要な技術的読替えは、政令で定める。

〔指定障害児通所支援事業者及び指定発達支援医療機関の設置者の責務〕
第21条の５の17　指定障害児通所支援事業者及び指定発達支援医療機関の設置者（以下「指

定障害児事業者等」という。）は、障害児が自立した日常生活又は社会生活を営むことができるよう、障害児及びその保護者の意思をできる限り尊重するとともに、行政機関、教育機関その他の関係機関との緊密な連携を図りつつ、障害児通所支援を当該障害児の意向、適性、障害の特性その他の事情に応じ、常に障害児及びその保護者の立場に立って効果的に行うように努めなければならない。

② 指定障害児事業者等は、その提供する障害児通所支援の質の評価を行うことその他の措置を講ずることにより、障害児通所支援の質の向上に努めなければならない。

③ 指定障害児事業者等は、障害児の人格を尊重するとともに、この法律又はこの法律に基づく命令を遵守し、障害児及びその保護者のため忠実にその職務を遂行しなければならない。

〔指定障害児通所支援の事業の基準〕

第21条の5の18 指定障害児事業者等は、都道府県の条例で定める基準に従い、当該指定に係る障害児通所支援事業所又は指定発達支援医療機関ごとに、当該指定通所支援に従事する従業者を有しなければならない。

② 指定障害児事業者等は、都道府県の条例で定める指定通所支援の事業の設備及び運営に関する基準に従い、指定通所支援を提供しなければならない。

③ 都道府県が前2項の条例を定めるに当たつては、第1号から第3号までに掲げる事項については厚生労働省令で定める基準に従い定めるものとし、第4号に掲げる事項については厚生労働省令で定める基準を標準として定めるものとし、その他の事項については厚生労働省令で定める基準を参酌するものとする。

一　指定通所支援に従事する従業者及びその員数

二　指定通所支援の事業に係る居室及び病室の床面積その他指定通所支援の事業の設備に関する事項であつて障害児の健全な発達に密接に関連するものとして厚生労働省令で定めるもの

三　指定通所支援の事業の運営に関する事項であつて、障害児の保護者のサービスの適切な利用の確保並びに障害児の適切な処遇及び安全の確保並びに秘密の保持に密接に関連するものとして厚生労働省令で定めるもの

四　指定通所支援の事業に係る利用定員

④ 指定障害児通所支援事業者は、次条第2項の規定による事業の廃止又は休止の届出をしたときは、当該届出の日前1月以内に当該指定通所支援を受けていた者であつて、当該事業の廃止又は休止の日以後においても引き続き当該指定通所支援に相当する支援の提供を希望する者に対し、必要な障害児通所支援が継続的に提供されるよう、他の指定障害児事業者等その他関係者との連絡調整その他の便宜の提供を行わなければならない。

〔変更の届出等〕

第21条の5の19 指定障害児通所支援事業者は、当該指定に係る障害児通所支援事業所の名称及び所在地その他厚生労働省令で定める事項に変更があつたとき、又は休止した当該指定通所支援の事業を再開したときは、厚生労働省令で定めるところにより、10日以内に、その旨を都道府県知事に届け出なければならない。

② 指定障害児通所支援事業者は、当該指定通所支援の事業を廃止し、又は休止しようとするときは、厚生労働省令で定めるところにより、その廃止又は休止の日の1月前までに、その旨を都道府県知事に届け出なければならない。

〔都道府県知事等による連絡調整又は援助〕

第21条の5の20 都道府県知事又は市町村長は、第21条の5の18第4項に規定する便宜の提供が円滑に行われるため必要があると認めるときは、当該指定障害児通所支援事業者その他の関係者相互間の連絡調整又は当該指定障害児通所支援事業者その他の関係者に対する助言その他の援助を行うことができる。

② 厚生労働大臣は、同一の指定障害児通所支援事業者について2以上の都道府県知事が前項の規定による連絡調整又は援助を行う場合において、第21条の5の18第4項に規定する便宜の提供が円滑に行われるため必要があると認めるときは、当該都道府県知事相互間の連絡調整又は当該指定障害児通所支援事業者に対する都道府県の区域を超えた広域的な見地からの助言その他の援助を行うことができる。

〔報告等〕

第21条の5の21 都道府県知事又は市町村長は、必要があると認めるときは、指定障害児通所支援事業者若しくは指定障害児通所支援事業者であつた者若しくは当該指定に係る障害児通所支援事業所の従業者であつた者（以下この項において「指定障害児通所支援事業者であつた者等」という。）に対し、報告若しくは帳簿書類その他の物件の提出若しくは提示を命じ、指定障害児通所支援事業者若しくは当該指定に係る障害児通所支援事業所の従業者若しくは指定障害児通所支援事業者であつた者等に対し出頭を求め、又は当該職員に、関係者に対し質問させ、若しくは当該指定障害児通所支援事業者の当該指定に係る障害児通所支援事業所、事務所その他当該指定通所支援の事業に関係のある場所に立ち入り、その設備若しくは帳簿書類その他の物件を検査させることができる。

② 前項の規定は、指定発達支援医療機関の設置者について準用する。この場合において、必要な技術的読替えは、政令で定める。

③ 第19条の16第2項の規定は第1項（前項において準用する場合を含む。）の規定による質問又は検査について、同条第3項の規定は第1項（前項において準用する場合を含む。）の規定による権限について準用する。

〔勧告、命令等〕

第21条の5の22 都道府県知事は、指定障害児事業者等が、次の各号（指定発達支援医療機関の設置者にあつては、第3号を除く。以下この項及び第5項において同じ。）に掲げる場合に該当すると認めるときは、当該指定障害児事業者等に対し、期限を定めて、当該各号に定める措置をとるべきことを勧告することができる。

一 当該指定に係る障害児通所支援事業所又は指定発達支援医療機関の従業者の知識若しくは技能又は人員について第21条の5の18第1項の都道府県の条例で定める基準に適合していない場合 当該基準を遵守すること。

二 第21条の5の18第2項の都道府県の条例で定める指定通所支援の事業の設備及び運営に関する基準に従つて適正な指定通所支援の事業の運営をしていない場合 当該基準を

遵守すること。
三　第21条の５の18第４項に規定する便宜の提供を適正に行つていない場合　当該便宜の提供を適正に行うこと。

② 　都道府県知事は、前項の規定による勧告をした場合において、その勧告を受けた指定障害児事業者等が、同項の期限内にこれに従わなかつたときは、その旨を公表することができる。

③ 　都道府県知事は、第１項の規定による勧告を受けた指定障害児事業者等が、正当な理由がなくてその勧告に係る措置をとらなかつたときは、当該指定障害児事業者等に対し、期限を定めて、その勧告に係る措置をとるべきことを命ずることができる。

④ 　都道府県知事は、前項の規定による命令をしたときは、その旨を公示しなければならない。

⑤ 　市町村は、障害児通所給付費の支給に係る指定通所支援を行つた指定障害児事業者等について、第１項各号に掲げる場合のいずれかに該当すると認めるときは、その旨を当該指定に係る障害児通所支援事業所又は指定発達支援医療機関の所在地の都道府県知事に通知しなければならない。

〔指定の取消し等〕

第21条の５の23　都道府県知事は、次の各号のいずれかに該当する場合においては、当該指定障害児通所支援事業者に係る第21条の５の３第１項の指定を取り消し、又は期間を定めてその指定の全部若しくは一部の効力を停止することができる。

一　指定障害児通所支援事業者が、第21条の５の15第２項第４号から第５号の２まで、第13号又は第14号のいずれかに該当するに至つたとき。

二　指定障害児通所支援事業者が、第21条の５の17第３項の規定に違反したと認められるとき。

三　指定障害児通所支援事業者が、当該指定に係る障害児通所支援事業所の従業者の知識若しくは技能又は人員について、第21条の５の18第１項の都道府県の条例で定める基準を満たすことができなくなつたとき。

四　指定障害児通所支援事業者が、第21条の５の18第２項の都道府県の条例で定める指定通所支援の事業の設備及び運営に関する基準に従つて適正な指定通所支援の事業の運営をすることができなくなつたとき。

五　障害児通所給付費又は肢体不自由児通所医療費の請求に関し不正があつたとき。

六　指定障害児通所支援事業者が、第21条の５の21第１項の規定により報告又は帳簿書類その他の物件の提出若しくは提示を命ぜられてこれに従わず、又は虚偽の報告をしたとき。

七　指定障害児通所支援事業者又は当該指定に係る障害児通所支援事業所の従業者が、第21条の５の21第１項の規定により出頭を求められてこれに応ぜず、同項の規定による質問に対して答弁せず、若しくは虚偽の答弁をし、又は同項の規定による立入り若しくは検査を拒み、妨げ、若しくは忌避したとき。ただし、当該指定に係る障害児通所支援事業所の従業者がその行為をした場合において、その行為を防止するため、当該指定障害

児通所支援事業者が相当の注意及び監督を尽くしたときを除く。
八　指定障害児通所支援事業者が、不正の手段により第21条の５の３第１項の指定を受けたとき。
九　前各号に掲げる場合のほか、指定障害児通所支援事業者が、この法律その他国民の保健医療若しくは福祉に関する法律で政令で定めるもの又はこれらの法律に基づく命令若しくは処分に違反したとき。
十　前各号に掲げる場合のほか、指定障害児通所支援事業者が、障害児通所支援に関し不正又は著しく不当な行為をしたとき。
十一　指定障害児通所支援事業者が法人である場合において、その役員等のうちに指定の取消し又は指定の全部若しくは一部の効力の停止をしようとするとき前５年以内に障害児通所支援に関し不正又は著しく不当な行為をした者があるとき。
十二　指定障害児入所施設の設置者が法人でない場合において、その管理者が指定の取消し又は指定の全部若しくは一部の効力の停止をしようとするとき前５年以内に障害児入所支援に関し不正又は著しく不当な行為をした者であるとき。

②　市町村は、障害児通所給付費等の支給に係る指定障害児通所支援又は肢体不自由児通所医療費の支給に係る第21条の５の28第１項に規定する肢体不自由児通所医療を行つた指定障害児通所支援事業者について、前項各号のいずれかに該当すると認めるときは、その旨を当該指定に係る障害児通所支援事業所の所在地の都道府県知事に通知しなければならない。

〔公示〕
第21条の５の24　都道府県知事は、次に掲げる場合には、その旨を公示しなければならない。
一　第21条の５の３第１項の指定障害児通所支援事業者の指定をしたとき。
二　第21条の５の19第２項の規定による事業の廃止の届出があつたとき。
三　前条第１項の規定により指定障害児通所支援事業者の指定を取り消したとき。

第３款　業務管理体制の整備等

〔業務管理体制の整備等〕
第21条の５の25　指定障害児事業者等は、第21条の５の17第３項に規定する義務の履行が確保されるよう、厚生労働省令で定める基準に従い、業務管理体制を整備しなければならない。

②　指定障害児事業者等は、次の各号に掲げる区分に応じ、当該各号に定める者に対し、厚生労働省令で定めるところにより、業務管理体制の整備に関する事項を届け出なければならない。
一　次号及び第３号に掲げる指定障害児通所支援事業者以外の指定障害児通所支援事業者　都道府県知事
二　当該指定に係る障害児通所支援事業所が一の地方自治法第252条の19第１項の指定都市（以下「指定都市」という。）の区域に所在する指定障害児通所支援事業者　指定都市の長

三　当該指定に係る障害児通所支援事業所が２以上の都道府県の区域に所在する指定障害児通所支援事業者及び指定発達支援医療機関の設置者　厚生労働大臣

③　前項の規定により届出をした指定障害児事業者等は、その届け出た事項に変更があつたときは、厚生労働省令で定めるところにより、遅滞なく、その旨を当該届出をした厚生労働大臣、都道府県知事又は指定都市の長（以下この款において「厚生労働大臣等」という。）に届け出なければならない。

④　第２項の規定による届出をした指定障害児通所支援事業者は、同項各号に掲げる区分の変更により、同項の規定により当該届出をした厚生労働大臣等以外の厚生労働大臣等に届出を行うときは、厚生労働省令で定めるところにより、その旨を当該届出をした厚生労働大臣等にも届け出なければならない。

⑤　厚生労働大臣等は、前３項の規定による届出が適正になされるよう、相互に密接な連携を図るものとする。

〔報告等〕

第21条の５の26　前条第２項の規定による届出を受けた厚生労働大臣等は、当該届出をした指定障害児事業者等（同条第４項の規定による届出を受けた厚生労働大臣等にあつては、同項の規定による届出をした指定障害児通所支援事業者を除く。）における同条第１項の規定による業務管理体制の整備に関して必要があると認めるときは、当該指定障害児事業者等に対し、報告若しくは帳簿書類その他の物件の提出若しくは提示を命じ、当該指定障害児事業者等若しくは当該指定障害児事業者等の従業者に対し出頭を求め、又は当該職員に、関係者に対し質問させ、若しくは当該指定障害児事業者等の当該指定に係る障害児通所支援事業所、事務所その他の指定通所支援の提供に関係のある場所に立ち入り、その設備若しくは帳簿書類その他の物件を検査させることができる。

②　厚生労働大臣又は指定都市の長が前項の権限を行うときは、当該指定障害児通所支援事業者に係る指定を行つた都道府県知事（次条第５項において「関係都道府県知事」という。）と密接な連携の下に行うものとする。

③　都道府県知事は、その行つた又はその行おうとする指定に係る指定障害児通所支援事業者における前条第１項の規定による業務管理体制の整備に関して必要があると認めるときは、厚生労働大臣又は指定都市の長に対し、第１項の権限を行うよう求めることができる。

④　厚生労働大臣又は指定都市の長は、前項の規定による都道府県知事の求めに応じて第１項の権限を行つたときは、厚生労働省令で定めるところにより、その結果を当該権限を行うよう求めた都道府県知事に通知しなければならない。

⑤　第19条の16第２項の規定は第１項の規定による質問又は検査について、同条第３項の規定は第１項の規定による権限について準用する。

〔勧告、命令等〕

第21条の５の27　第21条の５の25第２項の規定による届出を受けた厚生労働大臣等は、当該届出をした指定障害児事業者等（同条第４項の規定による届出を受けた厚生労働大臣等にあつては、同項の規定による届出をした指定障害児通所支援事業者を除く。）が、同条第

1項の厚生労働省令で定める基準に従つて適正な業務管理体制の整備をしていないと認めるときは、当該指定障害児事業者等に対し、期限を定めて、当該厚生労働省令で定める基準に従つて適正な業務管理体制を整備すべきことを勧告することができる。

② 厚生労働大臣等は、前項の規定による勧告をした場合において、その勧告を受けた指定障害児事業者等が、同項の期限内にこれに従わなかつたときは、その旨を公表することができる。

③ 厚生労働大臣等は、第1項の規定による勧告を受けた指定障害児事業者等が、正当な理由がなくてその勧告に係る措置をとらなかつたときは、当該指定障害児事業者等に対し、期限を定めて、その勧告に係る措置をとるべきことを命ずることができる。

④ 厚生労働大臣等は、前項の規定による命令をしたときは、その旨を公示しなければならない。

⑤ 厚生労働大臣又は指定都市の長は、指定障害児通所支援事業者が第3項の規定による命令に違反したときは、厚生労働省令で定めるところにより、当該違反の内容を関係都道府県知事に通知しなければならない。

第4款　肢体不自由児通所医療費の支給

〔肢体不自由児通所医療費の支給〕

第21条の5の28　市町村は、通所給付決定に係る障害児が、通所給付決定の有効期間内において、指定障害児通所支援事業者等（病院その他厚生労働省令で定める施設に限る。以下この款において同じ。）から医療型児童発達支援のうち治療に係るもの（以下この条において「肢体不自由児通所医療」という。）を受けたときは、当該障害児に係る通所給付決定保護者に対し、当該肢体不自由児通所医療に要した費用について、肢体不自由児通所医療費を支給する。

② 肢体不自由児通所医療費の額は、1月につき、肢体不自由児通所医療（食事療養を除く。）につき健康保険の療養に要する費用の額の算定方法の例により算定した額から、当該通所給付決定保護者の家計の負担能力その他の事情をしん酌して政令で定める額（当該政令で定める額が当該算定した額の100分の10に相当する額を超えるときは、当該相当する額）を控除して得た額とする。

③ 通所給付決定に係る障害児が指定障害児通所支援事業者等から肢体不自由児通所医療を受けたときは、市町村は、当該障害児に係る通所給付決定保護者が当該指定障害児通所支援事業者等に支払うべき当該肢体不自由児通所医療に要した費用について、肢体不自由児通所医療費として当該通所給付決定保護者に支給すべき額の限度において、当該通所給付決定保護者に代わり、当該指定障害児通所支援事業者等に支払うことができる。

④ 前項の規定による支払があつたときは、当該通所給付決定保護者に対し肢体不自由児通所医療費の支給があつたものとみなす。

〔準用規定〕

第21条の5の29　第19条の12及び第19条の20の規定は指定障害児通所支援事業者等に対する肢体不自由児通所医療費の支給について、第21条の規定は指定障害児通所支援事業者等について、それぞれ準用する。この場合において、必要な技術的読替えは、政令で定める。

〔健康保険法による給付との調整〕
第21条の5の30 肢体不自由児通所医療費の支給は、当該障害の状態につき、健康保険法の規定による家族療養費その他の法令に基づく給付であつて政令で定めるもののうち肢体不自由児通所医療費の支給に相当するものを受けることができるときは政令で定める限度において、当該政令で定める給付以外の給付であつて国又は地方公共団体の負担において肢体不自由児通所医療費の支給に相当するものが行われたときはその限度において、行わない。

〔厚生労働省令への委任〕
第21条の5の31 この款に定めるもののほか、肢体不自由児通所医療費の支給及び指定障害児通所支援事業者等の肢体不自由児通所医療費の請求に関し必要な事項は、厚生労働省令で定める。

第5款　障害児通所支援及び障害福祉サービスの措置

〔障害福祉サービスの提供〕
第21条の6 市町村は、障害児通所支援又は障害者の日常生活及び社会生活を総合的に支援するための法律第5条第1項に規定する障害福祉サービス（以下「障害福祉サービス」という。）を必要とする障害児の保護者が、やむを得ない事由により障害児通所給付費若しくは特例障害児通所給付費又は同法に規定する介護給付費若しくは特例介護給付費（第56条の6第1項において「介護給付費等」という。）の支給を受けることが著しく困難であると認めるときは、当該障害児につき、政令で定める基準に従い、障害児通所支援若しくは障害福祉サービスを提供し、又は当該市町村以外の者に障害児通所支援若しくは障害福祉サービスの提供を委託することができる。

〔受託義務〕
第21条の7 障害児通所支援事業を行う者及び障害者の日常生活及び社会生活を総合的に支援するための法律第5条第1項に規定する障害福祉サービス事業を行う者は、前条の規定による委託を受けたときは、正当な理由がない限り、これを拒んではならない。

第6款　子育て支援事業

〔体制の整備〕
第21条の8 市町村は、次条に規定する子育て支援事業に係る福祉サービスその他地域の実情に応じたきめ細かな福祉サービスが積極的に提供され、保護者が、その児童及び保護者の心身の状況、これらの者の置かれている環境その他の状況に応じて、当該児童を養育するために最も適切な支援が総合的に受けられるように、福祉サービスを提供する者又はこれに参画する者の活動の連携及び調整を図るようにすることその他の地域の実情に応じた体制の整備に努めなければならない。

〔子育て支援事業〕
第21条の9 市町村は、児童の健全な育成に資するため、その区域内において、放課後児童健全育成事業、子育て短期支援事業、乳児家庭全戸訪問事業、養育支援訪問事業、地域子育て支援拠点事業、一時預かり事業、病児保育事業及び子育て援助活動支援事業並びに次に掲げる事業であつて主務省令で定めるもの（以下「**子育て支援事業**」という。）が着実

に実施されるよう、必要な措置の実施に努めなければならない。
一　児童及びその保護者又はその他の者の居宅において保護者の児童の養育を支援する事業
二　保育所その他の施設において保護者の児童の養育を支援する事業
三　地域の児童の養育に関する各般の問題につき、保護者からの相談に応じ、必要な情報の提供及び助言を行う事業

〔放課後児童健全育成事業の利用の促進〕

第21条の10　市町村は、児童の健全な育成に資するため、地域の実情に応じた放課後児童健全育成事業を行うとともに、当該市町村以外の放課後児童健全育成事業を行う者との連携を図る等により、第6条の3第2項に規定する児童の放課後児童健全育成事業の利用の促進に努めなければならない。

〔乳児家庭全戸訪問事業等〕

第21条の10の2　市町村は、児童の健全な育成に資するため、乳児家庭全戸訪問事業及び養育支援訪問事業を行うよう努めるとともに、乳児家庭全戸訪問事業により要支援児童等（特定妊婦を除く。）を把握したとき又は当該市町村の長が第26条第1項第3号の規定による送致若しくは同項第8号の規定による通知若しくは児童虐待の防止等に関する法律（平成12年法律第82号）第8条第2項第2号の規定による送致若しくは同項第4号の規定による通知を受けたときは、養育支援訪問事業の実施その他の必要な支援を行うものとする。

②　市町村は、母子保健法（昭和40年法律第141号）第10条、第11条第1項若しくは第2項（同法第19条第2項において準用する場合を含む。）、第17条第1項又は第19条第1項の指導に併せて、乳児家庭全戸訪問事業を行うことができる。

③　市町村は、乳児家庭全戸訪問事業又は養育支援訪問事業の事務の全部又は一部を当該市町村以外の厚生労働省令で定める者に委託することができる。

④　前項の規定により行われる乳児家庭全戸訪問事業又は養育支援訪問事業の事務に従事する者又は従事していた者は、その事務に関して知り得た秘密を漏らしてはならない。

第21条の10の3　市町村は、乳児家庭全戸訪問事業又は養育支援訪問事業の実施に当たつては、母子保健法に基づく母子保健に関する事業との連携及び調和の確保に努めなければならない。

〔要支援児童等の情報提供〕

第21条の10の4　都道府県知事は、母子保健法に基づく母子保健に関する事業又は事務の実施に際して要支援児童等と思われる者を把握したときは、これを当該者の現在地の市町村長に通知するものとする。

第21条の10の5　病院、診療所、児童福祉施設、学校その他児童又は妊産婦の医療、福祉又は教育に関する機関及び医師、看護師、児童福祉施設の職員、学校の教職員その他児童又は妊産婦の医療、福祉又は教育に関連する職務に従事する者は、要支援児童等と思われる者を把握したときは、当該者の情報をその現在地の市町村に提供するよう努めなければならない。

② 刑法の秘密漏示罪の規定その他の守秘義務に関する法律の規定は、前項の規定による情報の提供をすることを妨げるものと解釈してはならない。

〔市町村の情報提供等〕

第21条の11 市町村は、子育て支援事業に関し必要な情報の収集及び提供を行うとともに、保護者から求めがあつたときは、当該保護者の希望、その児童の養育の状況、当該児童に必要な支援の内容その他の事情を勘案し、当該保護者が最も適切な子育て支援事業の利用ができるよう、相談に応じ、必要な助言を行うものとする。

② 市町村は、前項の助言を受けた保護者から求めがあつた場合には、必要に応じて、子育て支援事業の利用についてあつせん又は調整を行うとともに、子育て支援事業を行う者に対し、当該保護者の利用の要請を行うものとする。

③ 市町村は、第1項の情報の収集及び提供、相談並びに助言並びに前項のあつせん、調整及び要請の事務を当該市町村以外の者に委託することができる。

④ 子育て支援事業を行う者は、前3項の規定により行われる情報の収集、あつせん、調整及び要請に対し、できる限り協力しなければならない。

〔秘密保持義務〕

第21条の12 前条第3項の規定により行われる情報の提供、相談及び助言並びにあつせん、調整及び要請の事務(次条及び第21条の14第1項において「調整等の事務」という。)に従事する者又は従事していた者は、その事務に関して知り得た秘密を漏らしてはならない。

〔監督命令〕

第21条の13 市町村長は、第21条の11第3項の規定により行われる調整等の事務の適正な実施を確保するため必要があると認めるときは、その事務を受託した者に対し、当該事務に関し監督上必要な命令をすることができる。

〔報告の徴収等〕

第21条の14 市町村長は、第21条の11第3項の規定により行われる調整等の事務の適正な実施を確保するため必要があると認めるときは、その必要な限度で、その事務を受託した者に対し、報告を求め、又は当該職員に、関係者に対し質問させ、若しくは当該事務を受託した者の事務所に立ち入り、その帳簿書類その他の物件を検査させることができる。

② 第18条の16第2項及び第3項の規定は、前項の場合について準用する。

〔届出〕

第21条の15 国、都道府県及び市町村以外の子育て支援事業を行う者は、厚生労働省令で定めるところにより、その事業に関する事項を市町村長に届け出ることができる。

〔国等の情報提供等〕

第21条の16 国及び地方公共団体は、子育て支援事業を行う者に対して、情報の提供、相談その他の適当な援助をするように努めなければならない。

〔国等による調査研究の推進〕

第21条の17 国及び都道府県は、子育て支援事業を行う者が行う福祉サービスの質の向上のための措置を援助するための研究その他保護者の児童の養育を支援し、児童の福祉を増進

するために必要な調査研究の推進に努めなければならない。

第3節　助産施設、母子生活支援施設及び保育所への入所等

〔助産の実施〕

第22条　都道府県、市及び福祉事務所を設置する町村（以下「都道府県等」という。）は、それぞれその設置する福祉事務所の所管区域内における妊産婦が、保健上必要があるにもかかわらず、経済的理由により、入院助産を受けることができない場合において、その妊産婦から申込みがあつたときは、その妊産婦に対し助産施設において助産を行わなければならない。ただし、付近に助産施設がない等やむを得ない事由があるときは、この限りでない。

②　前項に規定する妊産婦であつて助産施設における助産の実施（以下「助産の実施」という。）を希望する者は、厚生労働省令の定めるところにより、入所を希望する助産施設その他厚生労働省令の定める事項を記載した申込書を都道府県等に提出しなければならない。この場合において、助産施設は、厚生労働省令の定めるところにより、当該妊産婦の依頼を受けて、当該申込書の提出を代わつて行うことができる。

③　都道府県等は、第25条の7第2項第3号、第25条の8第3号又は第26条第1項第5号の規定による報告又は通知を受けた妊産婦について、必要があると認めるときは、当該妊産婦に対し、助産の実施の申込みを勧奨しなければならない。

④　都道府県等は、第1項に規定する妊産婦の助産施設の選択及び助産施設の適正な運営の確保に資するため、厚生労働省令の定めるところにより、当該都道府県等の設置する福祉事務所の所管区域内における助産施設の設置者、設備及び運営の状況その他の厚生労働省令の定める事項に関し情報の提供を行わなければならない。

〔母子保護の実施〕

第23条　都道府県等は、それぞれその設置する福祉事務所の所管区域内における保護者が、配偶者のない女子又はこれに準ずる事情にある女子であつて、その者の監護すべき児童の福祉に欠けるところがある場合において、その保護者から申込みがあつたときは、その保護者及び児童を母子生活支援施設において保護しなければならない。ただし、やむを得ない事由があるときは、適当な施設への入所のあつせん、生活保護法（昭和25年法律第144号）の適用等適切な保護を行わなければならない。

②　前項に規定する保護者であつて母子生活支援施設における保護の実施（以下「母子保護の実施」という。）を希望するものは、厚生労働省令の定めるところにより、入所を希望する母子生活支援施設その他厚生労働省令の定める事項を記載した申込書を都道府県等に提出しなければならない。この場合において、母子生活支援施設は、厚生労働省令の定めるところにより、当該保護者の依頼を受けて、当該申込書の提出を代わつて行うことができる。

③　都道府県等は、前項に規定する保護者が特別な事情により当該都道府県等の設置する福祉事務所の所管区域外の母子生活支援施設への入所を希望するときは、当該施設への入所について必要な連絡及び調整を図らなければならない。

④　都道府県等は、第25条の7第2項第3号、第25条の8第3号若しくは第26条第1項第5

号又は売春防止法（昭和31年法律第118号）第36条の2の規定による報告又は通知を受けた保護者及び児童について、必要があると認めるときは、その保護者に対し、母子保護の実施の申込みを勧奨しなければならない。

⑤　都道府県等は、第1項に規定する保護者の母子生活支援施設の選択及び母子生活支援施設の適正な運営の確保に資するため、厚生労働省令の定めるところにより、母子生活支援施設の設置者、設備及び運営の状況その他の厚生労働省令の定める事項に関し情報の提供を行わなければならない。

〔保育の利用〕

第24条　市町村は、この法律及び子ども・子育て支援法の定めるところにより、保護者の労働又は疾病その他の事由により、その監護すべき乳児、幼児その他の児童について保育を必要とする場合において、次項に定めるところによるほか、当該児童を保育所（認定こども園法第3条第1項の認定を受けたもの及び同条第9項の規定による公示がされたものを除く。）において保育しなければならない。

②　市町村は、前項に規定する児童に対し、認定こども園法第2条第6項に規定する認定こども園（子ども・子育て支援法第27条第1項の確認を受けたものに限る。）又は家庭的保育事業等（家庭的保育事業、小規模保育事業、居宅訪問型保育事業又は事業所内保育事業をいう。以下同じ。）により必要な保育を確保するための措置を講じなければならない。

③　市町村は、保育の需要に応ずるに足りる保育所、認定こども園（子ども・子育て支援法第27条第1項の確認を受けたものに限る。以下この項及び第46条の2第2項において同じ。）又は家庭的保育事業等が不足し、又は不足するおそれがある場合その他必要と認められる場合には、保育所、認定こども園（保育所であるものを含む。）又は家庭的保育事業等の利用について調整を行うとともに、認定こども園の設置者又は家庭的保育事業等を行う者に対し、前項に規定する児童の利用の要請を行うものとする。

④　市町村は、第25条の8第3号又は第26条第1項第5号の規定による報告又は通知を受けた児童その他の優先的に保育を行う必要があると認められる児童について、その保護者に対し、保育所若しくは幼保連携型認定こども園において保育を受けること又は家庭的保育事業等による保育を受けること（以下「保育の利用」という。）の申込みを勧奨し、及び保育を受けることができるよう支援しなければならない。

⑤　市町村は、前項に規定する児童が、同項の規定による勧奨及び支援を行つても、なおやむを得ない事由により子ども・子育て支援法に規定する施設型給付費若しくは特例施設型給付費（同法第28条第1項第2号に係るものを除く。次項において同じ。）又は同法に規定する地域型保育給付費若しくは特例地域型保育給付費（同法第30条第1項第2号に係るものを除く。次項において同じ。）の支給に係る保育を受けることが著しく困難であると認めるときは、当該児童を当該市町村の設置する保育所若しくは幼保連携型認定こども園に入所させ、又は当該市町村以外の者の設置する保育所若しくは幼保連携型認定こども園に入所を委託して、保育を行わなければならない。

⑥　市町村は、前項に定めるほか、保育を必要とする乳児・幼児が、子ども・子育て支援法第42条第1項又は第54条第1項の規定によるあつせん又は要請その他市町村による支援等

を受けたにもかかわらず、なお保育が利用できないなど、やむを得ない事由により同法に規定する施設型給付費若しくは特例施設型給付費又は同法に規定する地域型保育給付費若しくは特例地域型保育給付費の支給に係る保育を受けることが著しく困難であると認めるときは、次の措置を採ることができる。

一　当該保育を必要とする乳児・幼児を当該市町村の設置する保育所若しくは幼保連携型認定こども園に入所させ、又は当該市町村以外の者の設置する保育所若しくは幼保連携型認定こども園に入所を委託して、保育を行うこと。

二　当該保育を必要とする乳児・幼児に対して当該市町村が行う家庭的保育事業等による保育を行い、又は家庭的保育事業等を行う当該市町村以外の者に当該家庭的保育事業等により保育を行うことを委託すること。

⑦　市町村は、第3項の規定による調整及び要請並びに第4項の規定による勧奨及び支援を適切に実施するとともに、地域の実情に応じたきめ細かな保育が積極的に提供され、児童が、その置かれている環境等に応じて、必要な保育を受けることができるよう、保育を行う事業その他児童の福祉を増進することを目的とする事業を行う者の活動の連携及び調整を図る等地域の実情に応じた体制の整備を行うものとする。

第4節　障害児入所給付費、高額障害児入所給付費及び特定入所障害児食費等給付費並びに障害児入所医療費の支給

第1款　障害児入所給付費、高額障害児入所給付費及び特定入所障害児食費等給付費の支給

〔障害児入所給付費の支給〕

第24条の2　都道府県は、次条第6項に規定する入所給付決定保護者（以下この条において「入所給付決定保護者」という。）が、次条第4項の規定により定められた期間内において、都道府県知事が指定する障害児入所施設（以下「指定障害児入所施設」という。）又は指定発達支援医療機関（以下「指定障害児入所施設等」と総称する。）に入所又は入院（以下「入所等」という。）の申込みを行い、当該指定障害児入所施設等から障害児入所支援（以下「指定入所支援」という。）を受けたときは、当該入所給付決定保護者に対し、当該指定入所支援に要した費用（食事の提供に要する費用、居住又は滞在に要する費用その他の日常生活に要する費用のうち厚生労働省令で定める費用及び治療に要する費用（以下「入所特定費用」という。）を除く。）について、障害児入所給付費を支給する。

②　障害児入所給付費の額は、1月につき、第1号に掲げる額から第2号に掲げる額を控除して得た額とする。

一　同一の月に受けた指定入所支援について、指定入所支援に通常要する費用（入所特定費用を除く。）につき、厚生労働大臣が定める基準により算定した費用の額（その額が現に当該指定入所支援に要した費用（入所特定費用を除く。）の額を超えるときは、当該現に指定入所支援に要した費用の額）を合計した額

二　当該入所給付決定保護者の家計の負担能力その他の事情をしん酌して政令で定める額（当該政令で定める額が前号に掲げる額の100分の10に相当する額を超えるときは、当該相当する額）

〔障害児入所給付費の受給の手続〕

第24条の3 障害児の保護者は、前条第1項の規定により障害児入所給付費の支給を受けようとするときは、厚生労働省令で定めるところにより、都道府県に申請しなければならない。

② 都道府県は、前項の申請が行われたときは、当該申請に係る障害児の心身の状態、当該障害児の介護を行う者の状況、当該障害児の保護者の障害児入所給付費の受給の状況その他の厚生労働省令で定める事項を勘案して、障害児入所給付費の支給の要否を決定するものとする。

③ 前項の規定による決定を行う場合には、児童相談所長の意見を聴かなければならない。

④ 障害児入所給付費を支給する旨の決定（以下「入所給付決定」という。）を行う場合には、障害児入所給付費を支給する期間を定めなければならない。

⑤ 前項の期間は、厚生労働省令で定める期間を超えることができないものとする。

⑥ 都道府県は、入所給付決定をしたときは、当該入所給付決定を受けた障害児の保護者（以下「入所給付決定保護者」という。）に対し、厚生労働省令で定めるところにより、第4項の規定により定められた期間（以下「給付決定期間」という。）を記載した入所受給者証（以下「入所受給者証」という。）を交付しなければならない。

⑦ 指定入所支援を受けようとする入所給付決定保護者は、厚生労働省令で定めるところにより、指定障害児入所施設等に入所受給者証を提示して当該指定入所支援を受けるものとする。ただし、緊急の場合その他やむを得ない事由のある場合については、この限りでない。

⑧ 入所給付決定保護者が指定障害児入所施設等から指定入所支援を受けたとき（当該入所給付決定保護者が当該指定障害児入所施設等に入所受給者証を提示したときに限る。）は、都道府県は、当該入所給付決定保護者が当該指定障害児入所施設等に支払うべき当該指定入所支援に要した費用（入所特定費用を除く。）について、障害児入所給付費として当該入所給付決定保護者に支給すべき額の限度において、当該入所給付決定保護者に代わり、当該指定障害児入所施設等に支払うことができる。

⑨ 前項の規定による支払があつたときは、当該入所給付決定保護者に対し障害児入所給付費の支給があつたものとみなす。

⑩ 都道府県は、指定障害児入所施設等から障害児入所給付費の請求があつたときは、前条第2項第1号の厚生労働大臣が定める基準及び第24条の12第2項の指定障害児入所施設等の設備及び運営に関する基準（指定入所支援の取扱いに関する部分に限る。）に照らして審査の上、支払うものとする。

⑪ 都道府県は、前項の規定による支払に関する事務を連合会に委託することができる。

〔入所給付決定の取消し〕

第24条の4 入所給付決定を行つた都道府県は、次に掲げる場合には、当該入所給付決定を取り消すことができる。

一 入所給付決定に係る障害児が、指定入所支援を受ける必要がなくなつたと認めるとき。

二　入所給付決定保護者が、給付決定期間内に、当該都道府県以外の都道府県の区域内に居住地を有するに至つたと認めるとき。

三　その他政令で定めるとき。

②　前項の規定により入所給付決定の取消しを行つた都道府県は、厚生労働省令で定めるところにより、当該取消しに係る入所給付決定保護者に対し入所受給者証の返還を求めるものとする。

〔災害等による特例〕

第24条の５　都道府県が、災害その他の厚生労働省令で定める特別の事情があることにより、障害児入所支援に要する費用を負担することが困難であると認めた入所給付決定保護者が受ける障害児入所給付費の支給について第24条の２第２項の規定を適用する場合においては、同項第２号中「額)」とあるのは、「額)の範囲内において都道府県が定める額」とする。

〔高額障害児入所給付費の支給〕

第24条の６　都道府県は、入所給付決定保護者が受けた指定入所支援に要した費用の合計額（厚生労働大臣が定める基準により算定した費用の額（その額が現に要した費用の額を超えるときは、当該現に要した額）の合計額を限度とする。）から当該費用につき支給された障害児入所給付費の合計額を控除して得た額が、著しく高額であるときは、当該入所給付決定保護者に対し、高額障害児入所給付費を支給する。

②　前項に定めるもののほか、高額障害児入所給付費の支給要件、支給額その他高額障害児入所給付費の支給に関し必要な事項は、指定入所支援に要する費用の負担の家計に与える影響を考慮して、政令で定める。

〔特定入所障害児食費等給付費の支給〕

第24条の７　都道府県は、入所給付決定保護者のうち所得の状況その他の事情をしん酌して厚生労働省令で定めるものに係る障害児が、給付決定期間内において、指定障害児入所施設等に入所等をし、当該指定障害児入所施設等から指定入所支援を受けたときは、当該入所給付決定保護者に対し、当該指定障害児入所施設等における食事の提供に要した費用及び居住に要した費用について、政令で定めるところにより、特定入所障害児食費等給付費を支給する。

②　第24条の３第７項から第11項までの規定は、特定入所障害児食費等給付費の支給について準用する。この場合において、必要な技術的読替えは、政令で定める。

〔厚生労働省令への委任〕

第24条の８　この款に定めるもののほか、障害児入所給付費、高額障害児入所給付費又は特定入所障害児食費等給付費の支給及び指定障害児入所施設等の障害児入所給付費又は特定入所障害児食費等給付費の請求に関し必要な事項は、厚生労働省令で定める。

　　　第２款　指定障害児入所施設等

〔指定障害児入所施設等の指定〕

第24条の９　第24条の２第１項の指定は、厚生労働省令で定めるところにより、障害児入所施設の設置者の申請があつたものについて行う。

② 第21条の5の15第2項（第7号を除く。）及び第3項の規定は、第24条の2第1項の指定障害児入所施設の指定について準用する。この場合において、必要な技術的読替えは、政令で定める。

〔更新の申請等〕

第24条の10 第24条の2第1項の指定は、6年ごとにその更新を受けなければ、その期間の経過によつて、その効力を失う。

② 前項の更新の申請があつた場合において、同項の期間（以下この条において「指定の有効期間」という。）の満了の日までにその申請に対する処分がされないときは、従前の指定は、指定の有効期間の満了後もその処分がされるまでの間は、なおその効力を有する。

③ 前項の場合において、指定の更新がされたときは、その指定の有効期間は、従前の指定の有効期間の満了の日の翌日から起算するものとする。

④ 前条の規定は、第1項の指定の更新について準用する。この場合において、必要な技術的読替えは、政令で定める。

〔指定障害児入所施設等の設置者の責務〕

第24条の11 指定障害児入所施設等の設置者は、障害児が自立した日常生活又は社会生活を営むことができるよう、障害児及びその保護者の意思をできる限り尊重するとともに、行政機関、教育機関その他の関係機関との緊密な連携を図りつつ、障害児入所支援を当該障害児の意向、適性、障害の特性その他の事情に応じ、常に障害児及びその保護者の立場に立つて効果的に行うように努めなければならない。

② 指定障害児入所施設等の設置者は、その提供する障害児入所支援の質の評価を行うことその他の措置を講ずることにより、障害児入所支援の質の向上に努めなければならない。

③ 指定障害児入所施設等の設置者は、障害児の人格を尊重するとともに、この法律又はこの法律に基づく命令を遵守し、障害児及びその保護者のため忠実にその職務を遂行しなければならない。

〔指定入所支援の事業の基準〕

第24条の12 指定障害児入所施設等の設置者は、都道府県の条例で定める基準に従い、指定入所支援に従事する従業者を有しなければならない。

② 指定障害児入所施設等の設置者は、都道府県の条例で定める指定障害児入所施設等の設備及び運営に関する基準に従い、指定入所支援を提供しなければならない。

③ 都道府県が前2項の条例を定めるに当たつては、次に掲げる事項については厚生労働省令で定める基準に従い定めるものとし、その他の事項については厚生労働省令で定める基準を参酌するものとする。

一　指定入所支援に従事する従業者及びその員数

二　指定障害児入所施設等に係る居室及び病室の床面積その他指定障害児入所施設等の設備に関する事項であつて障害児の健全な発達に密接に関連するものとして厚生労働省令で定めるもの

三　指定障害児入所施設等の運営に関する事項であつて、障害児の保護者のサービスの適切な利用の確保並びに障害児の適切な処遇及び安全の確保並びに秘密の保持に密接に関

連するものとして厚生労働省令で定めるもの
④　第1項及び第2項の都道府県の条例で定める基準は、知的障害のある児童、盲児（強度の弱視児を含む。）、ろうあ児（強度の難聴児を含む。）、肢体不自由のある児童、重症心身障害児その他の指定障害児入所施設等に入所等をする障害児についてそれぞれの障害の特性に応じた適切な支援が確保されるものでなければならない。
⑤　指定障害児入所施設の設置者は、第24条の14の規定による指定の辞退をするときは、同条に規定する予告期間の開始日の前日に当該指定入所支援を受けていた者であつて、当該指定の辞退の日以後においても引き続き当該指定入所支援に相当するサービスの提供を希望する者に対し、必要な障害児入所支援が継続的に提供されるよう、他の指定障害児入所施設等の設置者その他関係者との連絡調整その他の便宜の提供を行わなければならない。

〔変更の届出等〕
第24条の13　指定障害児入所施設の設置者は、設置者の住所その他の厚生労働省令で定める事項に変更があつたときは、厚生労働省令で定めるところにより、10日以内に、その旨を都道府県知事に届け出なければならない。

〔指定の辞退〕
第24条の14　指定障害児入所施設は、3月以上の予告期間を設けて、その指定を辞退することができる。

〔準用規定〕
第24条の14の2　第21条の5の20の規定は、指定障害児入所施設の設置者による第24条の12第5項に規定する便宜の提供について準用する。この場合において、第21条の5の20第1項中「都道府県知事又は市町村長」とあるのは、「都道府県知事」と読み替えるものとする。

〔報告等〕
第24条の15　都道府県知事は、必要があると認めるときは、指定障害児入所施設等の設置者若しくは当該指定障害児入所施設等の長その他の従業者（以下この項において「指定施設設置者等」という。）である者若しくは指定施設設置者等であつた者に対し、報告若しくは帳簿書類その他の物件の提出若しくは提示を命じ、指定施設設置者等である者若しくは指定施設設置者等であつた者に対し出頭を求め、又は当該職員に、関係者に対し質問させ、若しくは当該指定障害児入所施設等、当該指定障害児入所施設等の設置者の事務所その他当該指定障害児入所施設等の運営に関係のある場所に立ち入り、その設備若しくは帳簿書類その他の物件を検査させることができる。
②　第19条の16第2項の規定は前項の規定による質問又は検査について、同条第3項の規定は前項の規定による権限について準用する。

〔勧告等〕
第24条の16　都道府県知事は、指定障害児入所施設等の設置者が、次の各号（指定発達支援医療機関の設置者にあつては、第3号を除く。以下この項において同じ。）に掲げる場合に該当すると認めるときは、当該指定障害児入所施設等の設置者に対し、期限を定めて、当該各号に定める措置をとるべきことを勧告することができる。

一 指定障害児入所施設等の従業者の知識若しくは技能又は人員について第24条の12第1項の都道府県の条例で定める基準に適合していない場合 当該基準を遵守すること。
二 第24条の12第2項の都道府県の条例で定める指定障害児入所施設等の設備及び運営に関する基準に従つて適正な指定障害児入所施設等の運営をしていない場合 当該基準を遵守すること。
三 第24条の12第5項に規定する便宜の提供を適正に行つていない場合 当該便宜の提供を適正に行うこと。
② 都道府県知事は、前項の規定による勧告をした場合において、その勧告を受けた指定障害児入所施設等の設置者が、同項の期限内にこれに従わなかつたときは、その旨を公表することができる。
③ 都道府県知事は、第1項の規定による勧告を受けた指定障害児入所施設等の設置者が、正当な理由がなくてその勧告に係る措置をとらなかつたときは、当該指定障害児入所施設等の設置者に対し、期限を定めて、その勧告に係る措置をとるべきことを命ずることができる。
④ 都道府県知事は、前項の規定による命令をしたときは、その旨を公示しなければならない。

〔指定の取消し〕
第24条の17 都道府県知事は、次の各号のいずれかに該当する場合においては、当該指定障害児入所施設に係る第24条の2第1項の指定を取り消し、又は期間を定めてその指定の全部若しくは一部の効力を停止することができる。
一 指定障害児入所施設の設置者が、第24条の9第2項において準用する第21条の5の15第2項第4号から第5号の2まで、第13号又は第14号のいずれかに該当するに至つたとき。
二 指定障害児入所施設の設置者が、第24条の11第3項の規定に違反したと認められるとき。
三 指定障害児入所施設の設置者が、当該指定障害児入所施設の従業者の知識若しくは技能又は人員について、第24条の12第1項の都道府県の条例で定める基準を満たすことができなくなつたとき。
四 指定障害児入所施設の設置者が、第24条の12第2項の都道府県の条例で定める指定障害児入所施設等の設備及び運営に関する基準に従つて適正な指定障害児入所施設の運営をすることができなくなつたとき。
五 障害児入所給付費、特定入所障害児食費等給付費又は障害児入所医療費の請求に関し不正があつたとき。
六 指定障害児入所施設の設置者又は当該指定障害児入所施設の長その他の従業者（次号において「指定入所施設設置者等」という。）が、第24条の15第1項の規定により報告又は帳簿書類その他の物件の提出若しくは提示を命ぜられてこれに従わず、又は虚偽の報告をしたとき。
七 指定入所施設設置者等が、第24条の15第1項の規定により出頭を求められてこれに応

ぜず、同項の規定による質問に対して答弁せず、若しくは虚偽の答弁をし、又は同項の規定による立入り若しくは検査を拒み、妨げ、若しくは忌避したとき。ただし、当該指定障害児入所施設の従業者がその行為をした場合において、その行為を防止するため、当該指定障害児入所施設の設置者又は当該指定障害児入所施設の長が相当の注意及び監督を尽くしたときを除く。

八　指定障害児入所施設の設置者が、不正の手段により第24条の2第1項の指定を受けたとき。

九　前各号に掲げる場合のほか、指定障害児入所施設の設置者が、この法律その他国民の保健医療若しくは福祉に関する法律で政令で定めるもの又はこれらの法律に基づく命令若しくは処分に違反したとき。

十　前各号に掲げる場合のほか、指定障害児入所施設の設置者が、障害児入所支援に関し不正又は著しく不当な行為をしたとき。

十一　指定障害児入所施設の設置者が法人である場合において、その役員又は当該指定障害児入所施設の長のうちに指定の取消し又は指定の全部若しくは一部の効力の停止をしようとするとき前5年以内に障害児入所支援に関し不正又は著しく不当な行為をした者があるとき。

十二　指定障害児入所施設の設置者が法人でない場合において、その管理者が指定の取消し又は指定の全部若しくは一部の効力の停止をしようとするとき前5年以内に障害児入所支援に関し不正又は著しく不当な行為をした者であるとき。

〔公示〕

第24条の18　都道府県知事は、次に掲げる場合には、その旨を公示しなければならない。

一　第24条の2第1項の指定障害児入所施設の指定をしたとき。
二　第24条の14の規定による指定障害児入所施設の指定の辞退があつたとき。
三　前条の規定により指定障害児入所施設の指定を取り消したとき。

〔都道府県の情報提供等〕

第24条の19　都道府県は、指定障害児入所施設等に関し必要な情報の提供を行うとともに、その利用に関し相談に応じ、及び助言を行わなければならない。

②　都道府県は、障害児又は当該障害児の保護者から求めがあつたときは、指定障害児入所施設等の利用についてあつせん又は調整を行うとともに、必要に応じて、指定障害児入所施設等の設置者に対し、当該障害児の利用についての要請を行うものとする。

③　指定障害児入所施設等の設置者は、前項のあつせん、調整及び要請に対し、できる限り協力しなければならない。

第3款　業務管理体制の整備等

〔準用規定〕

第24条の19の2　第2節第3款の規定は、指定障害児入所施設等の設置者について準用する。この場合において、必要な技術的読替えは、政令で定める。

第4款　障害児入所医療費の支給

〔障害児入所医療費の支給〕

第24条の20 都道府県は、入所給付決定に係る障害児が、給付決定期間内において、指定障害児入所施設等（病院その他厚生労働省令で定める施設に限る。以下この条、次条及び第24条の23において同じ。）から障害児入所支援のうち治療に係るもの（以下この条において「障害児入所医療」という。）を受けたときは、厚生労働省令で定めるところにより、当該障害児に係る入所給付決定保護者に対し、当該障害児入所医療に要した費用について、障害児入所医療費を支給する。

② 障害児入所医療費の額は、1月につき、次に掲げる額の合算額とする。

一　同一の月に受けた障害児入所医療（食事療養を除く。）につき健康保険の療養に要する費用の額の算定方法の例により算定した額から、当該入所給付決定保護者の家計の負担能力その他の事情をしん酌して政令で定める額（当該政令で定める額が当該算定した額の100分の10に相当する額を超えるときは、当該相当する額）を控除して得た額

二　当該障害児入所医療（食事療養に限る。）につき健康保険の療養に要する費用の額の算定方法の例により算定した額から、健康保険法第85条第2項に規定する食事療養標準負担額、入所給付決定保護者の所得の状況その他の事情を勘案して厚生労働大臣が定める額を控除した額

③ 入所給付決定に係る障害児が指定障害児入所施設等から障害児入所医療を受けたときは、都道府県は、当該障害児に係る入所給付決定保護者が当該指定障害児入所施設等に支払うべき当該障害児入所医療に要した費用について、障害児入所医療費として当該入所給付決定保護者に支給すべき額の限度において、当該入所給付決定保護者に代わり、当該指定障害児入所施設等に支払うことができる。

④ 前項の規定による支払があつたときは、当該入所給付決定保護者に対し障害児入所医療費の支給があつたものとみなす。

〔準用規定〕

第24条の21　第19条の12及び第19条の20の規定は指定障害児入所施設等に対する障害児入所医療費の支給について、第21条の規定は指定障害児入所施設等について、それぞれ準用する。この場合において、必要な技術的読替えは、政令で定める。

〔健康保険法による給付との調整〕

第24条の22　障害児入所医療費の支給は、当該障害の状態につき、健康保険法の規定による家族療養費その他の法令に基づく給付であつて政令で定めるもののうち障害児入所医療費の支給に相当するものを受けることができるときは政令で定める限度において、当該政令で定める給付以外の給付であつて国又は地方公共団体の負担において障害児入所医療費の支給に相当するものが行われたときはその限度において、行わない。

〔厚生労働省令への委任〕

第24条の23　この款に定めるもののほか、障害児入所医療費の支給及び指定障害児入所施設等の障害児入所医療費の請求に関し必要な事項は、厚生労働省令で定める。

　　　第5款　障害児入所給付費、高額障害児入所給付費及び特定入所障害児食費等給付費並びに障害児入所医療費の支給の特例

第24条の24　都道府県は、第24条の2第1項、第24条の6第1項、第24条の7第1項又は第

24条の20第1項の規定にかかわらず、厚生労働省令で定める指定障害児入所施設等に入所等をした障害児（以下この項において「入所者」という。）について、引き続き指定入所支援を受けなければその福祉を損なうおそれがあると認めるときは、当該入所者が満18歳に達した後においても、当該入所者からの申請により、当該入所者が満20歳に達するまで、厚生労働省令で定めるところにより、引き続き第50条第6号の4に規定する障害児入所給付費等（次項において「障害児入所給付費等」という。）を支給することができる。ただし、当該入所者が障害者の日常生活及び社会生活を総合的に支援するための法律第5条第6項に規定する療養介護その他の支援を受けることができる場合は、この限りでない。

② 前項の規定により障害児入所給付費等を支給することができることとされた者については、その者を障害児又は障害児の保護者とみなして、第24条の2から第24条の7まで、第24条の19及び第24条の20から第24条の22までの規定を適用する。この場合において、必要な技術的読替えその他これらの規定の適用に関し必要な事項は、政令で定める。

③ 第1項の場合においては、都道府県知事は、児童相談所長の意見を聴かなければならない。

第5節　障害児相談支援給付費及び特例障害児相談支援給付費の支給

第1款　障害児相談支援給付費及び特例障害児相談支援給付費の支給

〔障害児相談支援給付費及び特例障害児相談支援給付費の支給〕

第24条の25　障害児相談支援給付費及び特例障害児相談支援給付費の支給は、障害児相談支援に関して次条及び第24条の27の規定により支給する給付とする。

〔障害児相談支援給付費〕

第24条の26　市町村は、次の各号に掲げる者（以下この条及び次条第1項において「障害児相談支援対象保護者」という。）に対し、当該各号に定める場合の区分に応じ、当該各号に規定する障害児相談支援に要した費用について、障害児相談支援給付費を支給する。

一　第21条の5の7第4項（第21条の5の8第3項において準用する場合を含む。）の規定により、障害児支援利用計画案の提出を求められた第21条の5の6第1項又は第21条の5の8第1項の申請に係る障害児の保護者　市町村長が指定する障害児相談支援事業を行う者（以下「指定障害児相談支援事業者」という。）から当該指定に係る障害児支援利用援助（次項において「指定障害児支援利用援助」という。）を受けた場合であつて、当該申請に係る給付決定等を受けたとき。

二　通所給付決定保護者　指定障害児相談支援事業者から当該指定に係る継続障害児支援利用援助（次項において「指定継続障害児支援利用援助」という。）を受けたとき。

② 障害児相談支援給付費の額は、指定障害児支援利用援助又は指定継続障害児支援利用援助（以下「指定障害児相談支援」という。）に通常要する費用につき、厚生労働大臣が定める基準により算定した費用の額（その額が現に当該指定障害児相談支援に要した費用の額を超えるときは、当該現に指定障害児相談支援に要した費用の額）とする。

③ 障害児相談支援対象保護者が指定障害児相談支援事業者から指定障害児相談支援を受けたときは、市町村は、当該障害児相談支援対象保護者が当該指定障害児相談支援事業者に

支払うべき当該指定障害児相談支援に要した費用について、障害児相談支援給付費として当該障害児相談支援対象保護者に対し支給すべき額の限度において、当該障害児相談支援対象保護者に代わり、当該指定障害児相談支援事業者に支払うことができる。

④　前項の規定による支払があつたときは、障害児相談支援対象保護者に対し障害児相談支援給付費の支給があつたものとみなす。

⑤　市町村は、指定障害児相談支援事業者から障害児相談支援給付費の請求があつたときは、第２項の厚生労働大臣が定める基準及び第24条の31第２項の厚生労働省令で定める指定障害児相談支援の事業の運営に関する基準（指定障害児相談支援の取扱いに関する部分に限る。）に照らして審査の上、支払うものとする。

⑥　市町村は、前項の規定による支払に関する事務を連合会に委託することができる。

⑦　前各項に定めるもののほか、障害児相談支援給付費の支給及び指定障害児相談支援事業者の障害児相談支援給付費の請求に関し必要な事項は、厚生労働省令で定める。

〔特例障害児相談支援給付費〕

第24条の27　市町村は、障害児相談支援対象保護者が、指定障害児相談支援以外の障害児相談支援（第24条の31第１項の厚生労働省令で定める基準及び同条第２項の厚生労働省令で定める指定障害児相談支援の事業の運営に関する基準に定める事項のうち厚生労働省令で定めるものを満たすと認められる事業を行う事業所により行われるものに限る。以下この条において「基準該当障害児相談支援」という。）を受けた場合において、必要があると認めるときは、厚生労働省令で定めるところにより、基準該当障害児相談支援に要した費用について、特例障害児相談支援給付費を支給することができる。

②　特例障害児相談支援給付費の額は、当該基準該当障害児相談支援について前条第２項の厚生労働大臣が定める基準により算定した費用の額（その額が現に当該基準該当障害児相談支援に要した費用の額を超えるときは、当該現に基準該当障害児相談支援に要した費用の額）を基準として、市町村が定める。

③　前２項に定めるもののほか、特例障害児相談支援給付費の支給に関し必要な事項は、厚生労働省令で定める。

第２款　指定障害児相談支援事業者

〔指定障害児相談支援事業者の指定〕

第24条の28　第24条の26第１項第１号の指定障害児相談支援事業者の指定は、厚生労働省令で定めるところにより、総合的に障害者の日常生活及び社会生活を総合的に支援するための法律第５条第16項に規定する相談支援を行う者として厚生労働省令で定める基準に該当する者の申請により、障害児相談支援事業を行う事業所（以下「障害児相談支援事業所」という。）ごとに行う。

②　第21条の５の15第２項（第４号、第11号及び第14号を除く。）の規定は、第24条の26第１項第１号の指定障害児相談支援事業者の指定について準用する。この場合において、第21条の５の15第２項第１号中「都道府県の条例で定める者」とあるのは、「法人」と読み替えるほか、必要な技術的読替えは、政令で定める。

〔指定の更新〕

第24条の29 第24条の26第１項第１号の指定は、６年ごとにその更新を受けなければ、その期間の経過によつて、その効力を失う。

② 前項の更新の申請があつた場合において、同項の期間（以下この条において「指定の有効期間」という。）の満了の日までにその申請に対する処分がされないときは、従前の指定は、指定の有効期間の満了後もその処分がされるまでの間は、なおその効力を有する。

③ 前項の場合において、指定の更新がされたときは、その指定の有効期間は、従前の指定の有効期間の満了の日の翌日から起算するものとする。

④ 前条の規定は、第１項の指定の更新について準用する。この場合において、必要な技術的読替えは、政令で定める。

〔指定障害児相談支援事業者の責務〕

第24条の30 指定障害児相談支援事業者は、障害児が自立した日常生活又は社会生活を営むことができるよう、障害児及びその保護者の意思をできる限り尊重するとともに、行政機関、教育機関その他の関係機関との緊密な連携を図りつつ、障害児相談支援を当該障害児の意向、適性、障害の特性その他の事情に応じ、常に障害児及びその保護者の立場に立つて効果的に行うように努めなければならない。

② 指定障害児相談支援事業者は、その提供する障害児相談支援の質の評価を行うことその他の措置を講ずることにより、障害児相談支援の質の向上に努めなければならない。

③ 指定障害児相談支援事業者は、障害児の人格を尊重するとともに、この法律又はこの法律に基づく命令を遵守し、障害児及びその保護者のため忠実にその職務を遂行しなければならない。

〔指定障害児相談支援の事業の基準〕

第24条の31 指定障害児相談支援事業者は、当該指定に係る障害児相談支援事業所ごとに、厚生労働省令で定める基準に従い、当該指定障害児相談支援に従事する従業者を有しなければならない。

② 指定障害児相談支援事業者は、厚生労働省令で定める指定障害児相談支援の事業の運営に関する基準に従い、指定障害児相談支援を提供しなければならない。

③ 指定障害児相談支援事業者は、次条第２項の規定による事業の廃止又は休止の届出をしたときは、当該届出の日前１月以内に当該指定障害児相談支援を受けていた者であつて、当該事業の廃止又は休止の日以後においても引き続き当該指定障害児相談支援に相当する支援の提供を希望する者に対し、必要な障害児相談支援が継続的に提供されるよう、他の指定障害児相談支援事業者その他関係者との連絡調整その他の便宜の提供を行わなければならない。

〔変更の届出等〕

第24条の32 指定障害児相談支援事業者は、当該指定に係る障害児相談支援事業所の名称及び所在地その他厚生労働省令で定める事項に変更があつたとき、又は休止した当該指定障害児相談支援の事業を再開したときは、厚生労働省令で定めるところにより、10日以内に、その旨を市町村長に届け出なければならない。

② 指定障害児相談支援事業者は、当該指定障害児相談支援の事業を廃止し、又は休止しよ

うとするときは、厚生労働省令で定めるところにより、その廃止又は休止の日の1月前までに、その旨を市町村長に届け出なければならない。

〔市町村長による連絡調整又は援助〕

第24条の33 市町村長は、指定障害児相談支援事業者による第24条の31第3項に規定する便宜の提供が円滑に行われるため必要があると認めるときは、当該指定障害児相談支援事業者その他の関係者相互間の連絡調整又は当該指定障害児相談支援事業者その他の関係者に対する助言その他の援助を行うことができる。

〔報告等〕

第24条の34 市町村長は、必要があると認めるときは、指定障害児相談支援事業者若しくは指定障害児相談支援事業者であつた者若しくは当該指定に係る障害児相談支援事業所の従業者であつた者（以下この項において「指定障害児相談支援事業者であつた者等」という。）に対し、報告若しくは帳簿書類その他の物件の提出若しくは提示を命じ、指定障害児相談支援事業者若しくは当該指定に係る障害児相談支援事業所の従業者若しくは指定障害児相談支援事業者であつた者等に対し出頭を求め、又は当該職員に、関係者に対し質問させ、若しくは当該指定障害児相談支援事業者の当該指定に係る障害児相談支援事業所、事務所その他指定障害児相談支援の事業に関係のある場所に立ち入り、その設備若しくは帳簿書類その他の物件を検査させることができる。

② 第19条の16第2項の規定は前項の規定による質問又は検査について、同条第3項の規定は前項の規定による権限について準用する。

〔勧告、命令等〕

第24条の35 市町村長は、指定障害児相談支援事業者が、次の各号に掲げる場合に該当すると認めるときは、当該指定障害児相談支援事業者に対し、期限を定めて、当該各号に定める措置をとるべきことを勧告することができる。

一 当該指定に係る障害児相談支援事業所の従業者の知識若しくは技能又は人員について第24条の31第1項の厚生労働省令で定める基準に適合していない場合　当該基準を遵守すること。

二 第24条の31第2項の厚生労働省令で定める指定障害児相談支援の事業の運営に関する基準に従つて適正な指定障害児相談支援の事業の運営をしていない場合　当該基準を遵守すること。

三 第24条の31第3項に規定する便宜の提供を適正に行つていない場合　当該便宜の提供を適正に行うこと。

② 市町村長は、前項の規定による勧告をした場合において、その勧告を受けた指定障害児相談支援事業者が、同項の期限内にこれに従わなかつたときは、その旨を公表することができる。

③ 市町村長は、第1項の規定による勧告を受けた指定障害児相談支援事業者が、正当な理由がなくてその勧告に係る措置をとらなかつたときは、当該指定障害児相談支援事業者に対し、期限を定めて、その勧告に係る措置をとるべきことを命ずることができる。

④ 市町村長は、前項の規定による命令をしたときは、その旨を公示しなければならない。

〔指定の取消し等〕

第24条の36 市町村長は、次の各号のいずれかに該当する場合においては、当該指定障害児相談支援事業者に係る第24条の26第1項第1号の指定を取り消し、又は期間を定めてその指定の全部若しくは一部の効力を停止することができる。

一 指定障害児相談支援事業者が、第24条の28第2項において準用する第21条の5の15第2項第5号、第5号の2又は第13号のいずれかに該当するに至つたとき。

二 指定障害児相談支援事業者が、第24条の30第3項の規定に違反したと認められるとき。

三 指定障害児相談支援事業者が、当該指定に係る障害児相談支援事業所の従業者の知識若しくは技能又は人員について、第24条の31第1項の厚生労働省令で定める基準を満たすことができなくなつたとき。

四 指定障害児相談支援事業者が、第24条の31第2項の厚生労働省令で定める指定障害児相談支援の事業の運営に関する基準に従つて適正な指定障害児相談支援の事業の運営をすることができなくなつたとき。

五 障害児相談支援給付費の請求に関し不正があつたとき。

六 指定障害児相談支援事業者が、第24条の34第1項の規定により報告又は帳簿書類その他の物件の提出若しくは提示を命ぜられてこれに従わず、又は虚偽の報告をしたとき。

七 指定障害児相談支援事業者又は当該指定に係る障害児相談支援事業所の従業者が、第24条の34第1項の規定により出頭を求められてこれに応ぜず、同項の規定による質問に対して答弁せず、若しくは虚偽の答弁をし、又は同項の規定による立入り若しくは検査を拒み、妨げ、若しくは忌避したとき。ただし、当該指定に係る障害児相談支援事業所の従業者がその行為をした場合において、その行為を防止するため、当該指定障害児相談支援事業者が相当の注意及び監督を尽くしたときを除く。

八 指定障害児相談支援事業者が、不正の手段により第24条の26第1項第1号の指定を受けたとき。

九 前各号に掲げる場合のほか、指定障害児相談支援事業者が、この法律その他国民の福祉に関する法律で政令で定めるもの又はこれらの法律に基づく命令若しくは処分に違反したとき。

十 前各号に掲げる場合のほか、指定障害児相談支援事業者が、障害児相談支援に関し不正又は著しく不当な行為をしたとき。

十一 指定障害児相談支援事業者の役員又は当該指定に係る障害児相談支援事業所を管理する者その他の政令で定める使用人のうちに指定の取消し又は指定の全部若しくは一部の効力の停止をしようとするとき前5年以内に障害児相談支援に関し不正又は著しく不当な行為をした者があるとき。

〔公示〕

第24条の37 市町村長は、次に掲げる場合には、その旨を公示しなければならない。

一 第24条の26第1項第1号の指定障害児相談支援事業者の指定をしたとき。

二 第24条の32第2項の規定による事業の廃止の届出があつたとき。

三　前条の規定により指定障害児相談支援事業者の指定を取り消したとき。
第3款　業務管理体制の整備等
〔業務管理体制の整備等〕
第24条の38　指定障害児相談支援事業者は、第24条の30第3項に規定する義務の履行が確保されるよう、厚生労働省令で定める基準に従い、業務管理体制を整備しなければならない。

②　指定障害児相談支援事業者は、次の各号に掲げる区分に応じ、当該各号に定める者に対し、厚生労働省令で定めるところにより、業務管理体制の整備に関する事項を届け出なければならない。
一　次号及び第3号に掲げる指定障害児相談支援事業者以外の指定障害児相談支援事業者　都道府県知事
二　指定障害児相談支援事業者であつて、当該指定に係る障害児相談支援事業所が一の市町村の区域に所在するもの　市町村長
三　当該指定に係る障害児相談支援事業所が2以上の都道府県の区域に所在する指定障害児相談支援事業者　厚生労働大臣

③　前項の規定により届出をした指定障害児相談支援事業者は、その届け出た事項に変更があつたときは、厚生労働省令で定めるところにより、遅滞なく、その旨を当該届出をした厚生労働大臣、都道府県知事又は市町村長（以下この款において「厚生労働大臣等」という。）に届け出なければならない。

④　第2項の規定による届出をした指定障害児相談支援事業者は、同項各号に掲げる区分の変更により、同項の規定により当該届出をした厚生労働大臣等以外の厚生労働大臣等に届出を行うときは、厚生労働省令で定めるところにより、その旨を当該届出をした厚生労働大臣等にも届け出なければならない。

⑤　厚生労働大臣等は、前3項の規定による届出が適正になされるよう、相互に密接な連携を図るものとする。

〔報告等〕
第24条の39　前条第2項の規定による届出を受けた厚生労働大臣等は、当該届出をした指定障害児相談支援事業者（同条第4項の規定による届出を受けた厚生労働大臣等にあつては、同項の規定による届出をした指定障害児相談支援事業者を除く。）における同条第1項の規定による業務管理体制の整備に関して必要があると認めるときは、当該指定障害児相談支援事業者に対し、報告若しくは帳簿書類その他の物件の提出若しくは提示を命じ、当該指定障害児相談支援事業者若しくは当該指定障害児相談支援事業者の従業者に対し出頭を求め、又は当該職員に、関係者に対し質問させ、若しくは当該指定障害児相談支援事業者の当該指定に係る障害児相談支援事業所、事務所その他の指定障害児相談支援の提供に関係のある場所に立ち入り、その設備若しくは帳簿書類その他の物件を検査させることができる。

②　厚生労働大臣が前項の権限を行うときは当該指定障害児相談支援事業者に係る指定を行つた市町村長（以下この項及び次条第5項において「関係市町村長」という。）と、都道

府県知事が前項の権限を行うときは関係市町村長と密接な連携の下に行うものとする。
③　市町村長は、その行つた又はその行おうとする指定に係る指定障害児相談支援事業者における前条第１項の規定による業務管理体制の整備に関して必要があると認めるときは、厚生労働大臣又は都道府県知事に対し、第１項の権限を行うよう求めることができる。
④　厚生労働大臣又は都道府県知事は、前項の規定による市町村長の求めに応じて第１項の権限を行つたときは、厚生労働省令で定めるところにより、その結果を当該権限を行うよう求めた市町村長に通知しなければならない。
⑤　第19条の16第２項の規定は第１項の規定による質問又は検査について、同条第３項の規定は第１項の規定による権限について準用する。

〔勧告、命令等〕
第24条の40　第24条の38第２項の規定による届出を受けた厚生労働大臣等は、当該届出をした指定障害児相談支援事業者（同条第４項の規定による届出を受けた厚生労働大臣等にあつては、同項の規定による届出をした指定障害児相談支援事業者を除く。）が、同条第１項の厚生労働省令で定める基準に従つて適正な業務管理体制の整備をしていないと認めるときは、当該指定障害児相談支援事業者に対し、期限を定めて、当該厚生労働省令で定める基準に従つて適正な業務管理体制を整備すべきことを勧告することができる。
②　厚生労働大臣等は、前項の規定による勧告をした場合において、その勧告を受けた指定障害児相談支援事業者が、同項の期限内にこれに従わなかつたときは、その旨を公表することができる。
③　厚生労働大臣等は、第１項の規定による勧告を受けた指定障害児相談支援事業者が、正当な理由がなくてその勧告に係る措置をとらなかつたときは、当該指定障害児相談支援事業者に対し、期限を定めて、その勧告に係る措置をとるべきことを命ずることができる。
④　厚生労働大臣等は、前項の規定による命令をしたときは、その旨を公示しなければならない。
⑤　厚生労働大臣又は都道府県知事は、指定障害児相談支援事業者が第３項の規定による命令に違反したときは、厚生労働省令で定めるところにより、当該違反の内容を関係市町村長に通知しなければならない。

第６節　要保護児童の保護措置等
〔要保護児童発見者の通告義務〕
第25条　要保護児童を発見した者は、これを市町村、都道府県の設置する福祉事務所若しくは児童相談所又は児童委員を介して市町村、都道府県の設置する福祉事務所若しくは児童相談所に通告しなければならない。ただし、罪を犯した満14歳以上の児童については、この限りでない。この場合においては、これを家庭裁判所に通告しなければならない。
②　<u>刑法の秘密漏示罪の規定その他の守秘義務に関する法律の規定は、前項の規定による通告をすることを妨げるものと解釈してはならない。</u>

〔要保護児童対策地域協議会〕
第25条の2　地方公共団体は、単独で又は共同して、要保護児童（<mark>第31条第４項に規定する延長者及び第33条第８項に規定する保護延長者（次項において「延長者等」という。）</mark>を

含む。次項において同じ。）の適切な保護又は要支援児童若しくは特定妊婦への適切な支援を図るため、関係機関、関係団体及び児童の福祉に関連する職務に従事する者その他の関係者（以下「関係機関等」という。）により構成される要保護児童対策地域協議会（以下「協議会」という。）を置くように努めなければならない。

② 協議会は、要保護児童若しくは要支援児童及びその保護者（延長者等の親権を行う者、未成年後見人その他の者で、延長者等を現に監護する者を含む。）又は特定妊婦（以下この項及び第5項において「支援対象児童等」という。）に関する情報その他要保護児童の適切な保護又は要支援児童若しくは特定妊婦への適切な支援を図るために必要な情報の交換を行うとともに、支援対象児童等に対する支援の内容に関する協議を行うものとする。

③ 地方公共団体の長は、協議会を設置したときは、厚生労働省令で定めるところにより、その旨を公示しなければならない。

④ 協議会を設置した地方公共団体の長は、協議会を構成する関係機関等のうちから、一に限り要保護児童対策調整機関を指定する。

⑤ 要保護児童対策調整機関は、協議会に関する事務を総括するとともに、支援対象児童等に対する支援が適切に実施されるよう、厚生労働省令で定めるところにより、支援対象児童等に対する支援の実施状況を的確に把握し、必要に応じて、児童相談所、養育支援訪問事業を行う者、母子保健法第22条第1項に規定する母子健康包括支援センターその他の関係機関等との連絡調整を行うものとする。

⑥ 市町村の設置した協議会（市町村が地方公共団体（市町村を除く。）と共同して設置したものを含む。）に係る要保護児童対策調整機関は、厚生労働省令で定めるところにより、専門的な知識及び技術に基づき前項の業務に係る事務を適切に行うことができる者として厚生労働省令で定めるもの（次項及び第8項において「調整担当者」という。）を置くものとする。

⑦ 地方公共団体（市町村を除く。）の設置した協議会（当該地方公共団体が市町村と共同して設置したものを除く。）に係る要保護児童対策調整機関は、厚生労働省令で定めるところにより、調整担当者を置くように努めなければならない。

⑧ 要保護児童対策調整機関に置かれた調整担当者は、厚生労働大臣が定める基準に適合する研修を受けなければならない。

〔資料又は情報の提供等〕

第25条の3 協議会は、前条第2項に規定する情報の交換及び協議を行うため必要があると認めるときは、関係機関等に対し、資料又は情報の提供、意見の開陳その他必要な協力を求めることができる。

〔組織及び運営に関する事項〕

第25条の4 前2条に定めるもののほか、協議会の組織及び運営に関し必要な事項は、協議会が定める。

〔秘密保持〕

第25条の5 次の各号に掲げる協議会を構成する関係機関等の区分に従い、当該各号に定める者は、正当な理由がなく、協議会の職務に関して知り得た秘密を漏らしてはならない。

一　国又は地方公共団体の機関　当該機関の職員又は職員であつた者
二　法人　当該法人の役員若しくは職員又はこれらの職にあつた者
三　前2号に掲げる者以外の者　協議会を構成する者又はその職にあつた者

〔状況の把握〕

第25条の6　市町村、都道府県の設置する福祉事務所又は児童相談所は、第25条第1項の規定による通告を受けた場合において必要があると認めるときは、速やかに、当該児童の状況の把握を行うものとする。

〔通告児童等に対する措置〕

第25条の7　市町村（次項に規定する町村を除く。）は、要保護児童若しくは要支援児童及びその保護者又は特定妊婦（次項において「要保護児童等」という。）に対する支援の実施状況を的確に把握するものとし、第25条第1項の規定による通告を受けた児童及び相談に応じた児童又はその保護者（以下「通告児童等」という。）について、必要があると認めたときは、次の各号のいずれかの措置を採らなければならない。

一　第27条の措置を要すると認める者並びに医学的、心理学的、教育学的、社会学的及び精神保健上の判定を要すると認める者は、これを児童相談所に送致すること。
二　通告児童等を当該市町村の設置する福祉事務所の知的障害者福祉法（昭和35年法律第37号）第9条第6項に規定する知的障害者福祉司（以下「知的障害者福祉司」という。）又は社会福祉主事に指導させること。
三　児童自立生活援助の実施が適当であると認める児童は、これをその実施に係る都道府県知事に報告すること。
四　児童虐待の防止等に関する法律第8条の2第1項の規定による出頭の求め及び調査若しくは質問、第29条若しくは同法第9条第1項の規定による立入り及び調査若しくは質問又は第33条第1項若しくは第2項の規定による一時保護の実施が適当であると認める者は、これを都道府県知事又は児童相談所長に通知すること。

② 福祉事務所を設置していない町村は、要保護児童等に対する支援の実施状況を的確に把握するものとし、通告児童等又は妊産婦について、必要があると認めたときは、次の各号のいずれかの措置を採らなければならない。

一　第27条の措置を要すると認める者並びに医学的、心理学的、教育学的、社会学的及び精神保健上の判定を要すると認める者は、これを児童相談所に送致すること。
二　次条第2号の措置が適当であると認める者は、これを当該町村の属する都道府県の設置する福祉事務所に送致すること。
三　助産の実施又は母子保護の実施が適当であると認める者は、これをそれぞれその実施に係る都道府県知事に報告すること。
四　児童自立生活援助の実施が適当であると認める児童は、これをその実施に係る都道府県知事に報告すること。
五　児童虐待の防止等に関する法律第8条の2第1項の規定による出頭の求め及び調査若しくは質問、第29条若しくは同法第9条第1項の規定による立入り及び調査若しくは質問又は第33条第1項若しくは第2項の規定による一時保護の実施が適当であると認める

〔福祉事務所長の採るべき措置〕
第25条の8　都道府県の設置する**福祉事務所**の長は、第25条第1項の規定による通告又は前条第2項第2号若しくは次条第1項第4号の規定による送致を受けた児童及び相談に応じた児童、その保護者又は妊産婦について、必要があると認めたときは、次の各号のいずれかの措置を採らなければならない。
一　第27条の措置を要すると認める者並びに医学的、心理学的、教育学的、社会学的及び精神保健上の判定を要すると認める者は、これを児童相談所に送致すること。
二　児童又はその保護者をその福祉事務所の知的障害者福祉司又は社会福祉主事に指導させること。
三　保育の利用等（助産の実施、母子保護の実施又は保育の利用若しくは第24条第5項の規定による措置をいう。以下同じ。）が適当であると認める者は、これをそれぞれその保育の利用等に係る都道府県又は市町村の長に報告し、又は通知すること。
四　児童自立生活援助の実施が適当であると認める児童は、これをその実施に係る都道府県知事に報告すること。
五　第21条の6の規定による措置が適当であると認める者は、これをその措置に係る市町村の長に報告し、又は通知すること。

〔児童相談所長の採るべき措置〕
第26条　児童相談所長は、第25条第1項の規定による通告を受けた児童、第25条の7第1項第1号若しくは第2項第1号、前条第1号又は少年法（昭和23年法律第168号）第6条の6第1項若しくは第18条第1項の規定による送致を受けた児童及び相談に応じた児童、その保護者又は妊産婦について、必要があると認めたときは、次の各号のいずれかの措置を採らなければならない。
一　次条の措置を要すると認める者は、これを都道府県知事に報告すること。
二　児童又はその保護者を児童相談所その他の関係機関若しくは関係団体の事業所若しくは事務所に通わせ当該事業所若しくは事務所において、又は当該児童若しくはその保護者の住所若しくは居所において、児童福祉司若しくは児童委員に指導させ、又は市町村、都道府県以外の者の設置する児童家庭支援センター、都道府県以外の障害者の日常生活及び社会生活を総合的に支援するための法律第5条第16項に規定する一般相談支援事業若しくは特定相談支援事業（次条第1項第2号及び第34条の7において「障害者等相談支援事業」という。）を行う者その他当該指導を適切に行うことができる者として厚生労働省令で定めるものに委託して指導させること。
三　児童及び妊産婦の福祉に関し、情報を提供すること、相談（専門的な知識及び技術を必要とするものを除く。）に応ずること、調査及び指導（医学的、心理学的、教育学的、社会学的及び精神保健上の判定を必要とする場合を除く。）を行うことその他の支援（専門的な知識及び技術を必要とするものを除く。）を行うことを要すると認める者（次条の措置を要すると認める者を除く。）は、これを市町村に送致すること。
四　第25条の7第1項第2号又は前条第2号の措置が適当であると認める者は、これを福

祉事務所に送致すること。
　五　保育の利用等が適当であると認める者は、これをそれぞれその保育の利用等に係る都道府県又は市町村の長に報告し、又は通知すること。
　六　児童自立生活援助の実施が適当であると認める児童は、これをその実施に係る都道府県知事に報告すること。
　七　第21条の６の規定による措置が適当であると認める者は、これをその措置に係る市町村の長に報告し、又は通知すること。
　八　<u>放課後児童健全育成事業、子育て短期支援事業、養育支援訪問事業、地域子育て支援拠点事業、子育て援助活動支援事業、子ども・子育て支援法第59条第１号に掲げる事業その他市町村が実施する児童の健全な育成に資する事業</u>の実施が適当であると認める者は、これをその事業の実施に係る市町村の長に通知すること。
②　前項第１号の規定による報告書には、児童の住所、氏名、年齢、履歴、性行、健康状態及び家庭環境、同号に規定する措置についての当該児童及びその保護者の意向その他児童の福祉増進に関し、参考となる事項を記載しなければならない。

〔都道府県の採るべき措置〕
第27条　都道府県は、前条第１項第１号の規定による報告又は少年法第18条第２項の規定による送致のあつた児童につき、次の各号のいずれかの措置を採らなければならない。
　一　児童又はその保護者に訓戒を加え、又は誓約書を提出させること。
　二　児童又はその保護者を<u>児童相談所その他の関係機関若しくは関係団体の事業所若しくは事務所に通わせ当該事業所若しくは事務所において、又は当該児童若しくはその保護者の住所若しくは居所において、</u>児童福祉司、知的障害者福祉司、社会福祉主事、児童委員若しくは当該都道府県の設置する児童家庭支援センター若しくは当該都道府県が行う障害者等相談支援事業に係る職員に指導させ、又は<u>市町村、</u>当該都道府県以外の者の設置する児童家庭支援センター、当該都道府県以外の障害者等相談支援事業を行う者若しくは前条第１項第２号に規定する厚生労働省令で定める者に<u>委託して指導させる</u>こと。
　三　児童を小規模住居型児童養育事業を行う者若しくは里親に委託し、又は乳児院、児童養護施設、障害児入所施設、<u>児童心理治療施設</u>若しくは児童自立支援施設に入所させること。
　四　家庭裁判所の審判に付することが適当であると認める児童は、これを家庭裁判所に送致すること。
②　都道府県は、肢体不自由のある児童又は重症心身障害児については、前項第３号の措置に代えて、指定発達支援医療機関に対し、これらの児童を入院させて障害児入所施設（第42条第２号に規定する医療型障害児入所施設に限る。）におけると同様な治療等を行うことを委託することができる。
③　都道府県知事は、少年法第18条第２項の規定による送致のあつた児童につき、第１項の措置を採るにあたつては、家庭裁判所の決定による指示に従わなければならない。
④　第１項第３号又は第２項の措置は、児童に親権を行う者（第47条第１項の規定により親

権を行う児童福祉施設の長を除く。以下同じ。）又は未成年後見人があるときは、前項の場合を除いては、その親権を行う者又は未成年後見人の意に反して、これを採ることができない。

⑤　都道府県知事は、第１項第２号若しくは第３号若しくは第２項の措置を解除し、停止し、又は他の措置に変更する場合には、児童相談所長の意見を聴かなければならない。

⑥　都道府県知事は、政令の定めるところにより、第１項第１号から第３号までの措置（第３項の規定により採るもの及び第28条第１項第１号又は第２号ただし書の規定により採るものを除く。）若しくは第２項の措置を採る場合又は第１項第２号若しくは第３号若しくは第２項の措置を解除し、停止し、若しくは他の措置に変更する場合には、都道府県児童福祉審議会の意見を聴かなければならない。

第27条の２　都道府県は、少年法第24条第１項又は第26条の４第１項の規定により同法第24条第１項第２号の保護処分の決定を受けた児童につき、当該決定に従つて児童自立支援施設に入所させる措置（保護者の下から通わせて行うものを除く。）又は児童養護施設に入所させる措置を採らなければならない。

②　前項に規定する措置は、この法律の適用については、前条第１項第３号の児童自立支援施設又は児童養護施設に入所させる措置とみなす。ただし、同条第４項及び第６項（措置を解除し、停止し、又は他の措置に変更する場合に係る部分を除く。）並びに第28条の規定の適用については、この限りでない。

〔家庭裁判所への送致〕

第27条の３　都道府県知事は、たまたま児童の行動の自由を制限し、又はその自由を奪うような強制的措置を必要とするときは、第33条、第33条の２及び第47条の規定により認められる場合を除き、事件を家庭裁判所に送致しなければならない。

〔秘密保持義務〕

第27条の４　第26条第１項第２号又は第27条第１項第２号の規定により行われる指導（委託に係るものに限る。）の事務に従事する者又は従事していた者は、その事務に関して知り得た秘密を漏らしてはならない。

〔保護者の児童虐待等の場合の措置〕

第28条　保護者が、その児童を虐待し、著しくその監護を怠り、その他保護者に監護させることが著しく当該児童の福祉を害する場合において、第27条第１項第３号の措置を採ることが児童の親権を行う者又は未成年後見人の意に反するときは、都道府県は、次の各号の措置を採ることができる。

一　保護者が親権を行う者又は未成年後見人であるときは、家庭裁判所の承認を得て、第27条第１項第３号の措置を採ること。

二　保護者が親権を行う者又は未成年後見人でないときは、その児童を親権を行う者又は未成年後見人に引き渡すこと。ただし、その児童を親権を行う者又は未成年後見人に引き渡すことが児童の福祉のため不適当であると認めるときは、家庭裁判所の承認を得て、第27条第１項第３号の措置を採ること。

②　前項第１号及び第２号ただし書の規定による措置の期間は、当該措置を開始した日から

２年を超えてはならない。ただし、当該措置に係る保護者に対する指導措置（第27条第１項第２号の措置をいう。以下この条において同じ。）の効果等に照らし、当該措置を継続しなければ保護者がその児童を虐待し、著しくその監護を怠り、その他著しく当該児童の福祉を害するおそれがあると認めるときは、都道府県は、家庭裁判所の承認を得て、当該期間を更新することができる。

③　都道府県は、前項ただし書の規定による更新に係る承認の申立てをした場合において、やむを得ない事情があるときは、当該措置の期間が満了した後も、当該申立てに対する審判が確定するまでの間、引き続き当該措置を採ることができる。ただし、当該申立てを却下する審判があつた場合は、当該審判の結果を考慮してもなお当該措置を採る必要があると認めるときに限る。

④　家庭裁判所は、第１項第１号若しくは第２号ただし書又は第２項ただし書の承認（以下「措置に関する承認」という。）の申立てがあつた場合は、都道府県に対し、期限を定めて、当該申立てに係る保護者に対する指導措置に関し報告及び意見を求め、又は当該申立てに係る児童及びその保護者に関する必要な資料の提出を求めることができる。

⑤　家庭裁判所は、措置に関する承認の審判をする場合において、当該措置の終了後の家庭その他の環境の調整を行うため当該保護者に対し指導措置を採ることが相当であると認めるときは、当該保護者に対し、指導措置を採るべき旨を都道府県に勧告することができる。

〔立入調査〕

第29条　都道府県知事は、前条の規定による措置をとるため、必要があると認めるときは、児童委員又は児童の福祉に関する事務に従事する職員をして、児童の住所若しくは居所又は児童の従業する場所に立ち入り、必要な調査又は質問をさせることができる。この場合においては、その身分を証明する証票を携帯させ、関係者の請求があつたときは、これを提示させなければならない。

〔同居児童の届出〕

第30条　４親等内の児童以外の児童を、その親権を行う者又は未成年後見人から離して、自己の家庭（単身の世帯を含む。）に、３月（乳児については、１月）を超えて同居させる意思をもつて同居させた者又は継続して２月以上（乳児については、20日以上）同居させた者（法令の定めるところにより児童を委託された者及び児童を単に下宿させた者を除く。）は、同居を始めた日から３月以内（乳児については、１月以内）に、市町村長を経て、都道府県知事に届け出なければならない。ただし、その届出期間内に同居をやめたときは、この限りでない。

②　前項に規定する届出をした者が、その同居をやめたときは、同居をやめた日から１月以内に、市町村長を経て、都道府県知事に届け出なければならない。

③　保護者は、経済的理由等により、児童をそのもとにおいて養育しがたいときは、市町村、都道府県の設置する福祉事務所、児童相談所、児童福祉司又は児童委員に相談しなければならない。

〔里親等に対する指示及び報告徴収〕

第30条の2　都道府県知事は、小規模住居型児童養育事業を行う者、里親（第27条第1項第3号の規定により委託を受けた里親に限る。第33条の8第2項、第33条の10、第33条の14第2項、第44条の3、第45条の2、第46条第1項、第47条、<u>第48条及び第48条の3</u>において同じ。）及び児童福祉施設の長並びに前条第1項に規定する者に、児童の保護について、必要な指示をし、又は必要な報告をさせることができる。

〔保護期間の延長等〕

第31条　都道府県等は、第23条第1項本文の規定により母子生活支援施設に入所した児童については、その保護者から申込みがあり、かつ、必要があると認めるときは、満20歳に達するまで、引き続きその者を母子生活支援施設において保護することができる。

②　都道府県は、第27条第1項第3号の規定により小規模住居型児童養育事業を行う者若しくは里親に委託され、又は児童養護施設、障害児入所施設（第42条第1号に規定する福祉型障害児入所施設に限る。）、児童心理治療施設若しくは児童自立支援施設に入所した児童については満20歳に達するまで、引き続き同項第3号の規定による委託を継続し、若しくはその者をこれらの児童福祉施設に在所させ、又はこれらの措置を相互に変更する措置を採ることができる。

③　都道府県は、第27条第1項第3号の規定により障害児入所施設（第42条第2号に規定する医療型障害児入所施設に限る。）に入所した児童又は第27条第2項の規定による委託により指定発達支援医療機関に入院した肢体不自由のある児童若しくは重症心身障害児については満20歳に達するまで、引き続きその者をこれらの児童福祉施設に在所させ、若しくは同項の規定による委託を継続し、又はこれらの措置を相互に変更する措置を採ることができる。

④　都道府県は、延長者（児童以外の満20歳に満たない者のうち、次の各号のいずれかに該当するものをいう。）について、第27条第1項第1号から第3号まで又は第2項の措置を採ることができる。この場合において、第28条の規定の適用については、同条第1項中「保護者が、その児童」とあるのは「第31条第4項に規定する延長者（以下この条において「延長者」という。）の親権を行う者、未成年後見人その他の者で、延長者を現に監護する者（以下この条において「延長者の監護者」という。）が、その延長者」と、「保護者に」とあるのは「延長者の監護者に」と、「当該児童」とあるのは「当該延長者」と、「おいて、第27条第1項第3号」とあるのは「おいて、同項の規定による第27条第1項第3号」と、「児童の親権」とあるのは「延長者の親権」と、同項第1号中「保護者」とあるのは「延長者の監護者」と、「第27条第1項第3号」とあるのは「第31条第4項の規定による第27条第1項第3号」と、同項第2号中「保護者」とあるのは「延長者の監護者」と、「児童」とあるのは「延長者」と、「第27条第1項第3号」とあるのは「第31条第4項の規定による第27条第1項第3号」と、同条第2項ただし書中「保護者」とあるのは「延長者の監護者」と、「第27条第1項第2号」とあるのは「第31条第4項の規定による第27条第1項第2号」と、「児童」とあるのは「延長者」と、同条第4項中「保護者」とあるのは「延長者の監護者」と、「児童」とあるのは「延長者」と、同条第5項中「保護者」とあるのは「延長者の監護者」とする。

一　満18歳に満たないときにされた措置に関する承認の申立てに係る児童であつた者であつて、当該申立てに対する審判が確定していないもの又は当該申立てに対する承認の審判がなされた後において第28条第1項第1号若しくは第2号ただし書若しくは第2項ただし書の規定による措置が採られていないもの
二　第2項からこの項までの規定による措置が採られている者（前号に掲げる者を除く。）
三　第33条第6項から第9項までの規定による一時保護が行われている者（前2号に掲げる者を除く。）

⑤　前各項の規定による保護又は措置は、この法律の適用については、母子保護の実施又は第27条第1項第1号から第3号まで若しくは第2項の規定による措置とみなす。

⑥　第2項から第4項までの場合においては、都道府県知事は、児童相談所長の意見を聴かなければならない。

〔権限の委任〕

第32条　都道府県知事は、第27条第1項若しくは第2項の措置を採る権限又は児童自立生活援助の実施の権限の全部又は一部を児童相談所長に委任することができる。

②　都道府県知事又は市町村長は、第21条の6の措置を採る権限又は助産の実施若しくは母子保護の実施の権限、第23条第1項ただし書に規定する保護の権限並びに第24条の2から第24条の7まで及び第24条の20の規定による権限の全部又は一部を、それぞれその管理する福祉事務所の長に委任することができる。

③　市町村長は、保育所における保育を行うことの権限並びに第24条第3項の規定による調整及び要請、同条第4項の規定による勧奨及び支援並びに同条第5項又は第6項の規定による措置に関する権限の全部又は一部を、その管理する福祉事務所の長又は当該市町村に置かれる教育委員会に委任することができる。

〔児童の一時保護〕

第33条　児童相談所長は、必要があると認めるときは、第26条第1項の措置を採るに至るまで、児童の安全を迅速に確保し適切な保護を図るため、又は児童の心身の状況、その置かれている環境その他の状況を把握するため、児童の一時保護を行い、又は適当な者に委託して、当該一時保護を行わせることができる。

②　都道府県知事は、必要があると認めるときは、第27条第1項又は第2項の措置を採るに至るまで、児童の安全を迅速に確保し適切な保護を図るため、又は児童の心身の状況、その置かれている環境その他の状況を把握するため、児童相談所長をして、児童の一時保護を行わせ、又は適当な者に当該一時保護を行うことを委託させることができる。

③　前2項の規定による一時保護の期間は、当該一時保護を開始した日から2月を超えてはならない。

④　前項の規定にかかわらず、児童相談所長又は都道府県知事は、必要があると認めるときは、引き続き第1項又は第2項の規定による一時保護を行うことができる。

⑤　前項の規定により引き続き一時保護を行うことが当該児童の親権を行う者又は未成年後見人の意に反する場合においては、児童相談所長又は都道府県知事が引き続き一時保護を行おうとするとき、及び引き続き一時保護を行つた後2月を経過するごとに、都道府県知

事は、都道府県児童福祉審議会の意見を聴かなければならない。ただし、当該児童に係る第28条第1項第1号若しくは第2号ただし書の承認の申立て又は当該児童の親権者に係る第33条の7の規定による親権喪失若しくは親権停止の審判の請求がされている場合は、この限りでない。

⑥　児童相談所長は、特に必要があると認めるときは、第1項の規定により一時保護が行われた児童については満20歳に達するまでの間、次に掲げる措置を採るに至るまで、引き続き一時保護を行い、又は一時保護を行わせることができる。
　一　第31条第4項の規定による措置を要すると認める者は、これを都道府県知事に報告すること。
　二　児童自立生活援助の実施が適当であると認める満20歳未満義務教育終了児童等は、これをその実施に係る都道府県知事に報告すること。
⑦　都道府県知事は、特に必要があると認めるときは、第2項の規定により一時保護が行われた児童については満20歳に達するまでの間、第31条第4項の規定による措置を採るに至るまで、児童相談所長をして、引き続き一時保護を行わせ、又は一時保護を行うことを委託させることができる。
⑧　児童相談所長は、特に必要があると認めるときは、第6項各号に掲げる措置を採るに至るまで、保護延長者（児童以外の満20歳に満たない者のうち、次の各号のいずれかに該当するものをいう。以下この項及び次項において同じ。）の安全を迅速に確保し適切な保護を図るため、又は保護延長者の心身の状況、その置かれている環境その他の状況を把握するため、保護延長者の一時保護を行い、又は適当な者に委託して、当該一時保護を行わせることができる。
　一　満18歳に満たないときにされた措置に関する承認の申立てに係る児童であつた者であつて、当該申立てに対する審判が確定していないもの又は当該申立てに対する承認の審判がなされた後において第28条第1項第1号若しくは第2号ただし書若しくは第2項ただし書の規定による措置が採られていないもの
　二　第31条第2項から第4項までの規定による措置が採られている者（前号に掲げる者を除く。）
⑨　都道府県知事は、特に必要があると認めるときは、第31条第4項の規定による措置を採るに至るまで、保護延長者の安全を迅速に確保し適切な保護を図るため、又は保護延長者の心身の状況、その置かれている環境その他の状況を把握するため、児童相談所長をして、保護延長者の一時保護を行わせ、又は適当な者に当該一時保護を行うことを委託させることができる。
⑩　第6項から前項までの規定による一時保護は、この法律の適用については、第1項又は第2項の規定による一時保護とみなす。

〔児童相談所長の権限等〕

第33条の2　児童相談所長は、一時保護が行われた児童で親権を行う者又は未成年後見人のないものに対し、親権を行う者又は未成年後見人があるに至るまでの間、親権を行う。ただし、民法第797条の規定による縁組の承諾をするには、厚生労働省令の定めるところに

より、都道府県知事の許可を得なければならない。
② 児童相談所長は、一時保護が行われた児童で親権を行う者又は未成年後見人のあるものについても、監護、教育及び懲戒に関し、その児童の福祉のため必要な措置を採ることができる。
③ 前項の児童の親権を行う者又は未成年後見人は、同項の規定による措置を不当に妨げてはならない。
④ 第2項の規定による措置は、児童の生命又は身体の安全を確保するため緊急の必要があると認めるときは、その親権を行う者又は未成年後見人の意に反しても、これをとることができる。

〔児童の所持物の保管〕
第33条の2の2 児童相談所長は、一時保護が行われた児童の所持する物であつて、一時保護中本人に所持させることが児童の福祉を損なうおそれがあるものを保管することができる。
② 児童相談所長は、前項の規定により保管する物で、腐敗し、若しくは滅失するおそれがあるもの又は保管に著しく不便なものは、これを売却してその代価を保管することができる。
③ 児童相談所長は、前2項の規定により保管する物について当該児童以外の者が返還請求権を有することが明らかな場合には、これをその権利者に返還しなければならない。
④ 児童相談所長は、前項に規定する返還請求権を有する者を知ることができないとき、又はその者の所在を知ることができないときは、返還請求権を有する者は、6月以内に申し出るべき旨を公告しなければならない。
⑤ 前項の期間内に同項の申出がないときは、その物は、当該児童相談所を設置した都道府県に帰属する。
⑥ 児童相談所長は、一時保護を解除するときは、第3項の規定により返還する物を除き、その保管する物を当該児童に返還しなければならない。この場合において、当該児童に交付することが児童の福祉のため不適当であると認めるときは、これをその保護者に交付することができる。
⑦ 第1項の規定による保管、第2項の規定による売却及び第4項の規定による公告に要する費用は、その物の返還を受ける者があるときは、その者の負担とする。

〔児童の遺留物の交付〕
第33条の3 児童相談所長は、一時保護が行われている間に児童が逃走し、又は死亡した場合において、遺留物があるときは、これを保管し、かつ、前条第3項の規定により権利者に返還しなければならない物を除き、これを当該児童の保護者若しくは親族又は相続人に交付しなければならない。
② 前条第2項、第4項、第5項及び第7項の規定は、前項の場合に、これを準用する。

〔措置又は助産の実施、母子保護の実施の解除に係る説明等〕
第33条の4 都道府県知事、市町村長、福祉事務所長又は児童相談所長は、次の各号に掲げる措置又は助産の実施、母子保護の実施若しくは児童自立生活援助の実施を解除する場合

には、あらかじめ、当該各号に定める者に対し、当該措置又は助産の実施、母子保護の実施若しくは児童自立生活援助の実施の解除の理由について説明するとともに、その意見を聴かなければならない。ただし、当該各号に定める者から当該措置又は助産の実施、母子保護の実施若しくは児童自立生活援助の実施の解除の申出があつた場合その他厚生労働省令で定める場合においては、この限りでない。
一　第21条の6、第24条第5項及び第6項、第25条の7第1項第2号、第25条の8第2号、第26条第1項第2号並びに第27条第1項第2号の措置　当該措置に係る児童の保護者
二　助産の実施　当該助産の実施に係る妊産婦
三　母子保護の実施　当該母子保護の実施に係る児童の保護者
四　第27条第1項第3号及び第2項の措置　当該措置に係る児童の親権を行う者又はその未成年後見人
五　児童自立生活援助の実施　当該児童自立生活援助の実施に係る満20歳未満義務教育終了児童等又は満20歳以上義務教育終了児童等

〔行政手続法の適用除外〕

第33条の5　第21条の6、第24条第5項若しくは第6項、第25条の7第1項第2号、第25条の8第2号、第26条第1項第2号若しくは第27条第1項第2号若しくは第3号若しくは第2項の措置を解除する処分又は助産の実施、母子保護の実施若しくは児童自立生活援助の実施の解除については、行政手続法第3章（第12条及び第14条を除く。）の規定は、適用しない。

〔児童自立生活援助事業〕

第33条の6　都道府県は、その区域内における満20歳未満義務教育終了児童等の自立を図るため必要がある場合において、その満20歳未満義務教育終了児童等から申込みがあつたときは、自ら又は児童自立生活援助事業を行う者（都道府県を除く。次項において同じ。）に委託して、その満20歳未満義務教育終了児童等に対し、厚生労働省令で定めるところにより、児童自立生活援助を行わなければならない。ただし、やむを得ない事由があるときは、その他の適切な援助を行わなければならない。

②　満20歳未満義務教育終了児童等であつて児童自立生活援助の実施を希望するものは、厚生労働省令の定めるところにより、入居を希望する住居その他厚生労働省令の定める事項を記載した申込書を都道府県に提出しなければならない。この場合において、児童自立生活援助事業を行う者は、厚生労働省令の定めるところにより、満20歳未満義務教育終了児童等の依頼を受けて、当該申込書の提出を代わつて行うことができる。

③　都道府県は、満20歳未満義務教育終了児童等が特別な事情により当該都道府県の区域外の住居への入居を希望するときは、当該住居への入居について必要な連絡及び調整を図らなければならない。

④　都道府県は、第25条の7第1項第3号若しくは第2項第4号、第25条の8第4号若しくは第26条第1項第6号の規定による報告を受けた児童又は第33条第6項第2号の規定による報告を受けた満20歳未満義務教育終了児童等について、必要があると認めるときは、こ

れらの者に対し、児童自立生活援助の実施の申込みを勧奨しなければならない。
⑤　都道府県は、満20歳未満義務教育終了児童等の住居の選択及び児童自立生活援助事業の適正な運営の確保に資するため、厚生労働省令の定めるところにより、その区域内における児童自立生活援助事業を行う者、当該事業の運営の状況その他の厚生労働省令の定める事項に関し情報の提供を行わなければならない。
⑥　第１項から第３項まで及び前項の規定は、満20歳以上義務教育終了児童等について準用する。この場合において、第１項中「行わなければならない。ただし、やむを得ない事由があるときは、その他の適切な援助を行わなければならない」とあるのは「行うよう努めなければならない」と、第３項中「図らなければならない」とあるのは「図るよう努めなければならない」と読み替えるものとする。

〔親権喪失の審判等の請求〕
第33条の７　児童又は児童以外の満20歳に満たない者（以下「児童等」という。）の親権者に係る民法第834条本文、第834条の２第１項、第835条又は第836条の規定による親権喪失、親権停止若しくは管理権喪失の審判の請求又はこれらの審判の取消しの請求は、これらの規定に定める者のほか、児童相談所長も、これを行うことができる。

〔未成年後見人選任の請求等〕
第33条の８　児童相談所長は、親権を行う者のない児童等について、その福祉のため必要があるときは、家庭裁判所に対し未成年後見人の選任を請求しなければならない。
②　児童相談所長は、前項の規定による未成年後見人の選任の請求に係る児童等（小規模住居型児童養育事業を行う者若しくは里親に委託中若しくは児童福祉施設に入所中の児童等又は一時保護中の児童を除く。）に対し、親権を行う者又は未成年後見人があるに至るまでの間、親権を行う。ただし、民法第797条の規定による縁組の承諾をするには、厚生労働省令の定めるところにより、都道府県知事の許可を得なければならない。

〔未成年後見人解任の請求〕
第33条の９　児童等の未成年後見人に、不正な行為、著しい不行跡その他後見の任務に適しない事由があるときは、民法第846条の規定による未成年後見人の解任の請求は、同条に定める者のほか、児童相談所長も、これを行うことができる。

〔調査及び研究の推進〕
第33条の９の２　国は、要保護児童の保護に係る事例の分析その他要保護児童の健全な育成に資する調査及び研究を推進するものとする。

第７節　被措置児童等虐待の防止等

〔被措置児童等虐待〕
第33条の10　この法律で、**被措置児童等虐待**とは、小規模住居型児童養育事業に従事する者、里親若しくはその同居人、乳児院、児童養護施設、障害児入所施設、児童心理治療施設若しくは児童自立支援施設の長、その職員その他の従業者、指定発達支援医療機関の管理者その他の従業者、第12条の４に規定する児童を一時保護する施設を設けている児童相談所の所長、当該施設の職員その他の従業者又は第33条第１項若しくは第２項の委託を受けて児童の一時保護を行う業務に従事する者（以下「施設職員等」と総称する。）が、委

託された児童、入所する児童又は一時保護が行われた児童（以下「被措置児童等」という。）について行う次に掲げる行為をいう。
一　被措置児童等の身体に外傷が生じ、又は生じるおそれのある暴行を加えること。
二　被措置児童等にわいせつな行為をすること又は被措置児童等をしてわいせつな行為をさせること。
三　被措置児童等の心身の正常な発達を妨げるような著しい減食又は長時間の放置、同居人若しくは生活を共にする他の児童による前2号又は次号に掲げる行為の放置その他の施設職員等としての養育又は業務を著しく怠ること。
四　被措置児童等に対する著しい暴言又は著しく拒絶的な対応その他の被措置児童等に著しい心理的外傷を与える言動を行うこと。

〔虐待等の禁止〕
第33条の11　施設職員等は、被措置児童等虐待その他被措置児童等の心身に有害な影響を及ぼす行為をしてはならない。

〔虐待に係る通告等〕
第33条の12　被措置児童等虐待を受けたと思われる児童を発見した者は、速やかに、これを都道府県の設置する福祉事務所、児童相談所、第33条の14第1項若しくは第2項に規定する措置を講ずる権限を有する都道府県の行政機関（以下この節において「都道府県の行政機関」という。）、都道府県児童福祉審議会若しくは市町村又は児童委員を介して、都道府県の設置する福祉事務所、児童相談所、都道府県の行政機関、都道府県児童福祉審議会若しくは市町村に通告しなければならない。

②　被措置児童等虐待を受けたと思われる児童を発見した者は、当該被措置児童等虐待を受けたと思われる児童が、児童虐待の防止等に関する法律第2条に規定する児童虐待を受けたと思われる児童にも該当する場合において、前項の規定による通告をしたときは、同法第6条第1項の規定による通告をすることを要しない。

③　被措置児童等は、被措置児童等虐待を受けたときは、その旨を児童相談所、都道府県の行政機関又は都道府県児童福祉審議会に届け出ることができる。

④　刑法の秘密漏示罪の規定その他の守秘義務に関する法律の規定は、第1項の規定による通告（虚偽であるもの及び過失によるものを除く。次項において同じ。）をすることを妨げるものと解釈してはならない。

⑤　施設職員等は、第1項の規定による通告をしたことを理由として、解雇その他不利益な取扱いを受けない。

〔秘密保持義務〕
第33条の13　都道府県の設置する福祉事務所、児童相談所、都道府県の行政機関、都道府県児童福祉審議会又は市町村が前条第1項の規定による通告又は同条第3項の規定による届出を受けた場合においては、当該通告若しくは届出を受けた都道府県の設置する福祉事務所若しくは児童相談所の所長、所員その他の職員、都道府県の行政機関若しくは市町村の職員、都道府県児童福祉審議会の委員若しくは臨時委員又は当該通告を仲介した児童委員は、その職務上知り得た事項であつて当該通告又は届出をした者を特定させるものを漏ら

してはならない。

　〔通告等を受けた場合の措置〕

第33条の14　都道府県は、第33条の12第1項の規定による通告、同条第3項の規定による届出若しくは第3項若しくは次条第1項の規定による通知を受けたとき又は相談に応じた児童について必要があると認めるときは、速やかに、当該被措置児童等の状況の把握その他当該通告、届出、通知又は相談に係る事実について確認するための措置を講ずるものとする。

②　都道府県は、前項に規定する措置を講じた場合において、必要があると認めるときは、小規模住居型児童養育事業、里親、乳児院、児童養護施設、障害児入所施設、児童心理治療施設、児童自立支援施設、指定発達支援医療機関、第12条の4に規定する児童を一時保護する施設又は第33条第1項若しくは第2項の委託を受けて一時保護を行う者における事業若しくは業務の適正な運営又は適切な養育を確保することにより、当該通告、届出、通知又は相談に係る被措置児童等に対する被措置児童等虐待の防止並びに当該被措置児童等及び当該被措置児童等と生活を共にする他の被措置児童等の保護を図るため、適切な措置を講ずるものとする。

③　都道府県の設置する福祉事務所、児童相談所又は市町村が第33条の12第1項の規定による通告若しくは同条第3項の規定による届出を受けたとき、又は児童虐待の防止等に関する法律に基づく措置を講じた場合において、第1項の措置が必要であると認めるときは、都道府県の設置する福祉事務所の長、児童相談所の所長又は市町村の長は、速やかに、都道府県知事に通知しなければならない。

　〔都道府県知事への通知等〕

第33条の15　都道府県児童福祉審議会は、第33条の12第1項の規定による通告又は同条第3項の規定による届出を受けたときは、速やかに、その旨を都道府県知事に通知しなければならない。

②　都道府県知事は、前条第1項又は第2項に規定する措置を講じたときは、速やかに、当該措置の内容、当該被措置児童等の状況その他の厚生労働省令で定める事項を都道府県児童福祉審議会に報告しなければならない。

③　都道府県児童福祉審議会は、前項の規定による報告を受けたときは、その報告に係る事項について、都道府県知事に対し、意見を述べることができる。

④　都道府県児童福祉審議会は、前項に規定する事務を遂行するため特に必要があると認めるときは、施設職員等その他の関係者に対し、出席説明及び資料の提出を求めることができる。

　〔措置等の公表〕

第33条の16　都道府県知事は、毎年度、被措置児童等虐待の状況、被措置児童等虐待があつた場合に講じた措置その他厚生労働省令で定める事項を公表するものとする。

　〔調査及び研究〕

第33条の17　国は、被措置児童等虐待の事例の分析を行うとともに、被措置児童等虐待の予防及び早期発見のための方策並びに被措置児童等虐待があつた場合の適切な対応方法に資

する事項についての調査及び研究を行うものとする。

第8節　雑則

〔禁止行為〕

第34条　何人も、次に掲げる行為をしてはならない。
一　身体に障害又は形態上の異常がある児童を公衆の観覧に供する行為
二　児童にこじきをさせ、又は児童を利用してこじきをする行為
三　公衆の娯楽を目的として、満15歳に満たない児童にかるわざ又は曲馬をさせる行為
四　満15歳に満たない児童に戸々について、又は道路その他これに準ずる場所で歌謡、遊芸その他の演技を業務としてさせる行為
四の二　児童に午後10時から午前3時までの間、戸々について、又は道路その他これに準ずる場所で物品の販売、配布、展示若しくは拾集又は役務の提供を業務としてさせる行為
四の三　戸々について、又は道路その他これに準ずる場所で物品の販売、配布、展示若しくは拾集又は役務の提供を業務として行う満15歳に満たない児童を、当該業務を行うために、風俗営業等の規制及び業務の適正化等に関する法律（昭和23年法律第122号）第2条第4項の接待飲食等営業、同条第6項の店舗型性風俗特殊営業及び同条第9項の店舗型電話異性紹介営業に該当する営業を営む場所に立ち入らせる行為
五　満15歳に満たない児童に酒席に侍する行為を業務としてさせる行為
六　児童に淫行をさせる行為
七　前各号に掲げる行為をするおそれのある者その他児童に対し、刑罰法令に触れる行為をなすおそれのある者に、情を知つて、児童を引き渡す行為及び当該引渡し行為のなされるおそれがあるの情を知つて、他人に児童を引き渡す行為
八　成人及び児童のための正当な職業紹介の機関以外の者が、営利を目的として、児童の養育をあつせんする行為
九　児童の心身に有害な影響を与える行為をさせる目的をもつて、これを自己の支配下に置く行為

②　児童養護施設、障害児入所施設、児童発達支援センター又は児童自立支援施設においては、それぞれ第41条から第43条まで及び第44条に規定する目的に反して、入所した児童を酷使してはならない。

〔政令への委任〕

第34条の2　この法律に定めるもののほか、福祉の保障に関し必要な事項は、政令でこれを定める。

第3章　事業、養育里親及び養子縁組里親並びに施設

〔障害児通所支援事業等の開始等〕

第34条の3　都道府県は、障害児通所支援事業又は障害児相談支援事業（以下「障害児通所支援事業等」という。）を行うことができる。

② 国及び都道府県以外の者は、厚生労働省令で定めるところにより、あらかじめ、厚生労働省令で定める事項を都道府県知事に届け出て、障害児通所支援事業等を行うことができる。

③ 国及び都道府県以外の者は、前項の規定により届け出た事項に変更が生じたときは、変更の日から1月以内に、その旨を都道府県知事に届け出なければならない。

④ 国及び都道府県以外の者は、障害児通所支援事業等を廃止し、又は休止しようとするときは、あらかじめ、厚生労働省令で定める事項を都道府県知事に届け出なければならない。

〔児童自立生活援助事業等の開始等〕

第34条の4 国及び都道府県以外の者は、厚生労働省令の定めるところにより、あらかじめ、厚生労働省令で定める事項を都道府県知事に届け出て、**児童自立生活援助事業又は小規模住居型児童養育事業**を行うことができる。

② 国及び都道府県以外の者は、前項の規定により届け出た事項に変更を生じたときは、変更の日から1月以内に、その旨を都道府県知事に届け出なければならない。

③ 国及び都道府県以外の者は、児童自立生活援助事業又は小規模住居型児童養育事業を廃止し、又は休止しようとするときは、あらかじめ、厚生労働省令で定める事項を都道府県知事に届け出なければならない。

〔**報告の徴収等**〕

第34条の5 都道府県知事は、児童の福祉のために必要があると認めるときは、障害児通所支援事業等、児童自立生活援助事業若しくは小規模住居型児童養育事業を行う者に対して、必要と認める事項の報告を求め、又は当該職員に、関係者に対して質問させ、若しくはその事務所若しくは施設に立ち入り、設備、帳簿書類その他の物件を検査させることができる。

② 第18条の16第2項及び第3項の規定は、前項の場合について準用する。

〔**事業の停止等**〕

第34条の6 都道府県知事は、障害児通所支援事業等、児童自立生活援助事業又は小規模住居型児童養育事業を行う者が、この法律若しくはこれに基づく命令若しくはこれらに基づいてする処分に違反したとき、その事業に関し不当に営利を図り、若しくはその事業に係る児童の処遇につき不当な行為をしたとき、又は障害児通所支援事業者が第21条の7の規定に違反したときは、その者に対し、その事業の制限又は停止を命ずることができる。

〔**受託義務**〕

第34条の7 障害者等相談支援事業、小規模住居型児童養育事業又は児童自立生活援助事業を行う者は、第26条第1項第2号、第27条第1項第2号若しくは第3号又は第33条の6第1項（同条第6項において準用する場合を含む。）の規定による委託を受けたときは、正当な理由がない限り、これを拒んではならない。

〔**放課後児童健全育成事業**〕

第34条の8 市町村は、**放課後児童健全育成事業**を行うことができる。

② 国、都道府県及び市町村以外の者は、厚生労働省令で定めるところにより、あらかじ

め、厚生労働省令で定める事項を市町村長に届け出て、放課後児童健全育成事業を行うことができる。
③　国、都道府県及び市町村以外の者は、前項の規定により届け出た事項に変更を生じたときは、変更の日から1月以内に、その旨を市町村長に届け出なければならない。
④　国、都道府県及び市町村以外の者は、放課後児童健全育成事業を廃止し、又は休止しようとするときは、あらかじめ、厚生労働省令で定める事項を市町村長に届け出なければならない。

〔設備及び運営の基準〕
第34条の8の2　市町村は、放課後児童健全育成事業の設備及び運営について、条例で基準を定めなければならない。この場合において、その基準は、児童の身体的、精神的及び社会的な発達のために必要な水準を確保するものでなければならない。
②　市町村が前項の条例を定めるに当たつては、放課後児童健全育成事業に従事する者及びその員数については厚生労働省令で定める基準に従い定めるものとし、その他の事項については厚生労働省令で定める基準を参酌するものとする。
③　放課後児童健全育成事業を行う者は、第1項の基準を遵守しなければならない。

〔報告及び立入調査等〕
第34条の8の3　市町村長は、前条第1項の基準を維持するため、放課後児童健全育成事業を行う者に対して、必要と認める事項の報告を求め、又は当該職員に、関係者に対して質問させ、若しくはその事業を行う場所に立ち入り、設備、帳簿書類その他の物件を検査させることができる。
②　第18条の16第2項及び第3項の規定は、前項の場合について準用する。
③　市町村長は、放課後児童健全育成事業が前条第1項の基準に適合しないと認められるに至つたときは、その事業を行う者に対し、当該基準に適合するために必要な措置を採るべき旨を命ずることができる。
④　市町村長は、放課後児童健全育成事業を行う者が、この法律若しくはこれに基づく命令若しくはこれらに基づいてする処分に違反したとき、又はその事業に関し不当に営利を図り、若しくはその事業に係る児童の処遇につき不当な行為をしたときは、その者に対し、その事業の制限又は停止を命ずることができる。

〔子育て短期支援事業〕
第34条の9　市町村は、厚生労働省令で定めるところにより、**子育て短期支援事業**を行うことができる。

〔乳児家庭全戸訪問事業又は養育支援訪問事業〕
第34条の10　市町村は、第21条の10の2第1項の規定により乳児家庭全戸訪問事業又は養育支援訪問事業を行う場合には、社会福祉法の定めるところにより行うものとする。

〔地域子育て支援拠点事業〕
第34条の11　市町村、社会福祉法人その他の者は、社会福祉法の定めるところにより、**地域子育て支援拠点事業**を行うことができる。
②　地域子育て支援拠点事業に従事する者は、その職務を遂行するに当たつては、個人の身

上に関する秘密を守らなければならない。

〔一時預かり事業〕

第34条の12 市町村、社会福祉法人その他の者は、厚生労働省令の定めるところにより、あらかじめ、厚生労働省令で定める事項を都道府県知事に届け出て、**一時預かり事業**を行うことができる。

② 市町村、社会福祉法人その他の者は、前項の規定により届け出た事項に変更を生じたときは、変更の日から1月以内に、その旨を都道府県知事に届け出なければならない。

③ 市町村、社会福祉法人その他の者は、一時預かり事業を廃止し、又は休止しようとするときは、あらかじめ、厚生労働省令で定める事項を都道府県知事に届け出なければならない。

第34条の13 一時預かり事業を行う者は、その事業を実施するために必要なものとして厚生労働省令で定める基準を遵守しなければならない。

〔報告及び立入検査等〕

第34条の14 都道府県知事は、前条の基準を維持するため、一時預かり事業を行う者に対して、必要と認める事項の報告を求め、又は当該職員に、関係者に対して質問させ、若しくはその事業を行う場所に立ち入り、設備、帳簿書類その他の物件を検査させることができる。

② 第18条の16第2項及び第3項の規定は、前項の場合について準用する。

③ 都道府県知事は、一時預かり事業が前条の基準に適合しないと認められるに至つたときは、その事業を行う者に対し、当該基準に適合するために必要な措置を採るべき旨を命ずることができる。

④ 都道府県知事は、一時預かり事業を行う者が、この法律若しくはこれに基づく命令若しくはこれらに基づいてする処分に違反したとき、又はその事業に関し不当に営利を図り、若しくはその事業に係る乳児若しくは幼児の処遇につき不当な行為をしたときは、その者に対し、その事業の制限又は停止を命ずることができる。

〔家庭的保育事業等〕

第34条の15 市町村は、**家庭的保育事業等**を行うことができる。

② 国、都道府県及び市町村以外の者は、厚生労働省令の定めるところにより、市町村長の認可を得て、家庭的保育事業等を行うことができる。

③ 市町村長は、家庭的保育事業等に関する前項の認可の申請があつたときは、次条第1項の条例で定める基準に適合するかどうかを審査するほか、次に掲げる基準（当該認可の申請をした者が社会福祉法人又は学校法人である場合にあつては、第4号に掲げる基準に限る。）によつて、その申請を審査しなければならない。

一 当該家庭的保育事業等を行うために必要な経済的基礎があること。

二 当該家庭的保育事業等を行う者（その者が法人である場合にあつては、経営担当役員（業務を執行する社員、取締役、執行役又はこれらに準ずる者をいう。第35条第5項第2号において同じ。）とする。）が社会的信望を有すること。

三 実務を担当する幹部職員が社会福祉事業に関する知識又は経験を有すること。

四　次のいずれにも該当しないこと。
　イ　申請者が、禁錮以上の刑に処せられ、その執行を終わり、又は執行を受けることがなくなるまでの者であるとき。
　ロ　申請者が、この法律その他国民の福祉に関する法律で政令で定めるものの規定により罰金の刑に処せられ、その執行を終わり、又は執行を受けることがなくなるまでの者であるとき。
　ハ　申請者が、労働に関する法律の規定であつて政令で定めるものにより罰金の刑に処せられ、その執行を終わり、又は執行を受けることがなくなるまでの者であるとき。
　ニ　申請者が、第58条第2項の規定により認可を取り消され、その取消しの日から起算して5年を経過しない者（当該認可を取り消された者が法人である場合においては、当該取消しの処分に係る行政手続法第15条の規定による通知があつた日前60日以内に当該法人の役員（業務を執行する社員、取締役、執行役又はこれらに準ずる者をいい、相談役、顧問その他いかなる名称を有する者であるかを問わず、法人に対し業務を執行する社員、取締役、執行役又はこれらに準ずる者と同等以上の支配力を有するものと認められる者を含む。ホにおいて同じ。）又はその事業を管理する者その他の政令で定める使用人（以下この号及び第35条第5項第4号において「役員等」という。）であつた者で当該取消しの日から起算して5年を経過しないものを含み、当該認可を取り消された者が法人でない場合においては、当該通知があつた日前60日以内に当該事業を行う者の管理者であつた者で当該取消しの日から起算して5年を経過しないものを含む。）であるとき。ただし、当該認可の取消しが、家庭的保育事業等の認可の取消しのうち当該認可の取消しの処分の理由となつた事実及び当該事実の発生を防止するための当該家庭的保育事業等を行う者による業務管理体制の整備についての取組の状況その他の当該事実に関して当該家庭的保育事業等を行う者が有していた責任の程度を考慮して、ニ本文に規定する認可の取消しに該当しないこととすることが相当であると認められるものとして厚生労働省令で定めるものに該当する場合を除く。
　ホ　申請者と密接な関係を有する者（申請者（法人に限る。以下ホにおいて同じ。）の役員に占めるその役員の割合が2分の1を超え、若しくは当該申請者の株式の所有その他の事由を通じて当該申請者の事業を実質的に支配し、若しくはその事業に重要な影響を与える関係にある者として厚生労働省令で定めるもの（以下ホにおいて「申請者の親会社等」という。）、申請者の親会社等の役員と同一の者がその役員に占める割合が2分の1を超え、若しくは申請者の親会社等が株式の所有その他の事由を通じてその事業を実質的に支配し、若しくはその事業に重要な影響を与える関係にある者として厚生労働省令で定めるもの又は当該申請者の役員と同一の者がその役員に占める割合が2分の1を超え、若しくは当該申請者が株式の所有その他の事由を通じてその事業を実質的に支配し、若しくはその事業に重要な影響を与える関係にある者として厚生労働省令で定めるもののうち、当該申請者と厚生労働省令で定める密接な関係を有する法人をいう。第35条第5項第4号ホにおいて同じ。）が、第58条第2項の規定

により認可を取り消され、その取消しの日から起算して５年を経過していないとき。ただし、当該認可の取消しが、家庭的保育事業等の認可の取消しのうち当該認可の取消しの処分の理由となつた事実及び当該事実の発生を防止するための当該家庭的保育事業等を行う者による業務管理体制の整備についての取組の状況その他の当該事実に関して当該家庭的保育事業等を行う者が有していた責任の程度を考慮して、ホ本文に規定する認可の取消しに該当しないこととすることが相当であると認められるものとして厚生労働省令で定めるものに該当する場合を除く。

　　　ヘ　申請者が、第58条第２項の規定による認可の取消しの処分に係る行政手続法第15条の規定による通知があつた日から当該処分をする日又は処分をしないことを決定する日までの間に第７項の規定による事業の廃止をした者（当該廃止について相当の理由がある者を除く。）で、当該事業の廃止の承認の日から起算して５年を経過しないものであるとき。

　　　ト　申請者が、第34条の17第１項の規定による検査が行われた日から聴聞決定予定日（当該検査の結果に基づき第58条第２項の規定による認可の取消しの処分に係る聴聞を行うか否かの決定をすることが見込まれる日として厚生労働省令で定めるところにより市町村長が当該申請者に当該検査が行われた日から10日以内に特定の日を通知した場合における当該特定の日をいう。）までの間に第７項の規定による事業の廃止をした者（当該廃止について相当の理由がある者を除く。）で、当該事業の廃止の承認の日から起算して５年を経過しないものであるとき。

　　　チ　ヘに規定する期間内に第７項の規定による事業の廃止の承認の申請があつた場合において、申請者が、ヘの通知の日前60日以内に当該申請に係る法人（当該事業の廃止について相当の理由がある法人を除く。）の役員等又は当該申請に係る法人でない事業を行う者（当該事業の廃止について相当の理由があるものを除く。）の管理者であつた者で、当該事業の廃止の承認の日から起算して５年を経過しないものであるとき。

　　　リ　申請者が、認可の申請前５年以内に保育に関し不正又は著しく不当な行為をした者であるとき。

　　　ヌ　申請者が、法人で、その役員等のうちにイからニまで又はヘからリまでのいずれかに該当する者のあるものであるとき。

　　　ル　申請者が、法人でない者で、その管理者がイからニまで又はヘからリまでのいずれかに該当する者であるとき。

④　市町村長は、第２項の認可をしようとするときは、あらかじめ、市町村児童福祉審議会を設置している場合にあつてはその意見を、その他の場合にあつては児童の保護者その他児童福祉に係る当事者の意見を聴かなければならない。

⑤　市町村長は、第３項に基づく審査の結果、その申請が次条第１項の条例で定める基準に適合しており、かつ、その事業を行う者が第３項各号に掲げる基準（その者が社会福祉法人又は学校法人である場合にあつては、同項第４号に掲げる基準に限る。）に該当すると認めるときは、第２項の認可をするものとする。ただし、市町村長は、当該申請に係る家

庭的保育事業等の所在地を含む教育・保育提供区域（子ども・子育て支援法第61条第2項第1号の規定により当該市町村が定める教育・保育提供区域とする。以下この項において同じ。）における特定地域型保育事業所（同法第29条第3項第1号に規定する特定地域型保育事業所をいい、事業所内保育事業における同法第43条第1項に規定する労働者等の監護する小学校就学前子どもに係る部分を除く。以下この項において同じ。）の利用定員の総数（同法第19条第1項第3号に掲げる小学校就学前子どもの区分に係るものに限る。）が、同法第61条第1項の規定により当該市町村が定める市町村子ども・子育て支援事業計画において定める当該教育・保育提供区域の特定地域型保育事業所に係る必要利用定員総数（同法第19条第1項第3号に掲げる小学校就学前子どもの区分に係るものに限る。）に既に達しているか、又は当該申請に係る家庭的保育事業等の開始によってこれを超えることになると認めるとき、その他の当該市町村子ども・子育て支援事業計画の達成に支障を生ずるおそれがある場合として厚生労働省令で定める場合に該当すると認めるときは、第2項の認可をしないことができる。

⑥　市町村長は、家庭的保育事業等に関する第2項の申請に係る認可をしないときは、速やかにその旨及び理由を通知しなければならない。

⑦　国、都道府県及び市町村以外の者は、家庭的保育事業等を廃止し、又は休止しようとするときは、厚生労働省令の定めるところにより、市町村長の承認を受けなければならない。

〔設備及び運営の基準〕

第34条の16　市町村は、家庭的保育事業等の設備及び運営について、条例で基準を定めなければならない。この場合において、その基準は、児童の身体的、精神的及び社会的な発達のために必要な保育の水準を確保するものでなければならない。

②　市町村が前項の条例を定めるに当たつては、次に掲げる事項については厚生労働省令で定める基準に従い定めるものとし、その他の事項については厚生労働省令で定める基準を参酌するものとする。

一　家庭的保育事業等に従事する者及びその員数

二　家庭的保育事業等の運営に関する事項であつて、児童の適切な処遇の確保及び秘密の保持並びに児童の健全な発達に密接に関連するものとして厚生労働省令で定めるもの

③　家庭的保育事業等を行う者は、第1項の基準を遵守しなければならない。

〔報告及び立入調査等〕

第34条の17　市町村長は、前条第1項の基準を維持するため、家庭的保育事業等を行う者に対して、必要と認める事項の報告を求め、又は当該職員に、関係者に対して質問させ、若しくは家庭的保育事業等を行う場所に立ち入り、設備、帳簿書類その他の物件を検査させることができる。

②　第18条の16第2項及び第3項の規定は、前項の場合について準用する。

③　市町村長は、家庭的保育事業等が前条第1項の基準に適合しないと認められるに至つたときは、その事業を行う者に対し、当該基準に適合するために必要な措置を採るべき旨を勧告し、又はその事業を行う者がその勧告に従わず、かつ、児童福祉に有害であると認め

られるときは、必要な改善を命ずることができる。
④　市町村長は、家庭的保育事業等が、前条第1項の基準に適合せず、かつ、児童福祉に著しく有害であると認められるときは、その事業を行う者に対し、その事業の制限又は停止を命ずることができる。

〔病児保育事業〕

第34条の18　国及び都道府県以外の者は、厚生労働省令で定めるところにより、あらかじめ、厚生労働省令で定める事項を都道府県知事に届け出て、**病児保育事業**を行うことができる。

②　国及び都道府県以外の者は、前項の規定により届け出た事項に変更を生じたときは、変更の日から1月以内に、その旨を都道府県知事に届け出なければならない。

③　国及び都道府県以外の者は、病児保育事業を廃止し、又は休止しようとするときは、あらかじめ、厚生労働省令で定める事項を都道府県知事に届け出なければならない。

〔報告及び立入調査等〕

第34条の18の2　都道府県知事は、児童の福祉のために必要があると認めるときは、病児保育事業を行う者に対して、必要と認める事項の報告を求め、又は当該職員に、関係者に対して質問させ、若しくはその事業を行う場所に立ち入り、設備、帳簿書類その他の物件を検査させることができる。

②　第18条の16第2項及び第3項の規定は、前項の場合について準用する。

③　都道府県知事は、病児保育事業を行う者が、この法律若しくはこれに基づく命令若しくはこれらに基づいてする処分に違反したとき、又はその事業に関し不当に営利を図り、若しくはその事業に係る児童の処遇につき不当な行為をしたときは、その者に対し、その事業の制限又は停止を命ずることができる。

〔子育て援助活動支援事業〕

第34条の18の3　国及び都道府県以外の者は、社会福祉法の定めるところにより、子育て援助活動支援事業を行うことができる。

②　子育て援助活動支援事業に従事する者は、その職務を遂行するに当たつては、個人の身上に関する秘密を守らなければならない。

〔養育里親名簿及び養子縁組里親名簿〕

第34条の19　都道府県知事は、第27条第1項第3号の規定により児童を委託するため、厚生労働省令で定めるところにより、養育里親名簿及び養子縁組里親名簿を作成しておかなければならない。

〔養育里親及び養子縁組里親の欠格事由〕

第34条の20　本人又はその同居人が次の各号（同居人にあつては、第1号を除く。）のいずれかに該当する者は、**養育里親及び養子縁組里親**となることができない。

一　成年被後見人又は被保佐人
二　禁錮以上の刑に処せられ、その執行を終わり、又は執行を受けることがなくなるまでの者
三　この法律、児童買春、児童ポルノに係る行為等の規制及び処罰並びに児童の保護等に

関する法律（平成11年法律第52号）その他国民の福祉に関する法律で政令で定めるものの規定により罰金の刑に処せられ、その執行を終わり、又は執行を受けることがなくなるまでの者

四　児童虐待の防止等に関する法律第2条に規定する児童虐待又は被措置児童等虐待を行つた者その他児童の福祉に関し著しく不適当な行為をした者

② 都道府県知事は、養育里親若しくは養子縁組里親又はその同居人が前項各号（同居人にあつては、同項第1号を除く。）のいずれかに該当するに至つたときは、当該養育里親又は養子縁組里親を直ちに養育里親名簿又は養子縁組里親名簿から抹消しなければならない。

〔厚生労働省令への委任〕

第34条の21　この法律に定めるもののほか、養育里親名簿又は養子縁組里親名簿の登録のための手続その他養育里親又は養子縁組里親に関し必要な事項は、厚生労働省令で定める。

〔児童福祉施設の設置〕

第35条　国は、政令の定めるところにより、**児童福祉施設**（助産施設、母子生活支援施設、保育所及び幼保連携型認定こども園を除く。）を設置するものとする。

② 都道府県は、政令の定めるところにより、児童福祉施設（幼保連携型認定こども園を除く。以下この条、第45条、第46条、第49条、第50条第9号、第51条第7号、第56条の2、第57条及び第58条において同じ。）を設置しなければならない。

③ 市町村は、厚生労働省令の定めるところにより、あらかじめ、厚生労働省令で定める事項を都道府県知事に届け出て、児童福祉施設を設置することができる。

④ 国、都道府県及び市町村以外の者は、厚生労働省令の定めるところにより、都道府県知事の認可を得て、児童福祉施設を設置することができる。

⑤ 都道府県知事は、保育所に関する前項の認可の申請があつたときは、第45条第1項の条例で定める基準（保育所に係るものに限る。第8項において同じ。）に適合するかどうかを審査するほか、次に掲げる基準（当該認可の申請をした者が社会福祉法人又は学校法人である場合にあつては、第4号に掲げる基準に限る。）によつて、その申請を審査しなければならない。

一　当該保育所を経営するために必要な経済的基礎があること。

二　当該保育所の経営者（その者が法人である場合にあつては、経営担当役員とする。）が社会的信望を有すること。

三　実務を担当する幹部職員が社会福祉事業に関する知識又は経験を有すること。

四　次のいずれにも該当しないこと。

　イ　申請者が、禁錮以上の刑に処せられ、その執行を終わり、又は執行を受けることがなくなるまでの者であるとき。

　ロ　申請者が、この法律その他国民の福祉若しくは学校教育に関する法律で政令で定めるものの規定により罰金の刑に処せられ、その執行を終わり、又は執行を受けることがなくなるまでの者であるとき。

　ハ　申請者が、労働に関する法律の規定であつて政令で定めるものにより罰金の刑に処

せられ、その執行を終わり、又は執行を受けることがなくなるまでの者であるとき。
ニ 申請者が、第58条第1項の規定により認可を取り消され、その取消しの日から起算して5年を経過しない者（当該認可を取り消された者が法人である場合においては、当該取消しの処分に係る行政手続法第15条の規定による通知があつた日前60日以内に当該法人の役員等であつた者で当該取消しの日から起算して5年を経過しないものを含み、当該認可を取り消された者が法人でない場合においては、当該通知があつた日前60日以内に当該保育所の管理者であつた者で当該取消しの日から起算して5年を経過しないものを含む。）であるとき。ただし、当該認可の取消しが、保育所の設置の認可の取消しのうち当該認可の取消しの処分の理由となつた事実及び当該事実の発生を防止するための当該保育所の設置者による業務管理体制の整備についての取組の状況その他の当該事実に関して当該保育所の設置者が有していた責任の程度を考慮して、ニ本文に規定する認可の取消しに該当しないこととすることが相当であると認められるものとして厚生労働省令で定めるものに該当する場合を除く。

ホ 申請者と密接な関係を有する者が、第58条第1項の規定により認可を取り消され、その取消しの日から起算して5年を経過していないとき。ただし、当該認可の取消しが、保育所の設置の認可の取消しのうち当該認可の取消しの処分の理由となつた事実及び当該事実の発生を防止するための当該保育所の設置者による業務管理体制の整備についての取組の状況その他の当該事実に関して当該保育所の設置者が有していた責任の程度を考慮して、ホ本文に規定する認可の取消しに該当しないこととすることが相当であると認められるものとして厚生労働省令で定めるものに該当する場合を除く。

ヘ 申請者が、第58条第1項の規定による認可の取消しの処分に係る行政手続法第15条の規定による通知があつた日から当該処分をする日又は処分をしないことを決定する日までの間に第12項の規定による保育所の廃止をした者（当該廃止について相当の理由がある者を除く。）で、当該保育所の廃止の承認の日から起算して5年を経過しないものであるとき。

ト 申請者が、第46条第1項の規定による検査が行われた日から聴聞決定予定日（当該検査の結果に基づき第58条第1項の規定による認可の取消しの処分に係る聴聞を行うか否かの決定をすることが見込まれる日として厚生労働省令で定めるところにより都道府県知事が当該申請者に当該検査が行われた日から10日以内に特定の日を通知した場合における当該特定の日をいう。）までの間に第12項の規定による保育所の廃止をした者（当該廃止について相当の理由がある者を除く。）で、当該保育所の廃止の承認の日から起算して5年を経過しないものであるとき。

チ ヘに規定する期間内に第12項の規定による保育所の廃止の承認の申請があつた場合において、申請者が、ヘの通知の日前60日以内に当該申請に係る法人（当該保育所の廃止について相当の理由がある法人を除く。）の役員等又は当該申請に係る法人でない保育所（当該保育所の廃止について相当の理由があるものを除く。）の管理者であつた者で、当該保育所の廃止の承認の日から起算して5年を経過しないものであると

リ　申請者が、認可の申請前５年以内に保育に関し不正又は著しく不当な行為をした者であるとき。
　　ヌ　申請者が、法人で、その役員等のうちにイからニまで又はヘからリまでのいずれかに該当する者のあるものであるとき。
　　ル　申請者が、法人でない者で、その管理者がイからニまで又はヘからリまでのいずれかに該当する者であるとき。
⑥　都道府県知事は、第４項の規定により保育所の設置の認可をしようとするときは、あらかじめ、都道府県児童福祉審議会の意見を聴かなければならない。
⑦　都道府県知事は、第４項の規定により保育所の設置の認可をしようとするときは、厚生労働省令で定めるところにより、あらかじめ、当該認可の申請に係る保育所が所在する市町村の長に協議しなければならない。
⑧　都道府県知事は、第５項に基づく審査の結果、その申請が第45条第１項の条例で定める基準に適合しており、かつ、その設置者が第５項各号に掲げる基準（その者が社会福祉法人又は学校法人である場合にあつては、同項第４号に掲げる基準に限る。）に該当すると認めるときは、第４項の認可をするものとする。ただし、都道府県知事は、当該申請に係る保育所の所在地を含む区域（子ども・子育て支援法第62条第２項第１号の規定により当該都道府県が定める区域とする。以下この項において同じ。）における特定教育・保育施設（同法第27条第１項に規定する特定教育・保育施設をいう。以下この項において同じ。）の利用定員の総数（同法第19条第１項第２号及び第３号に掲げる小学校就学前子どもに係るものに限る。）が、同法第62条第１項の規定により当該都道府県が定める都道府県子ども・子育て支援事業支援計画において定める当該区域の特定教育・保育施設に係る必要利用定員総数（同法第19条第１項第２号及び第３号に掲げる小学校就学前子どもの区分に係るものに限る。）に既に達しているか、又は当該申請に係る保育所の設置によつてこれを超えることになると認めるとき、その他の当該都道府県子ども・子育て支援事業支援計画の達成に支障を生ずるおそれがある場合として厚生労働省令で定める場合に該当すると認めるときは、第４項の認可をしないことができる。
⑨　都道府県知事は、保育所に関する第４項の申請に係る認可をしないときは、速やかにその旨及び理由を通知しなければならない。
⑩　児童福祉施設には、児童福祉施設の職員の養成施設を附置することができる。
⑪　市町村は、児童福祉施設を廃止し、又は休止しようとするときは、その廃止又は休止の日の１月前（当該児童福祉施設が保育所である場合には３月前）までに、厚生労働省令で定める事項を都道府県知事に届け出なければならない。
⑫　国、都道府県及び市町村以外の者は、児童福祉施設を廃止し、又は休止しようとするときは、厚生労働省令の定めるところにより、都道府県知事の承認を受けなければならない。

　〔助産施設〕
第36条　助産施設は、保健上必要があるにもかかわらず、経済的理由により、入院助産を受

けることができない妊産婦を入所させて、助産を受けさせることを目的とする施設とする。

〔乳児院〕
第37条 乳児院は、乳児（保健上、安定した生活環境の確保その他の理由により特に必要のある場合には、幼児を含む。）を入院させて、これを養育し、あわせて退院した者について相談その他の援助を行うことを目的とする施設とする。

〔母子生活支援施設〕
第38条 母子生活支援施設は、配偶者のない女子又はこれに準ずる事情にある女子及びその者の監護すべき児童を入所させて、これらの者を保護するとともに、これらの者の自立の促進のためにその生活を支援し、あわせて退所した者について相談その他の援助を行うことを目的とする施設とする。

〔保育所〕
第39条 保育所は、保育を必要とする乳児・幼児を日々保護者の下から通わせて保育を行うことを目的とする施設（利用定員が20人以上であるものに限り、幼保連携型認定こども園を除く。）とする。
② 保育所は、前項の規定にかかわらず、特に必要があるときは、保育を必要とするその他の児童を日々保護者の下から通わせて保育することができる。

〔幼保連携型認定こども園〕
第39条の2 幼保連携型認定こども園は、義務教育及びその後の教育の基礎を培うものとしての満3歳以上の幼児に対する教育（教育基本法（平成18年法律第120号）第6条第1項に規定する法律に定める学校において行われる教育をいう。）及び保育を必要とする乳児・幼児に対する保育を一体的に行い、これらの乳児又は幼児の健やかな成長が図られるよう適当な環境を与えて、その心身の発達を助長することを目的とする施設とする。
② 幼保連携型認定こども園に関しては、この法律に定めるもののほか、認定こども園法の定めるところによる。

〔児童厚生施設〕
第40条 児童厚生施設は、児童遊園、児童館等児童に健全な遊びを与えて、その健康を増進し、又は情操をゆたかにすることを目的とする施設とする。

〔児童養護施設〕
第41条 児童養護施設は、保護者のない児童（乳児を除く。ただし、安定した生活環境の確保その他の理由により特に必要のある場合には、乳児を含む。以下この条において同じ。）、虐待されている児童その他環境上養護を要する児童を入所させて、これを養護し、あわせて退所した者に対する相談その他の自立のための援助を行うことを目的とする施設とする。

〔障害児入所施設〕
第42条 障害児入所施設は、次の各号に掲げる区分に応じ、障害児を入所させて、当該各号に定める支援を行うことを目的とする施設とする。
一 福祉型障害児入所施設　保護、日常生活の指導及び独立自活に必要な知識技能の付与

二　医療型障害児入所施設　保護、日常生活の指導、独立自活に必要な知識技能の付与及び治療

〔児童発達支援センター〕

第43条　児童発達支援センターは、次の各号に掲げる区分に応じ、障害児を日々保護者の下から通わせて、当該各号に定める支援を提供することを目的とする施設とする。

一　福祉型児童発達支援センター　日常生活における基本的動作の指導、独立自活に必要な知識技能の付与又は集団生活への適応のための訓練

二　医療型児童発達支援センター　日常生活における基本的動作の指導、独立自活に必要な知識技能の付与又は集団生活への適応のための訓練及び治療

〔児童心理治療施設〕

第43条の２　児童心理治療施設は、家庭環境、学校における交友関係その他の環境上の理由により社会生活への適応が困難となつた児童を、短期間、入所させ、又は保護者の下から通わせて、社会生活に適応するために必要な心理に関する治療及び生活指導を主として行い、あわせて退所した者について相談その他の援助を行うことを目的とする施設とする。

〔児童自立支援施設〕

第44条　児童自立支援施設は、不良行為をなし、又はなすおそれのある児童及び家庭環境その他の環境上の理由により生活指導等を要する児童を入所させ、又は保護者の下から通わせて、個々の児童の状況に応じて必要な指導を行い、その自立を支援し、あわせて退所した者について相談その他の援助を行うことを目的とする施設とする。

〔児童家庭支援センター〕

第44条の２　児童家庭支援センターは、地域の児童の福祉に関する各般の問題につき、児童に関する家庭その他からの相談のうち、専門的な知識及び技術を必要とするものに応じ、必要な助言を行うとともに、市町村の求めに応じ、技術的助言その他必要な援助を行うほか、第26条第１項第２号及び第27条第１項第２号の規定による指導を行い、あわせて児童相談所、児童福祉施設等との連絡調整その他厚生労働省令の定める援助を総合的に行うことを目的とする施設とする。

② 児童家庭支援センターの職員は、その職務を遂行するに当たつては、個人の身上に関する秘密を守らなければならない。

〔法令遵守及び職務遂行義務〕

第44条の３　第６条の３各項に規定する事業を行う者、里親及び児童福祉施設（指定障害児入所施設及び指定通所支援に係る児童発達支援センターを除く。）の設置者は、児童、妊産婦その他これらの事業を利用する者又は当該児童福祉施設に入所する者の人格を尊重するとともに、この法律又はこの法律に基づく命令を遵守し、これらの者のため忠実にその職務を遂行しなければならない。

〔基準の制定等〕

第45条　都道府県は、児童福祉施設の設備及び運営について、条例で基準を定めなければならない。この場合において、その基準は、児童の身体的、精神的及び社会的な発達のために必要な生活水準を確保するものでなければならない。

② 都道府県が前項の条例を定めるに当たつては、次に掲げる事項については厚生労働省令で定める基準に従い定めるものとし、その他の事項については厚生労働省令で定める基準を参酌するものとする。
一 児童福祉施設に配置する従業者及びその員数
二 児童福祉施設に係る居室及び病室の床面積その他児童福祉施設の設備に関する事項であつて児童の健全な発達に密接に関連するものとして厚生労働省令で定めるもの
三 児童福祉施設の運営に関する事項であつて、保育所における保育の内容その他児童（助産施設にあつては、妊産婦）の適切な処遇の確保及び秘密の保持、妊産婦の安全の確保並びに児童の健全な発達に密接に関連するものとして厚生労働省令で定めるもの
③ 児童福祉施設の設置者は、第1項の基準を遵守しなければならない。
④ 児童福祉施設の設置者は、児童福祉施設の設備及び運営についての水準の向上を図ることに努めるものとする。

〔里親が行う養育に関する基準〕

第45条の2 厚生労働大臣は、里親の行う養育について、基準を定めなければならない。この場合において、その基準は、児童の身体的、精神的及び社会的な発達のために必要な生活水準を確保するものでなければならない。
② 里親は、前項の基準を遵守しなければならない。

〔報告の徴収等〕

第46条 都道府県知事は、第45条第1項及び前条第1項の基準を維持するため、児童福祉施設の設置者、児童福祉施設の長及び里親に対して、必要な報告を求め、児童の福祉に関する事務に従事する職員に、関係者に対して質問させ、若しくはその施設に立ち入り、設備、帳簿書類その他の物件を検査させることができる。
② 第18条の16第2項及び第3項の規定は、前項の場合について準用する。
③ 都道府県知事は、児童福祉施設の設備又は運営が第45条第1項の基準に達しないときは、その施設の設置者に対し、必要な改善を勧告し、又はその施設の設置者がその勧告に従わず、かつ、児童福祉に有害であると認められるときは、必要な改善を命ずることができる。
④ 都道府県知事は、児童福祉施設の設備又は運営が第45条第1項の基準に達せず、かつ、児童福祉に著しく有害であると認められるときは、都道府県児童福祉審議会の意見を聴き、その施設の設置者に対し、その事業の停止を命ずることができる。

〔児童福祉施設の長の義務等〕

第46条の2 児童福祉施設の長は、都道府県知事又は市町村長（第32条第3項の規定により第24条第5項又は第6項の規定による措置に関する権限が当該市町村に置かれる教育委員会に委任されている場合にあつては、当該教育委員会）からこの法律の規定に基づく措置又は助産の実施若しくは母子保護の実施のための委託を受けたときは、正当な理由がない限り、これを拒んではならない。
② 保育所若しくは認定こども園の設置者又は家庭的保育事業等を行う者は、第24条第3項の規定により行われる調整及び要請に対し、できる限り協力しなければならない。

〔児童福祉施設の長の親権等〕
第47条 児童福祉施設の長は、入所中の児童等で親権を行う者又は未成年後見人のないものに対し、親権を行う者又は未成年後見人があるに至るまでの間、親権を行う。ただし、民法第797条の規定による縁組の承諾をするには、厚生労働省令の定めるところにより、都道府県知事の許可を得なければならない。

② 児童相談所長は、小規模住居型児童養育事業を行う者又は里親に委託中の児童等で親権を行う者又は未成年後見人のないものに対し、親権を行う者又は未成年後見人があるに至るまでの間、親権を行う。ただし、民法第797条の規定による縁組の承諾をするには、厚生労働省令の定めるところにより、都道府県知事の許可を得なければならない。

③ 児童福祉施設の長、その住居において養育を行う第6条の3第8項に規定する厚生労働省令で定める者又は里親は、入所中又は受託中の児童等で親権を行う者又は未成年後見人のあるものについても、監護、教育及び懲戒に関し、その児童等の福祉のため必要な措置をとることができる。

④ 前項の児童等の親権を行う者又は未成年後見人は、同項の規定による措置を不当に妨げてはならない。

⑤ 第3項の規定による措置は、児童等の生命又は身体の安全を確保するため緊急の必要があると認めるときは、その親権を行う者又は未成年後見人の意に反しても、これをとることができる。この場合において、児童福祉施設の長、小規模住居型児童養育事業を行う者又は里親は、速やかに、そのとつた措置について、当該児童等に係る通所給付決定若しくは入所給付決定、第21条の6、第24条第5項若しくは第6項若しくは第27条第1項第3号の措置、助産の実施若しくは母子保護の実施又は当該児童に係る子ども・子育て支援法第20条第4項に規定する支給認定を行つた都道府県又は市町村の長に報告しなければならない。

〔児童福祉施設に入所中の児童等の教育〕
第48条 児童養護施設、障害児入所施設、児童心理治療施設及び児童自立支援施設の長、その住居において養育を行う第6条の3第8項に規定する厚生労働省令で定める者並びに里親は、学校教育法に規定する保護者に準じて、その施設に入所中又は受託中の児童を就学させなければならない。

〔乳児院等の長による相談及び助言〕
第48条の2 乳児院、母子生活支援施設、児童養護施設、児童心理治療施設及び児童自立支援施設の長は、その行う児童の保護に支障がない限りにおいて、当該施設の所在する地域の住民につき、児童の養育に関する相談に応じ、及び助言を行うよう努めなければならない。

〔親子の再統合のための支援等〕
第48条の3 乳児院、児童養護施設、障害児入所施設、児童心理治療施設及び児童自立支援施設の長並びに小規模住居型児童養育事業を行う者及び里親は、当該施設に入所し、又は小規模住居型児童養育事業を行う者若しくは里親に委託された児童及びその保護者に対して、市町村、児童相談所、児童家庭支援センター、教育機関、医療機関その他の関係機関

との緊密な連携を図りつつ、親子の再統合のための支援その他の当該児童が家庭(家庭における養育環境と同様の養育環境及び良好な家庭的環境を含む。)で養育されるために必要な措置を採らなければならない。

〔保育所の情報提供等〕

第48条の4　保育所は、当該保育所が主として利用される地域の住民に対してその行う保育に関し情報の提供を行い、並びにその行う保育に支障がない限りにおいて、乳児、幼児等の保育に関する相談に応じ、及び助言を行うよう努めなければならない。

②　保育所に勤務する保育士は、乳児、幼児等の保育に関する相談に応じ、及び助言を行うために必要な知識及び技能の修得、維持及び向上に努めなければならない。

〔命令への委任〕

第49条　この法律で定めるもののほか、児童自立生活援助事業、放課後児童健全育成事業、乳児家庭全戸訪問事業、養育支援訪問事業、地域子育て支援拠点事業、一時預かり事業、小規模住居型児童養育事業、家庭的保育事業、小規模保育事業、居宅訪問型保育事業、事業所内保育事業、病児保育事業及び子育て援助活動支援事業並びに児童福祉施設の職員その他児童福祉施設に関し必要な事項は、命令で定める。

第4章　費用

〔国庫の支弁〕

第49条の2　国庫は、都道府県が、第27条第1項第3号に規定する措置により、国の設置する児童福祉施設に入所させた者につき、その入所後に要する費用を支弁する。

〔都道府県の支弁〕

第50条　次に掲げる費用は、都道府県の支弁とする。

一　都道府県児童福祉審議会に要する費用

二　児童福祉司及び児童委員に要する費用

三　児童相談所に要する費用(第9号の費用を除く。)

四　削除

五　第20条の措置に要する費用

五の二　小児慢性特定疾病医療費の支給に要する費用

五の三　小児慢性特定疾病児童等自立支援事業に要する費用

六　都道府県の設置する助産施設又は母子生活支援施設において市町村が行う助産の実施又は母子保護の実施に要する費用(助産の実施又は母子保護の実施につき第45条第1項の基準を維持するために要する費用をいう。次号及び次条第3号において同じ。)

六の二　都道府県が行う助産の実施又は母子保護の実施に要する費用

六の三　障害児入所給付費、高額障害児入所給付費若しくは特定入所障害児食費等給付費又は障害児入所医療費(以下「障害児入所給付費等」という。)の支給に要する費用

七　都道府県が、第27条第1項第3号に規定する措置を採った場合において、入所又は委託に要する費用及び入所後の保護又は委託後の養育につき、第45条第1項又は第45条の

2　第1項の基準を維持するために要する費用（国の設置する乳児院、児童養護施設、障害児入所施設、児童心理治療施設又は児童自立支援施設に入所させた児童につき、その入所後に要する費用を除く。）

七の二　都道府県が、第27条第2項に規定する措置を採つた場合において、委託及び委託後の治療等に要する費用

七の三　都道府県が行う児童自立生活援助（満20歳未満義務教育終了児童等に係るものに限る。）の実施に要する費用

八　一時保護に要する費用

九　児童相談所の設備並びに都道府県の設置する児童福祉施設の設備及び職員の養成施設に要する費用

〔市町村の支弁〕

第51条　次に掲げる費用は、市町村の支弁とする。

一　障害児通所給付費、特例障害児通所給付費若しくは高額障害児通所給付費又は肢体不自由児通所医療費の支給に要する費用

二　第21条の6の措置に要する費用

三　市町村が行う助産の実施又は母子保護の実施に要する費用（都道府県の設置する助産施設又は母子生活支援施設に係るものを除く。）

四　第24条第5項又は第6項の措置（都道府県若しくは市町村の設置する保育所若しくは幼保連携型認定こども園又は都道府県若しくは市町村の行う家庭的保育事業等に係るものに限る。）に要する費用

五　第24条第5項又は第6項の措置（都道府県及び市町村以外の者の設置する保育所若しくは幼保連携型認定こども園又は都道府県及び市町村以外の者の行う家庭的保育事業等に係るものに限る。）に要する費用

六　障害児相談支援給付費又は特例障害児相談支援給付費の支給に要する費用

七　市町村の設置する児童福祉施設の設備及び職員の養成施設に要する費用

八　市町村児童福祉審議会に要する費用

〔子ども・子育て支援法による給付との調整〕

第52条　第24条第5項又は第6項の規定による措置に係る児童が、子ども・子育て支援法第27条第1項、第28条第1項（第2号に係るものを除く。）、第29条第1項又は第30条第1項（第2号に係るものを除く。）の規定により施設型給付費、特例施設型給付費、地域型保育給付費又は特例地域型保育給付費の支給を受けることができる保護者の児童であるときは、市町村は、その限度において、前条第4号又は第5号の規定による費用の支弁をすることを要しない。

〔国庫の負担〕

第53条　国庫は、第50条（第1号から第3号まで及び第9号を除く。）及び第51条（第4号、第7号及び第8号を除く。）に規定する地方公共団体の支弁する費用に対しては、政令の定めるところにより、その2分の1を負担する。

第54条　削除

〔都道府県の負担〕

第55条 都道府県は、第51条第1号から第3号まで、第5号及び第6号の費用に対しては、政令の定めるところにより、その4分の1を負担しなければならない。

〔費用の徴収及び負担〕

第56条 第49条の2に規定する費用を国庫が支弁した場合においては、厚生労働大臣は、本人又はその扶養義務者（民法に定める扶養義務者をいう。以下同じ。）から、都道府県知事の認定するその負担能力に応じ、その費用の全部又は一部を徴収することができる。

② 第50条第5号、第6号、第6号の2若しくは第7号から第7号の3までに規定する費用を支弁した都道府県又は第51条第2号から第5号までに規定する費用を支弁した市町村の長は、本人又はその扶養義務者から、その負担能力に応じ、その費用の全部又は一部を徴収することができる。

③ 前項の規定による徴収金の収納の事務については、収入の確保及び本人又はその扶養義務者の便益の増進に寄与すると認める場合に限り、政令で定めるところにより、私人に委託することができる。

④ 都道府県知事又は市町村長は、第1項の規定による負担能力の認定又は第2項の規定による費用の徴収に関し必要があると認めるときは、本人又はその扶養義務者の収入の状況につき、本人若しくはその扶養義務者に対し報告を求め、又は官公署に対し必要な書類の閲覧若しくは資料の提供を求めることができる。

⑤ 第1項又は第2項の規定による費用の徴収は、これを本人又はその扶養義務者の居住地又は財産所在地の都道府県又は市町村に嘱託することができる。

⑥ 第1項又は第2項の規定により徴収される費用を、指定の期限内に納付しない者があるときは、第1項に規定する費用については国税の、第2項に規定する費用については地方税の滞納処分の例により処分することができる。この場合における徴収金の先取特権の順位は、国税及び地方税に次ぐものとする。

⑦ 保育所又は幼保連携型認定こども園の設置者が、次の各号に掲げる乳児又は幼児の保護者から、善良な管理者と同一の注意をもつて、当該各号に定める額のうち当該保護者が当該保育所又は幼保連携型認定こども園に支払うべき金額に相当する金額の支払を受けることに努めたにもかかわらず、なお当該保護者が当該金額の全部又は一部を支払わない場合において、当該保育所又は幼保連携型認定こども園における保育に支障が生じ、又は生ずるおそれがあり、かつ、市町村が第24条第1項の規定により当該保育所における保育を行うため必要であると認めるとき又は同条第2項の規定により当該幼保連携型認定こども園における保育を確保するため必要であると認めるときは、市町村は、当該設置者の請求に基づき、地方税の滞納処分の例によりこれを処分することができる。この場合における徴収金の先取特権の順位は、国税及び地方税に次ぐものとする。

一 子ども・子育て支援法第27条第1項に規定する特定教育・保育を受けた乳児又は幼児　同条第3項第1号に掲げる額から同条第5項の規定により支払がなされた額を控除して得た額（当該支払がなされなかつたときは、同号に掲げる額）又は同法第28条第2項第1号の規定による特例施設型給付費の額及び同号に規定する政令で定める額を限度と

して市町村が定める額（当該市町村が定める額が現に当該特定教育・保育に要した費用の額を超えるときは、当該現に特定教育・保育に要した費用の額）の合計額

二　子ども・子育て支援法第28条第1項第2号に規定する特別利用保育を受けた幼児　同条第2項第2号の規定による特例施設型給付費の額及び同号に規定する市町村が定める額（当該市町村が定める額が現に当該特別利用保育に要した費用の額を超えるときは、当該現に特別利用保育に要した費用の額）の合計額から同条第4項において準用する同法第27条第5項の規定により支払がなされた額を控除して得た額（当該支払がなされなかつたときは、当該合計額）

⑧　家庭的保育事業等を行う者が、次の各号に掲げる乳児又は幼児の保護者から、善良な管理者と同一の注意をもつて、当該各号に定める額のうち当該保護者が当該家庭的保育事業等を行う者に支払うべき金額に相当する金額の支払を受けることに努めたにもかかわらず、なお当該保護者が当該金額の全部又は一部を支払わない場合において、当該家庭的保育事業等による保育に支障が生じ、又は生ずるおそれがあり、かつ、市町村が第24条第2項の規定により当該家庭的保育事業等による保育を確保するため必要であると認めるときは、市町村は、当該家庭的保育事業等を行う者の請求に基づき、地方税の滞納処分の例によりこれを処分することができる。この場合における徴収金の先取特権の順位は、国税及び地方税に次ぐものとする。

一　子ども・子育て支援法第29条第1項に規定する特定地域型保育（同法第30条第1項第2号に規定する特別利用地域型保育（次号において「特別利用地域型保育」という。）及び同項第3号に規定する特定利用地域型保育（第3号において「特定利用地域型保育」という。）を除く。）を受けた乳児又は幼児　同法第29条第3項第1号に掲げる額から同条第5項の規定により支払がなされた額を控除して得た額（当該支払がなされなかつたときは、同号に掲げる額）又は同法第30条第2項第1号の規定による特例地域型保育給付費の額及び同号に規定する政令で定める額を限度として市町村が定める額（当該市町村が定める額が現に当該特定地域型保育に要した費用の額を超えるときは、当該現に特定地域型保育に要した費用の額）の合計額

二　特別利用地域型保育を受けた幼児　子ども・子育て支援法第30条第2項第2号の規定による特例地域型保育給付費の額及び同号に規定する市町村が定める額（当該市町村が定める額が現に当該特別利用地域型保育に要した費用の額を超えるときは、当該現に特別利用地域型保育に要した費用の額）の合計額から同条第4項において準用する同法第29条第5項の規定により支払がなされた額を控除して得た額（当該支払がなされなかつたときは、当該合計額）

三　特定利用地域型保育を受けた幼児　子ども・子育て支援法第30条第2項第3号の規定による特例地域型保育給付費の額及び同号に規定する市町村が定める額（当該市町村が定める額が現に当該特定利用地域型保育に要した費用の額を超えるときは、当該現に特定利用地域型保育に要した費用の額）の合計額から同条第4項において準用する同法第29条第5項の規定により支払がなされた額を控除して得た額（当該支払がなされなかつたときは、当該合計額）

〔私立児童福祉施設に対する補助〕

第56条の2 都道府県及び市町村は、次の各号に該当する場合においては、第35条第4項の規定により、国、都道府県及び市町村以外の者が設置する児童福祉施設（保育所を除く。以下この条において同じ。）について、その新設（社会福祉法第31条第1項の規定により設立された社会福祉法人が設置する児童福祉施設の新設に限る。）、修理、改造、拡張又は整備（以下「新設等」という。）に要する費用の4分の3以内を補助することができる。ただし、一の児童福祉施設について都道府県及び市町村が補助する金額の合計額は、当該児童福祉施設の新設等に要する費用の4分の3を超えてはならない。

一　その児童福祉施設が、社会福祉法第31条第1項の規定により設立された社会福祉法人、日本赤十字社又は公益社団法人若しくは公益財団法人の設置するものであること。

二　その児童福祉施設が主として利用される地域において、この法律の規定に基づく障害児入所給付費の支給、入所させる措置又は助産の実施若しくは母子保護の実施を必要とする児童、その保護者又は妊産婦の分布状況からみて、同種の児童福祉施設が必要とされるにかかわらず、その地域に、国、都道府県又は市町村の設置する同種の児童福祉施設がないか、又はあつてもこれが十分でないこと。

② 前項の規定により、児童福祉施設に対する補助がなされたときは、厚生労働大臣、都道府県知事及び市町村長は、その補助の目的が有効に達せられることを確保するため、当該児童福祉施設に対して、第46条及び第58条第1項に規定するもののほか、次に掲げる権限を有する。

一　その児童福祉施設の予算が、補助の効果をあげるために不適当であると認めるときは、その予算について必要な変更をすべき旨を指示すること。

二　その児童福祉施設の職員が、この法律若しくはこれに基づく命令又はこれらに基づいてする処分に違反したときは、当該職員を解職すべき旨を指示すること。

③ 国庫は、第1項の規定により都道府県が障害児入所施設又は児童発達支援センターについて補助した金額の3分の2以内を補助することができる。

〔補助金の返還命令〕

第56条の3 都道府県及び市町村は、次に掲げる場合においては、補助金の交付を受けた児童福祉施設の設置者に対して、既に交付した補助金の全部又は一部の返還を命ずることができる。

一　補助金の交付条件に違反したとき。
二　詐欺その他の不正な手段をもつて、補助金の交付を受けたとき。
三　児童福祉施設の経営について、営利を図る行為があつたとき。
四　児童福祉施設が、この法律若しくはこれに基く命令又はこれらに基いてする処分に違反したとき。

〔児童委員に要する費用に対する補助〕

第56条の4 国庫は、第50条第2号に規定する児童委員に要する費用のうち、厚生労働大臣の定める事項に関するものについては、予算の範囲内で、その一部を補助することができる。

〔市町村整備計画〕

第56条の4の2　市町村は、保育を必要とする乳児・幼児に対し、必要な保育を確保するために必要があると認めるときは、当該市町村における保育所及び幼保連携型認定こども園（次項第1号及び第2号並びに次条第2項において「保育所等」という。）の整備に関する計画（以下「市町村整備計画」という。）を作成することができる。

② 市町村整備計画においては、おおむね次に掲げる事項について定めるものとする。

一　保育提供区域（市町村が、地理的条件、人口、交通事情その他の社会的条件、保育を提供するための施設の整備の状況その他の条件を総合的に勘案して定める区域をいう。以下同じ。）ごとの当該保育提供区域における保育所等の整備に関する目標及び計画期間

二　前号の目標を達成するために必要な保育所等を整備する事業に関する事項

三　その他厚生労働省令で定める事項

③ 市町村整備計画は、子ども・子育て支援法第61条第1項に規定する市町村子ども・子育て支援事業計画と調和が保たれたものでなければならない。

④ 市町村は、市町村整備計画を作成し、又はこれを変更したときは、次条第1項の規定により当該市町村整備計画を厚生労働大臣に提出する場合を除き、遅滞なく、都道府県にその写しを送付しなければならない。

〔交付金の交付〕

第56条の4の3　市町村は、次項の交付金を充てて市町村整備計画に基づく事業又は事務（同項において「事業等」という。）の実施をしようとするときは、当該市町村整備計画を、当該市町村の属する都道府県の知事を経由して、厚生労働大臣に提出しなければならない。

② 国は、市町村に対し、前項の規定により提出された市町村整備計画に基づく事業等（国、都道府県及び市町村以外の者が設置する保育所等に係るものに限る。）の実施に要する経費に充てるため、保育所等の整備の状況その他の事項を勘案して厚生労働省令で定めるところにより、予算の範囲内で、交付金を交付することができる。

③ 前2項に定めるもののほか、前項の交付金の交付に関し必要な事項は、厚生労働省令で定める。

〔準用規定〕

第56条の5　社会福祉法第58条第2項から第4項までの規定は、国有財産特別措置法（昭和27年法律第219号）第2条第2項第2号の規定又は同法第3条第1項第4号及び同条第2項の規定により普通財産の譲渡又は貸付けを受けた児童福祉施設に準用する。

第5章　国民健康保険団体連合会の児童福祉法関係業務

〔連合会の業務〕

第56条の5の2　連合会は、国民健康保険法の規定による業務のほか、第24条の3第11項（第24条の7第2項において準用する場合を含む。）の規定により都道府県から委託を受

けて行う障害児入所給付費及び特定入所障害児食費等給付費又は第21条の5の7第14項及び第24条の26第6項の規定により市町村から委託を受けて行う障害児通所給付費及び障害児相談支援給付費の支払に関する業務を行う。

〔議決権の特例〕

第56条の5の3 連合会が前条の規定により行う業務（次条において「児童福祉法関係業務」という。）については、国民健康保険法第86条において準用する同法第29条の規定にかかわらず、厚生労働省令で定めるところにより、規約をもつて議決権に関する特段の定めをすることができる。

〔区分経理〕

第56条の5の4 連合会は、児童福祉法関係業務に係る経理については、その他の経理と区分して整理しなければならない。

第6章 審査請求

第56条の5の5 市町村の障害児通所給付費又は特例障害児通所給付費に係る処分に不服がある障害児の保護者は、都道府県知事に対して審査請求をすることができる。

② 前項の審査請求については、障害者の日常生活及び社会生活を総合的に支援するための法律第8章（第97条第1項を除く。）の規定を準用する。この場合において、必要な技術的読替えは、政令で定める。

第7章 雑則

〔福祉の保障に関する連絡調整等〕

第56条の6 地方公共団体は、児童の福祉を増進するため、障害児通所給付費、特例障害児通所給付費、高額障害児通所給付費、障害児相談支援給付費、特例障害児相談支援給付費、介護給付費等、障害児入所給付費、高額障害児入所給付費又は特定入所障害児食費等給付費の支給、第21条の6、第24条第5項若しくは第6項又は第27条第1項若しくは第2項の規定による措置及び保育の利用等並びにその他の福祉の保障が適切に行われるように、相互に連絡及び調整を図らなければならない。

② 地方公共団体は、人工呼吸器を装着している障害児その他の日常生活を営むために医療を要する状態にある障害児が、その心身の状況に応じた適切な保健、医療、福祉その他の各関連分野の支援を受けられるよう、保健、医療、福祉その他の各関連分野の支援を行う機関との連絡調整を行うための体制の整備に関し、必要な措置を講ずるように努めなければならない。

③ 児童自立生活援助事業又は放課後児童健全育成事業を行う者及び児童福祉施設の設置者は、その事業を行い、又はその施設を運営するに当たつては、相互に連携を図りつつ、児童及びその家庭からの相談に応ずることその他の地域の実情に応じた積極的な支援を行うように努めなければならない。

〔保育所の設置又は運営の促進〕
第56条の7 　市町村は、必要に応じ、公有財産（地方自治法第238条第1項に規定する公有財産をいう。次項において同じ。）の貸付けその他の必要な措置を積極的に講ずることにより、社会福祉法人その他の多様な事業者の能力を活用した保育所の設置又は運営を促進し、保育の利用に係る供給を効率的かつ計画的に増大させるものとする。

② 　市町村は、必要に応じ、公有財産の貸付けその他の必要な措置を積極的に講ずることにより、社会福祉法人その他の多様な事業者の能力を活用した放課後児童健全育成事業の実施を促進し、放課後児童健全育成事業に係る供給を効率的かつ計画的に増大させるものとする。

③ 　国及び都道府県は、前2項の市町村の措置に関し、必要な支援を行うものとする。

〔公私連携型保育所の設置及び運営を目的とする法人の指定〕
第56条の8 　市町村長は、当該市町村における保育の実施に対する需要の状況等に照らし適当であると認めるときは、公私連携型保育所（次項に規定する協定に基づき、当該市町村から必要な設備の貸付け、譲渡その他の協力を得て、当該市町村との連携の下に保育及び子育て支援事業（以下この条において「保育等」という。）を行う保育所をいう。以下この条において同じ。）の運営を継続的かつ安定的に行うことができる能力を有するものであると認められるもの（法人に限る。）を、その申請により、公私連携型保育所の設置及び運営を目的とする法人（以下この条において「公私連携保育法人」という。）として指定することができる。

② 　市町村長は、前項の規定による指定（第11項において単に「指定」という。）をしようとするときは、あらかじめ、当該指定をしようとする法人と、次に掲げる事項を定めた協定（以下この条において単に「協定」という。）を締結しなければならない。
一 　協定の目的となる公私連携型保育所の名称及び所在地
二 　公私連携型保育所における保育等に関する基本的事項
三 　市町村による必要な設備の貸付け、譲渡その他の協力に関する基本的事項
四 　協定の有効期間
五 　協定に違反した場合の措置
六 　その他公私連携型保育所の設置及び運営に関し必要な事項

③ 　公私連携保育法人は、第35条第4項の規定にかかわらず、市町村長を経由し、都道府県知事に届け出ることにより、公私連携型保育所を設置することができる。

④ 　市町村長は、公私連携保育法人が前項の規定による届出をした際に、当該公私連携保育法人が協定に基づき公私連携型保育所における保育等を行うために設備の整備を必要とする場合には、当該協定に定めるところにより、当該公私連携保育法人に対し、当該設備を無償又は時価よりも低い対価で貸し付け、又は譲渡するものとする。

⑤ 　前項の規定は、地方自治法第96条及び第237条から第238条の5までの規定の適用を妨げない。

⑥ 　公私連携保育法人は、第35条第12項の規定による廃止又は休止の承認の申請を行おうとするときは、市町村長を経由して行わなければならない。この場合において、当該市町村

長は、当該申請に係る事項に関し意見を付すことができる。
⑦　市町村長は、公私連携型保育所の運営を適切にさせるため、必要があると認めるときは、公私連携保育法人若しくは公私連携型保育所の長に対して、必要な報告を求め、又は当該職員に、関係者に対して質問させ、若しくはその施設に立ち入り、設備、帳簿書類その他の物件を検査させることができる。
⑧　第18条の16第２項及び第３項の規定は、前項の場合について準用する。
⑨　第７項の規定により、公私連携保育法人若しくは公私連携型保育所の長に対し報告を求め、又は当該職員に、関係者に対し質問させ、若しくは公私連携型保育所に立入検査をさせた市町村長は、当該公私連携型保育所につき、第46条第３項又は第４項の規定による処分が行われる必要があると認めるときは、理由を付して、その旨を都道府県知事に通知しなければならない。
⑩　市町村長は、公私連携型保育所が正当な理由なく協定に従つて保育等を行つていないと認めるときは、公私連携保育法人に対し、協定に従つて保育等を行うことを勧告することができる。
⑪　市町村長は、前項の規定により勧告を受けた公私連携保育法人が当該勧告に従わないときは、指定を取り消すことができる。
⑫　公私連携保育法人は、前項の規定による指定の取消しの処分を受けたときは、当該処分に係る公私連携型保育所について、第35条第12項の規定による廃止の承認を都道府県知事に申請しなければならない。
⑬　公私連携保育法人は、前項の規定による廃止の承認の申請をしたときは、当該申請の日前１月以内に保育等を受けていた者であつて、当該廃止の日以後においても引き続き当該保育等に相当する保育等の提供を希望する者に対し、必要な保育等が継続的に提供されるよう、他の保育所及び認定こども園その他関係者との連絡調整その他の便宜の提供を行わなければならない。

〔課税除外〕

第57条　都道府県、市町村その他の公共団体は、左の各号に掲げる建物及び土地に対しては、租税その他の公課を課することができない。但し、有料で使用させるものについては、この限りでない。
一　主として児童福祉施設のために使う建物
二　前号に掲げる建物の敷地その他主として児童福祉施設のために使う土地

〔不正利得の徴収〕

第57条の２　市町村は、偽りその他不正の手段により障害児通所給付費、特例障害児通所給付費若しくは高額障害児通所給付費若しくは肢体不自由児通所医療費又は障害児相談支援給付費若しくは特例障害児相談支援給付費（以下この章において「障害児通所給付費等」という。）の支給を受けた者があるときは、その者から、その障害児通所給付費等の額に相当する金額の全部又は一部を徴収することができる。
②　市町村は、指定障害児通所支援事業者等又は指定障害児相談支援事業者が、偽りその他不正の行為により障害児通所給付費、肢体不自由児通所医療費又は障害児相談支援給付費

の支給を受けたときは、当該指定障害児通所支援事業者等又は指定障害児相談支援事業者に対し、その支払つた額につき返還させるほか、その返還させる額に100分の40を乗じて得た額を支払わせることができる。

③　都道府県は、偽りその他不正の手段により小児慢性特定疾病医療費又は障害児入所給付費等の支給を受けた者があるときは、その者から、その小児慢性特定疾病医療費又は障害児入所給付費等の額に相当する金額の全部又は一部を徴収することができる。

④　都道府県は、指定小児慢性特定疾病医療機関が、偽りその他不正の行為により小児慢性特定疾病医療費の支給を受けたときは、当該指定小児慢性特定疾病医療機関に対し、その支払つた額につき返還させるほか、その返還させる額に100分の40を乗じて得た額を支払わせることができる。

⑤　都道府県は、指定障害児入所施設等が、偽りその他不正の行為により障害児入所給付費若しくは特定入所障害児食費等給付費又は障害児入所医療費の支給を受けたときは、当該指定障害児入所施設等に対し、その支払つた額につき返還させるほか、その返還させる額に100分の40を乗じて得た額を支払わせることができる。

⑥　前各項の規定による徴収金は、地方自治法第231条の3第3項に規定する法律で定める歳入とする。

〔報告等〕

第57条の3　市町村は、障害児通所給付費等の支給に関して必要があると認めるときは、障害児の保護者若しくは障害児の属する世帯の世帯主その他その世帯に属する者又はこれらの者であつた者に対し、報告若しくは文書その他の物件の提出若しくは提示を命じ、又は当該職員に質問させることができる。

②　都道府県は、小児慢性特定疾病医療費の支給に関して必要があると認めるときは、小児慢性特定疾病児童等の保護者若しくは小児慢性特定疾病児童等の属する世帯の世帯主その他その世帯に属する者又はこれらの者であつた者に対し、報告若しくは文書その他の物件の提出若しくは提示を命じ、又は当該職員に質問させることができる。

③　都道府県は、障害児入所給付費等の支給に関して必要があると認めるときは、障害児の保護者若しくは障害児の属する世帯の世帯主その他その世帯に属する者又はこれらの者であつた者に対し、報告若しくは文書その他の物件の提出若しくは提示を命じ、又は当該職員に質問させることができる。

④　第19条の16第2項の規定は前3項の規定による質問について、同条第3項の規定は前3項の規定による権限について準用する。

第57条の3の2　市町村は、障害児通所給付費等の支給に関して必要があると認めるときは、当該障害児通所給付費等の支給に係る障害児通所支援若しくは障害児相談支援を行う者若しくはこれらを使用する者若しくはこれらの者であつた者に対し、報告若しくは文書その他の物件の提出若しくは提示を命じ、又は当該職員に、関係者に対し質問させ、若しくは当該障害児通所支援若しくは障害児相談支援の事業を行う事業所若しくは施設に立ち入り、その設備若しくは帳簿書類その他の物件を検査させることができる。

②　第19条の16第2項の規定は前項の規定による質問又は検査について、同条第3項の規定

は前項の規定による権限について準用する。

第57条の3の3 厚生労働大臣又は都道府県知事は、障害児通所給付費等の支給に関して必要があると認めるときは、当該障害児通所給付費等の支給に係る障害児の保護者又は障害児の保護者であつた者に対し、当該障害児通所給付費等の支給に係る障害児通所支援若しくは障害児相談支援の内容に関し、報告若しくは文書その他の物件の提出若しくは提示を命じ、又は当該職員に質問させることができる。

② 厚生労働大臣は、小児慢性特定疾病医療費の支給に関して緊急の必要があると認めるときは、当該都道府県の知事との密接な連携の下に、当該小児慢性特定疾病医療費の支給に係る小児慢性特定疾病児童等の保護者又は小児慢性特定疾病児童等の保護者であつた者に対し、当該小児慢性特定疾病医療費の支給に係る小児慢性特定疾病医療支援の内容に関し、報告若しくは文書その他の物件の提出若しくは提示を命じ、又は当該職員に質問させることができる。

③ 厚生労働大臣は、障害児入所給付費等の支給に関して必要があると認めるときは、当該障害児入所給付費等の支給に係る障害児の保護者又は障害児の保護者であつた者に対し、当該障害児入所給付費等の支給に係る障害児入所支援の内容に関し、報告若しくは文書その他の物件の提出若しくは提示を命じ、又は当該職員に質問させることができる。

④ 厚生労働大臣又は都道府県知事は、障害児通所給付費等の支給に関して必要があると認めるときは、障害児通所支援若しくは障害児相談支援を行つた者若しくはこれを使用した者に対し、その行つた障害児通所支援若しくは障害児相談支援に関し、報告若しくは当該障害児通所支援若しくは障害児相談支援の提供の記録、帳簿書類その他の物件の提出若しくは提示を命じ、又は当該職員に関係者に対し質問させることができる。

⑤ 厚生労働大臣は、小児慢性特定疾病医療費の支給に関して緊急の必要があると認めるときは、当該都道府県の知事との密接な連携の下に、小児慢性特定疾病医療支援を行つた者又はこれを使用した者に対し、その行つた小児慢性特定疾病医療支援に関し、報告若しくは当該小児慢性特定疾病医療支援の提供の記録、帳簿書類その他の物件の提出若しくは提示を命じ、又は当該職員に関係者に対し質問させることができる。

⑥ 厚生労働大臣は、障害児入所給付費等の支給に関して必要があると認めるときは、障害児入所支援を行つた者若しくはこれを使用した者に対し、その行つた障害児入所支援に関し、報告若しくは当該障害児入所支援の提供の記録、帳簿書類その他の物件の提出若しくは提示を命じ、又は当該職員に関係者に対し質問させることができる。

⑦ 第19条の16第2項の規定は前各項の規定による質問について、同条第3項の規定は前各項の規定による権限について準用する。

第57条の4 市町村は、障害児通所給付費等の支給に関して必要があると認めるときは、障害児の保護者又は障害児の属する世帯の世帯主その他その世帯に属する者の資産又は収入の状況につき、官公署に対し必要な文書の閲覧若しくは資料の提供を求め、又は銀行、信託会社その他の機関若しくは障害児の保護者の雇用主その他の関係人に報告を求めることができる。

② 都道府県は、小児慢性特定疾病医療費の支給に関して必要があると認めるときは、小児

慢性特定疾病児童等の保護者又は小児慢性特定疾病児童等の属する世帯の世帯主その他その世帯に属する者の資産又は収入の状況につき、官公署に対し必要な文書の閲覧若しくは資料の提供を求め、又は銀行、信託会社その他の機関若しくは小児慢性特定疾病児童等の保護者の雇用主その他の関係人に報告を求めることができる。

③　都道府県は、障害児入所給付費等の支給に関して必要があると認めるときは、障害児の保護者又は障害児の属する世帯の世帯主その他その世帯に属する者の資産又は収入の状況につき、官公署に対し必要な文書の閲覧若しくは資料の提供を求め、又は銀行、信託会社その他の機関若しくは障害児の保護者の雇用主その他の関係人に報告を求めることができる。

〔連合会に対する監督〕

第57条の４の２　連合会について国民健康保険法第106条及び第108条の規定を適用する場合において、これらの規定中「事業」とあるのは、「事業（児童福祉法（昭和22年法律第164号）第56条の５の３に規定する児童福祉法関係業務を含む。）」とする。

〔公課及び差押の禁止〕

第57条の５　租税その他の公課は、この法律により支給を受けた金品を標準として、これを課することができない。

②　小児慢性特定疾病医療費、障害児通所給付費等及び障害児入所給付費等を受ける権利は、譲り渡し、担保に供し、又は差し押さえることができない。

③　前項に規定するもののほか、この法律による支給金品は、既に支給を受けたものであるとないとにかかわらず、これを差し押さえることができない。

〔施設の設置認可の取消〕

第58条　第35条第４項の規定により設置した児童福祉施設が、この法律若しくはこの法律に基づいて発する命令又はこれらに基づいてなす処分に違反したときは、都道府県知事は、同項の認可を取り消すことができる。

②　第34条の15第２項の規定により開始した家庭的保育事業等が、この法律若しくはこの法律に基づいて発する命令又はこれらに基づいてなす処分に違反したときは、市町村長は、同項の認可を取り消すことができる。

〔無認可施設に対する措置〕

第59条　都道府県知事は、児童の福祉のため必要があると認めるときは、第６条の３第９項から第12項まで若しくは第36条から第44条まで（第39条の２を除く。）に規定する業務を目的とする施設であつて第35条第３項の届出若しくは認定こども園法第16条の届出をしていないもの又は第34条の15第２項若しくは第35条第４項の認可若しくは認定こども園法第17条第１項の認可を受けていないもの（前条の規定により児童福祉施設若しくは家庭的保育事業等の認可を取り消されたもの又は認定こども園法第22条第１項の規定により幼保連携型認定こども園の認可を取り消されたものを含む。）については、その施設の設置者若しくは管理者に対し、必要と認める事項の報告を求め、又は当該職員をして、その事務所若しくは施設に立ち入り、その施設の設備若しくは運営について必要な調査若しくは質問をさせることができる。この場合においては、その身分を証明する証票を携帯させなけれ

ばならない。
② 第18条の16第3項の規定は、前項の場合について準用する。
③ 都道府県知事は、児童の福祉のため必要があると認めるときは、第1項に規定する施設の設置者に対し、その施設の設備又は運営の改善その他の勧告をすることができる。
④ 都道府県知事は、前項の勧告を受けた施設の設置者がその勧告に従わなかつたときは、その旨を公表することができる。
⑤ 都道府県知事は、第1項に規定する施設について、児童の福祉のため必要があると認めるときは、都道府県児童福祉審議会の意見を聴き、その事業の停止又は施設の閉鎖を命ずることができる。
⑥ 都道府県知事は、児童の生命又は身体の安全を確保するため緊急を要する場合で、あらかじめ都道府県児童福祉審議会の意見を聴くいとまがないときは、当該手続を経ないで前項の命令をすることができる。
⑦ 都道府県知事は、第3項の勧告又は第5項の命令をした場合には、その旨を当該施設の所在地の市町村長に通知するものとする。

〔認可外保育所の届出〕

第59条の2 第6条の3第9項から第12項までに規定する業務又は第39条第1項に規定する業務を目的とする施設（少数の乳児又は幼児を対象とするものその他の厚生労働省令で定めるものを除く。）であつて第34条の15第2項若しくは第35条第4項の認可又は認定こども園法第17条第1項の認可を受けていないもの（第58条の規定により児童福祉施設若しくは家庭的保育事業等の認可を取り消されたもの又は認定こども園法第22条第1項の規定により幼保連携型認定こども園の認可を取り消されたものを含む。）については、その施設の設置者は、その事業の開始の日（第58条の規定により児童福祉施設若しくは家庭的保育事業等の認可を取り消された施設又は認定こども園法第22条第1項の規定により幼保連携型認定こども園の認可を取り消された施設にあつては、当該認可の取消しの日）から1月以内に、次に掲げる事項を都道府県知事に届け出なければならない。
一 施設の名称及び所在地
二 設置者の氏名及び住所又は名称及び所在地
三 建物その他の設備の規模及び構造
四 事業を開始した年月日
五 施設の管理者の氏名及び住所
六 その他厚生労働省令で定める事項
② 前項に規定する施設の設置者は、同項の規定により届け出た事項のうち厚生労働省令で定めるものに変更を生じたときは、変更の日から1月以内に、その旨を都道府県知事に届け出なければならない。その事業を廃止し、又は休止したときも、同様とする。
③ 都道府県知事は、前2項の規定による届出があつたときは、当該届出に係る事項を当該施設の所在地の市町村長に通知するものとする。

〔掲示〕

第59条の2の2 前条第1項に規定する施設の設置者は、次に掲げる事項を当該施設におい

て提供されるサービスを利用しようとする者の見やすい場所に掲示しなければならない。
一　設置者の氏名又は名称及び施設の管理者の氏名
二　建物その他の設備の規模及び構造
三　その他厚生労働省令で定める事項

〔契約内容等の説明〕

第59条の２の３　第59条の２第１項に規定する施設の設置者は、当該施設において提供されるサービスを利用しようとする者からの申込みがあつた場合には、その者に対し、当該サービスを利用するための契約の内容及びその履行に関する事項について説明するように努めなければならない。

〔契約書面の交付〕

第59条の２の４　第59条の２第１項に規定する施設の設置者は、当該施設において提供されるサービスを利用するための契約が成立したときは、その利用者に対し、遅滞なく、次に掲げる事項を記載した書面を交付しなければならない。
一　設置者の氏名及び住所又は名称及び所在地
二　当該サービスの提供につき利用者が支払うべき額に関する事項
三　その他厚生労働省令で定める事項

〔運営状況の報告及び公表〕

第59条の２の５　第59条の２第１項に規定する施設の設置者は、毎年、厚生労働省令で定めるところにより、当該施設の運営の状況を都道府県知事に報告しなければならない。

②　都道府県知事は、毎年、前項の報告に係る施設の運営の状況その他第59条の２第１項に規定する施設に関し児童の福祉のため必要と認める事項を取りまとめ、これを各施設の所在地の市町村長に通知するとともに、公表するものとする。

〔市町村長への協力要請〕

第59条の２の６　都道府県知事は、第59条、第59条の２及び前条に規定する事務の執行及び権限の行使に関し、市町村長に対し、必要な協力を求めることができる。

〔町村の一部事務組合等〕

第59条の２の７　町村が一部事務組合又は広域連合を設けて福祉事務所を設置した場合には、この法律の適用については、その一部事務組合又は広域連合を福祉事務所を設置する町村とみなす。

〔助産の実施等に係る都道府県又は市町村に変更があつた場合の経過規定〕

第59条の３　町村の福祉事務所の設置又は廃止により助産の実施及び母子保護の実施に係る都道府県又は市町村に変更があつた場合においては、この法律又はこの法律に基づいて発する命令の規定により、変更前の当該助産の実施若しくは母子保護の実施に係る都道府県又は市町村の長がした行為は、変更後の当該助産の実施若しくは母子保護の実施に係る都道府県又は市町村の長がした行為とみなす。ただし、変更前に行われ、又は行われるべきであつた助産の実施若しくは母子保護の実施に関する費用の支弁及び負担については、変更がなかつたものとする。

〔大都市等の特例〕

第59条の4　この法律中都道府県が処理することとされている事務で政令で定めるものは、指定都市及び地方自治法第252条の22第1項の中核市（以下「中核市」という。）並びに児童相談所を設置する市（特別区を含む。以下この項において同じ。）として政令で定める市（以下「児童相談所設置市」という。）においては、政令で定めるところにより、指定都市若しくは中核市又は児童相談所設置市（以下「指定都市等」という。）が処理するものとする。この場合においては、この法律中都道府県に関する規定は、指定都市等に関する規定として指定都市等に適用があるものとする。

② 前項の規定により指定都市等の長がした処分（地方自治法第2条第9項第1号に規定する第1号法定受託事務（次項及び第59条の6において「第1号法定受託事務」という。）に係るものに限る。）に係る審査請求についての都道府県知事の裁決に不服がある者は、厚生労働大臣に対して再審査請求をすることができる。

③ 指定都市等の長が第1項の規定によりその処理することとされた事務のうち第1号法定受託事務に係る処分をする権限をその補助機関である職員又はその管理に属する行政機関の長に委任した場合において、委任を受けた職員又は行政機関の長がその委任に基づいてした処分につき、地方自治法第255条の2第2項の再審査請求の裁決があつたときは、当該裁決に不服がある者は、同法第252条の17の4第5項から第7項までの規定の例により、厚生労働大臣に対して再々審査請求をすることができる。

④ 都道府県知事は、児童相談所設置市の長に対し、当該児童相談所の円滑な運営が確保されるように必要な勧告、助言又は援助をすることができる。

⑤ この法律に定めるもののほか、児童相談所設置市に関し必要な事項は、政令で定める。

〔緊急時における厚生労働大臣の事務執行〕

第59条の5　第19条の16第1項、第21条の3第1項、第34条の5第1項、第34条の6、第46条及び第59条の規定により都道府県知事の権限に属するものとされている事務は、児童の利益を保護する緊急の必要があると厚生労働大臣が認める場合にあつては、厚生労働大臣又は都道府県知事が行うものとする。

② 前項の場合においては、この法律の規定中都道府県知事に関する規定（当該事務に係るものに限る。）は、厚生労働大臣に関する規定として厚生労働大臣に適用があるものとする。この場合において、第46条第4項中「都道府県児童福祉審議会の意見を聴き、その施設の」とあるのは「その施設の」と、第59条第5項中「都道府県児童福祉審議会の意見を聴き、その事業の」とあるのは「その事業の」とする。

③ 第1項の場合において、厚生労働大臣又は都道府県知事が当該事務を行うときは、相互に密接な連携の下に行うものとする。

〔事務の区分〕

第59条の6　第56条第1項の規定により都道府県が処理することとされている事務は、第1号法定受託事務とする。

〔主務省令〕

第59条の7　この法律における主務省令は、厚生労働省令とする。ただし、第21条の9各号に掲げる事業に該当する事業のうち厚生労働大臣以外の大臣が所管するものに関する事項

については、厚生労働大臣及びその事業を所管する大臣の発する命令とする。

〔地方厚生局長への委任〕

第59条の8　この法律に規定する厚生労働大臣の権限は、厚生労働省令で定めるところにより、地方厚生局長に委任することができる。

②　前項の規定により地方厚生局長に委任された権限は、厚生労働省令で定めるところにより、地方厚生支局長に委任することができる。

第8章　罰則

第60条　第34条第1項第6号の規定に違反した者は、10年以下の懲役若しくは300万円以下の罰金に処し、又はこれを併科する。

②　第34条第1項第1号から第5号まで又は第7号から第9号までの規定に違反した者は、3年以下の懲役若しくは100万円以下の罰金に処し、又はこれを併科する。

③　第34条第2項の規定に違反した者は、1年以下の懲役又は50万円以下の罰金に処する。

④　児童を使用する者は、児童の年齢を知らないことを理由として、前3項の規定による処罰を免れることができない。ただし、過失のないときは、この限りでない。

⑤　第2項（第34条第1項第7号及び第9号の規定に違反した者に係る部分に限る。）の罪は、刑法第4条の2の例に従う。

第60条の2　小児慢性特定疾病審査会の委員又はその委員であつた者が、正当な理由がないのに、職務上知り得た小児慢性特定疾病医療支援を行つた者の業務上の秘密又は個人の秘密を漏らしたときは、1年以下の懲役又は100万円以下の罰金に処する。

②　第56条の5の5第2項において準用する障害者の日常生活及び社会生活を総合的に支援するための法律第98条第1項に規定する不服審査会の委員又は委員であつた者が、正当な理由がないのに、職務上知り得た障害児通所給付費又は特例障害児通所給付費の支給に係る障害児通所支援を行つた者の業務上の秘密又は個人の秘密を漏らしたときは、1年以下の懲役又は100万円以下の罰金に処する。

③　第21条の5の6第4項（第21条の5の8第3項において準用する場合を含む。）の規定に違反した者は、1年以下の懲役又は100万円以下の罰金に処する。

第61条　児童相談所において、相談、調査及び判定に従事した者が、正当の理由なく、その職務上取り扱つたことについて知得した人の秘密を漏らしたときは、これを1年以下の懲役又は50万円以下の罰金に処する。

第61条の2　第18条の22の規定に違反した者は、1年以下の懲役又は50万円以下の罰金に処する。

②　前項の罪は、告訴がなければ公訴を提起することができない。

第61条の3　第11条第5項、第18条の8第4項、第18条の12第1項、第21条の10の2第4項、第21条の12、第25条の5又は第27条の4の規定に違反した者は、1年以下の懲役又は50万円以下の罰金に処する。

第61条の4　第46条第4項又は第59条第5項の規定による事業の停止又は施設の閉鎖の命令

に違反した者は、6月以下の懲役若しくは禁錮又は50万円以下の罰金に処する。

第61条の5　正当の理由がないのに、第29条の規定による児童委員若しくは児童の福祉に関する事務に従事する職員の職務の執行を拒み、妨げ、若しくは忌避し、又はその質問に対して答弁をせず、若しくは虚偽の答弁をし、若しくは児童に答弁をさせず、若しくは虚偽の答弁をさせた者は、50万円以下の罰金に処する。

第61条の6　正当の理由がないのに、第18条の16第1項の規定による報告をせず、若しくは虚偽の報告をし、同項の規定による質問に対して答弁をせず、若しくは虚偽の答弁をし、又は同項の規定による立入り若しくは検査を拒み、妨げ、若しくは忌避した場合には、その違反行為をした指定試験機関の役員又は職員は、30万円以下の罰金に処する。

第62条　次の各号のいずれかに該当する者は、30万円以下の罰金に処する。

一　第18条の19第2項の規定により保育士の名称の使用の停止を命ぜられた者で、当該停止を命ぜられた期間中に、保育士の名称を使用したもの

二　第18条の23の規定に違反した者

三　正当の理由がないのに、第21条の14第1項の規定による報告をせず、若しくは虚偽の報告をし、同項の規定による質問に対して答弁をせず、若しくは虚偽の答弁をし、又は同項の規定による立入り若しくは検査を拒み、妨げ、若しくは忌避した者

四　正当の理由がないのに、第19条の16第1項、第21条の5の21第1項（同条第2項において準用する場合を含む。）、第21条の5の26第1項（第24条の19の2において準用する場合を含む。）、第24条の15第1項、第24条の34第1項<u>若しくは第24条の39第1項</u>の規定による報告若しくは物件の提出若しくは提示をせず、若しくは虚偽の報告若しくは虚偽の物件の提出若しくは提示をし、これらの規定による質問に対して答弁をせず、若しくは虚偽の答弁をし、又はこれらの規定による立入り若しくは検査を拒み、妨げ、若しくは忌避した者

五　第30条第1項に規定する届出を怠つた者

六　正当の理由がないのに、第57条の3の3第1項から第3項までの規定による報告若しくは物件の提出若しくは提示をせず、若しくは虚偽の報告若しくは虚偽の物件の提出若しくは提示をし、又はこれらの規定による当該職員の質問に対して、答弁せず、若しくは虚偽の答弁をした者

七　正当の理由がないのに、第59条第1項の規定による報告をせず、若しくは虚偽の報告をし、同項の規定による立入調査を拒み、妨げ、若しくは忌避し、又は同項の規定による質問に対して答弁をせず、若しくは虚偽の答弁をした者

第62条の2　正当の理由がないのに、第56条の5の5第2項において準用する障害者の日常生活及び社会生活を総合的に支援するための法律第103条第1項の規定による処分に違反して、出頭せず、陳述をせず、報告をせず、若しくは虚偽の陳述若しくは報告をし、又は診断その他の調査をしなかつた者は、30万円以下の罰金に処する。ただし、第56条の5の5第2項において準用する同法第98条第1項に規定する不服審査会の行う審査の手続における請求人又は第56条の5の5第2項において準用する同法第102条の規定により通知を受けた市町村その他の利害関係人は、この限りでない。

第62条の3 法人の代表者又は法人若しくは人の代理人、使用人その他の従業者が、その法人又は人の業務に関して、第60条第1項から第3項まで及び第62条第4号の違反行為をしたときは、行為者を罰するほか、その法人又は人に対しても、各本条の罰金刑を科する。

第62条の4 第59条の2第1項又は第2項の規定による届出をせず、又は虚偽の届出をした者は、50万円以下の過料に処する。

第62条の5 第57条の3の3第4項から第6項までの規定による報告若しくは物件の提出若しくは提示をせず、若しくは虚偽の報告若しくは虚偽の物件の提出若しくは提示をし、又はこれらの規定による当該職員の質問に対して、答弁せず、若しくは虚偽の答弁をした者は、10万円以下の過料に処する。

第62条の6 都道府県は、条例で、次の各号のいずれかに該当する者に対し10万円以下の過料を科する規定を設けることができる。
一 第19条の6第2項の規定による医療受給者証又は第24条の4第2項の規定による入所受給者証の返還を求められてこれに応じない者
二 正当の理由がないのに、第57条の3第2項<u>若しくは第3項</u>の規定による報告若しくは物件の提出若しくは提示をせず、若しくは虚偽の報告若しくは虚偽の物件の提出若しくは提示をし、又は<u>これら</u>の規定による質問に対して答弁をせず、若しくは虚偽の答弁をした者

第62条の7 市町村は、条例で、次の各号のいずれかに該当する者に対し10万円以下の過料を科する規定を設けることができる。
一 第21条の5の8第2項又は第21条の5の9第2項の規定による通所受給者証の提出又は返還を求められてこれに応じない者
二 正当の理由がないのに、第57条の3第1項の規定による報告若しくは物件の提出若しくは提示をせず、若しくは虚偽の報告若しくは虚偽の物件の提出若しくは提示をし、又は同項の規定による当該職員の質問に対して、答弁せず、若しくは虚偽の答弁をした者
三 正当の理由がないのに、第57条の3の2第1項の規定による報告若しくは物件の提出若しくは提示をせず、若しくは虚偽の報告若しくは虚偽の物件の提出若しくは提示をし、又は同項の規定による当該職員の質問に対して、答弁せず、若しくは虚偽の答弁をし、若しくは同項の規定による検査を拒み、妨げ、若しくは忌避した者

附則 抄

〔施行期日〕
第63条 この法律は、昭和23年1月1日から、これを施行する。但し、第19条、第22条から第24条まで、第50条第4号、第6号、第7号及び第9号（児童相談所の設備に関する部分を除く。）第51条、第54条及び第55条の規定並びに第52条、第53条及び第56条の規定中これらの規定に関する部分は、昭和23年4月1日から、これを施行する。

〔児童相談所長の市町村の長への通知〕
第63条の2 児童相談所長は、当分の間、第26条第1項に規定する児童のうち身体障害者福

祉法第15条第4項の規定により身体障害者手帳の交付を受けた15歳以上の者について、障害者の日常生活及び社会生活を総合的に支援するための法律第5条第11項に規定する障害者支援施設（次条において「障害者支援施設」という。）に入所すること又は障害福祉サービス（同法第4条第1項に規定する障害者のみを対象とするものに限る。次条において同じ。）を利用することが適当であると認めるときは、その旨を身体障害者福祉法第9条又は障害者の日常生活及び社会生活を総合的に支援するための法律第19条第2項若しくは第3項に規定する市町村の長に通知することができる。

第63条の3 児童相談所長は、当分の間、第26条第1項に規定する児童のうち15歳以上の者について、障害者支援施設に入所すること又は障害福祉サービスを利用することが適当であると認めるときは、その旨を知的障害者福祉法第9条又は障害者の日常生活及び社会生活を総合的に支援するための法律第19条第2項若しくは第3項に規定する市町村の長に通知することができる。

〔関係法律の廃止〕

第65条 児童虐待防止法及び少年教護法は、これを廃止する。但し、これらの法律廃止前に、なした行為に関する罰則の適用については、これらの法律は、なおその効力を有する。

〔児童虐待防止法による知事の処分〕

第66条 児童虐待防止法第2条の規定により、都道府県知事のなした処分は、これをこの法律中の各相当規定による措置とみなす。

〔少年教護法に関する経過規定〕

第67条 この法律施行の際、現に存する少年教護法の規定による少年教護院及び職員養成所は、これをこの法律の規定により設置した教護院及び職員養成施設とみなし、少年教護院に在院中の者は、これを第27条第1項第3号の規定により、教護院に入院させられた者とみなす。

第68条 少年教護法第24条第1項但書の規定により、その教科につき、文部大臣の承認を受けた少年教護院であつて、この法律施行の際、現に存するものは、第48条第3項の規定により、教科に関する事項につき、学校教育法第20条又は第38条の監督庁の承認を受けたものとみなす。

〔児童福祉施設に関する経過規定〕

第69条 この法律施行の際、現に存する生活保護法の規定による保護施設中の児童保護施設は、これをこの法律の規定により設置した児童福祉施設とみなす。

第70条 この法律施行の際、現に存する児童福祉施設であつて、第67条及び前条の規定に該当しないものは、命令の定めるところにより、行政庁の認可を得て、この法律による児童福祉施設として存続することができる。

〔従前の義務教育を了えた14歳以上の児童の特例〕

第71条 満14歳以上の児童で、学校教育法第96条の規定により、義務教育の課程又はこれと同等以上と認める課程を修了した者については、第34条第1項第3号から第5号までの規定は、これを適用しない。

〔国の無利子、貸付け等〕

第72条　国は、当分の間、都道府県（第59条の４第１項の規定により、都道府県が処理することとされている第56条の２第１項の事務を指定都市等が処理する場合にあつては、当該指定都市等を含む。以下この項及び第７項において同じ。）に対し、第56条の２第３項の規定により国がその費用について補助することができる知的障害児施設等の新設等で日本電信電話株式会社の株式の売払収入の活用による社会資本の整備の促進に関する特別措置法（昭和62年法律第86号。以下「社会資本整備特別措置法」という。）第２条第１項第２号に該当するものにつき、社会福祉法第31条第１項の規定により設立された社会福祉法人、日本赤十字社又は公益社団法人若しくは公益財団法人に対し当該都道府県が補助する費用に充てる資金について、予算の範囲内において、第56条の２第３項の規定（この規定による国の補助の割合について、この規定と異なる定めをした法令の規定がある場合には、当該異なる定めをした法令の規定を含む。以下同じ。）により国が補助することができる金額に相当する金額を無利子で貸し付けることができる。

② 国は、当分の間、都道府県又は市町村に対し、児童家庭支援センターの新設、修理、改造、拡張又は整備で社会資本整備特別措置法第２条第１項第２号に該当するものに要する費用に充てる資金の一部を、予算の範囲内において、無利子で貸し付けることができる。

③ 国は、当分の間、都道府県又は指定都市等に対し、児童の保護を行う事業又は児童の健全な育成を図る事業を目的とする施設の新設、修理、改造、拡張又は整備（第56条の２第３項の規定により国がその費用について補助するものを除く。）で社会資本整備特別措置法第２条第１項第２号に該当するものにつき、当該都道府県又は指定都市等が自ら行う場合にあつてはその要する費用に充てる資金の一部を、指定都市等以外の市町村又は社会福祉法人が行う場合にあつてはその者に対し当該都道府県又は指定都市等が補助する費用に充てる資金の一部を、予算の範囲内において、無利子で貸し付けることができる。

④ 国は、当分の間、都道府県、市町村又は長期にわたり医療施設において療養を必要とする児童（以下「長期療養児童」という。）の療養環境の向上のために必要な事業を行う者に対し、長期療養児童の家族が宿泊する施設の新設、修理、改造、拡張又は整備で社会資本整備特別措置法第２条第１項第２号に該当するものに要する費用に充てる資金の一部を、予算の範囲内において、無利子で貸し付けることができる。

⑤ 前各項の国の貸付金の償還期間は、５年（２年以内の据置期間を含む。）以内で政令で定める期間とする。

⑥ 前項に定めるもののほか、第１項から第４項までの規定による貸付金の償還方法、償還期限の繰上げその他償還に関し必要な事項は、政令で定める。

⑦ 国は、第１項の規定により都道府県に対し貸付けを行つた場合には、当該貸付けの対象である事業について、第56条の２第３項の規定による当該貸付金に相当する金額の補助を行うものとし、当該補助については、当該貸付金の償還時において、当該貸付金の償還金に相当する金額を交付することにより行うものとする。

⑧ 国は、第２項から第４項までの規定により都道府県、市町村又は長期療養児童の療養環境の向上のために必要な事業を行う者に対し貸付けを行つた場合には、当該貸付けの対象

である事業について、当該貸付金に相当する金額の補助を行うものとし、当該補助については、当該貸付金の償還時において、当該貸付金の償還金に相当する金額を交付することにより行うものとする。
⑨　都道府県、市町村又は長期療養児童の療養環境の向上のために必要な事業を行う者が、第１項から第４項までの規定による貸付けを受けた無利子貸付金について、第５項及び第６項の規定に基づき定められる償還期限を繰り上げて償還を行つた場合（政令で定める場合を除く。）における前２項の規定の適用については、当該償還は、当該償還期限の到来時に行われたものとみなす。

〔保育の実施等に関する経過措置〕
第73条　第24条第３項の規定の適用については、当分の間、同項中「市町村は、保育の需要に応ずるに足りる保育所、認定こども園（子ども・子育て支援法第27条第１項の確認を受けたものに限る。以下この項及び第46条の２第２項において同じ。）又は家庭的保育事業等が不足し、又は不足するおそれがある場合その他必要と認められる場合には、保育所、認定こども園」とあるのは、「市町村は、保育所、認定こども園（子ども・子育て支援法第27条第１項の確認を受けたものに限る。以下この項及び第46条の２第２項において同じ。）」とするほか、必要な技術的読替えは、政令で定める。
②　第46条の２第１項の規定の適用については、当分の間、同項中「第24条第５項」とあるのは「保育所における保育を行うことの権限及び第24条第５項」と、「母子保護の実施のための委託」とあるのは「母子保護の実施のための委託若しくは保育所における保育を行うことの委託」とするほか、必要な技術的読替えは、政令で定める。

　（平成28年６月３日法律第63号）抄

（施行期日）
第１条　この法律は、平成29年４月１日から施行する。ただし、次の各号に掲げる規定は、当該各号に定める日から施行する。
　一　第１条のうち児童福祉法の目次の改正規定、同法第１条の改正規定、同法第２条に第１項及び第２項として２項を加える改正規定、同法第１章中第６節を第７節とし、第５節を第６節とする改正規定、同章第４節を同章第５節とする改正規定、同法第10条第１項の改正規定、同法第11条第１項に１号を加える改正規定、同章第３節を同章第４節とする改正規定、同章第２節を同章第３節とする改正規定、同法第６条の３第４項の改正規定、同法第１章中第１節を第２節とし、同節の前に１節を加える改正規定、同法第23条第１項、第26条第１項第２号、第27条第１項第２号、第33条第１項及び第２項、第33条の２第１項及び第２項、第33条の２の２第１項並びに第33条の３第１項の改正規定、同法第２章第６節中第33条の９の次に１条を加える改正規定並びに同法第33条の10、第33条の14第２項及び第56条第４項の改正規定〔中略〕　公布の日
　二　第１条の規定（前号に掲げる改正規定を除く。）〔中略〕　平成28年10月１日
（検討等）

第2条　政府は、この法律の施行後速やかに、児童の福祉の増進を図る観点から、特別養子縁組制度の利用促進の在り方について検討を加え、その結果に基づいて必要な措置を講ずるものとする。

2　政府は、この法律の施行後速やかに、児童福祉法第6条の3第8項に規定する要保護児童（次項において「要保護児童」という。）を適切に保護するための措置に係る手続における裁判所の関与の在り方について、児童虐待の実態を勘案しつつ検討を加え、その結果に基づいて必要な措置を講ずるものとする。

3　政府は、この法律の施行後2年以内に、児童相談所の業務の在り方、第1条の規定による改正後の児童福祉法第25条第1項の規定による要保護児童の通告の在り方、児童及び妊産婦の福祉に関する業務に従事する者の資質の向上を図るための方策について検討を加え、その結果に基づいて必要な措置を講ずるものとする。

4　政府は、前3項に定める事項のほか、この法律の施行後5年を目途として、この法律による改正後のそれぞれの法律の施行の状況等を勘案し、改正後の各法律の規定について検討を加え、その結果に基づいて必要な措置を講ずるものとする。

第3条　政府は、この法律の施行後5年を目途として、地方自治法（昭和22年法律第67号）第252条の22第1項の中核市及び特別区が児童相談所を設置することができるよう、その設置に係る支援その他の必要な措置を講ずるものとする。

（養子縁組里親に関する経過措置）

第4条　この法律の施行の際現に第2条の規定による改正前の児童福祉法（附則第6条において「旧法」という。）第6条の4第1項に規定する里親であって、この法律の施行の日（以下この条において「施行日」という。）の前日までに厚生労働省令で定めるところにより第2条の規定による改正後の児童福祉法（以下「新法」という。）第6条の4第2号に規定する養子縁組里親（以下この条において「養子縁組里親」という。）となることを希望する旨の申出をしたもの（その者又はその同居人が新法第34条の20第1項各号（同居人にあっては、同項第1号を除く。）のいずれかに該当するものを除く。）については、施行日から起算して1年間に限り、養子縁組里親とみなす。

（児童福祉司に関する経過措置）

第5条　この法律の施行の際現に任用されている児童福祉司は、新法第13条第3項の規定により任用された児童福祉司とみなす。

（情緒障害児短期治療施設に関する経過措置）

第6条　この法律の施行の際現に存する旧法第43条の2に規定する情緒障害児短期治療施設は、新法第43条の2に規定する児童心理治療施設とみなす。

（罰則に関する経過措置）

第7条　この法律の施行前にした行為に対する罰則の適用については、なお従前の例による。

（その他の経過措置の政令への委任）

第8条　この附則に規定するもののほか、この法律の施行に伴い必要な経過措置（罰則に関する経過措置を含む。）は、政令で定める。

●児童虐待の防止等に関する法律

〔平成12年5月24日
法　律　第　82　号〕

注　平成28年6月3日法律第63号改正現在
（平成29年4月1日施行分改正後条文）

（目的）
第1条　この法律は、児童虐待が児童の人権を著しく侵害し、その心身の成長及び人格の形成に重大な影響を与えるとともに、我が国における将来の世代の育成にも懸念を及ぼすことにかんがみ、児童に対する虐待の禁止、児童虐待の予防及び早期発見その他の児童虐待の防止に関する国及び地方公共団体の責務、児童虐待を受けた児童の保護及び自立の支援のための措置等を定めることにより、児童虐待の防止等に関する施策を促進し、もって児童の権利利益の擁護に資することを目的とする。

（児童虐待の定義）
第2条　この法律において、「児童虐待」とは、保護者（親権を行う者、未成年後見人その他の者で、児童を現に監護するものをいう。以下同じ。）がその監護する児童（18歳に満たない者をいう。以下同じ。）について行う次に掲げる行為をいう。
一　児童の身体に外傷が生じ、又は生じるおそれのある暴行を加えること。
二　児童にわいせつな行為をすること又は児童をしてわいせつな行為をさせること。
三　児童の心身の正常な発達を妨げるような著しい減食又は長時間の放置、保護者以外の同居人による前2号又は次号に掲げる行為と同様の行為の放置その他の保護者としての監護を著しく怠ること。
四　児童に対する著しい暴言又は著しく拒絶的な対応、児童が同居する家庭における配偶者に対する暴力（配偶者（婚姻の届出をしていないが、事実上婚姻関係と同様の事情にある者を含む。）の身体に対する不法な攻撃であって生命又は身体に危害を及ぼすもの及びこれに準ずる心身に有害な影響を及ぼす言動をいう。第16条において同じ。）その他の児童に著しい心理的外傷を与える言動を行うこと。

（児童に対する虐待の禁止）
第3条　何人も、児童に対し、虐待をしてはならない。

（国及び地方公共団体の責務等）
第4条　国及び地方公共団体は、児童虐待の予防及び早期発見、迅速かつ適切な児童虐待を受けた児童の保護及び自立の支援（児童虐待を受けた後18歳となった者に対する自立の支援を含む。第3項及び次条第2項において同じ。）並びに児童虐待を行った保護者に対する親子の再統合の促進への配慮その他の児童虐待を受けた児童が家庭（家庭における養育環境と同様の養育環境及び良好な家庭的環境を含む。）で生活するために必要な配慮をした適切な指導及び支援を行うため、関係省庁相互間その他関係機関及び民間団体の間の連

携の強化、民間団体の支援、医療の提供体制の整備その他児童虐待の防止等のために必要な体制の整備に努めなければならない。
2　国及び地方公共団体は、児童相談所等関係機関の職員及び学校の教職員、児童福祉施設の職員、医師、保健師、弁護士その他児童の福祉に職務上関係のある者が児童虐待を早期に発見し、その他児童虐待の防止に寄与することができるよう、研修等必要な措置を講ずるものとする。
3　国及び地方公共団体は、児童虐待を受けた児童の保護及び自立の支援を専門的知識に基づき適切に行うことができるよう、児童相談所等関係機関の職員、学校の教職員、児童福祉施設の職員その他児童虐待を受けた児童の保護及び自立の支援の職務に携わる者の人材の確保及び資質の向上を図るため、研修等必要な措置を講ずるものとする。
4　国及び地方公共団体は、児童虐待の防止に資するため、児童の人権、児童虐待が児童に及ぼす影響、児童虐待に係る通告義務等について必要な広報その他の啓発活動に努めなければならない。
5　国及び地方公共団体は、児童虐待を受けた児童がその心身に著しく重大な被害を受けた事例の分析を行うとともに、児童虐待の予防及び早期発見のための方策、児童虐待を受けた児童のケア並びに児童虐待を行った保護者の指導及び支援のあり方、学校の教職員及び児童福祉施設の職員が児童虐待の防止に果たすべき役割その他児童虐待の防止等のために必要な事項についての調査研究及び検証を行うものとする。
6　児童の親権を行う者は、児童を心身ともに健やかに育成することについて第一義的責任を有するものであって、親権を行うに当たっては、できる限り児童の利益を尊重するよう努めなければならない。
7　何人も、児童の健全な成長のために、<u>家庭（家庭における養育環境と同様の養育環境及び良好な家庭的環境を含む。）</u>及び近隣社会の連帯が求められていることに留意しなければならない。

（児童虐待の早期発見等）
第5条　学校、児童福祉施設、病院その他児童の福祉に業務上関係のある団体及び学校の教職員、児童福祉施設の職員、医師、保健師、弁護士その他児童の福祉に職務上関係のある者は、児童虐待を発見しやすい立場にあることを自覚し、児童虐待の早期発見に努めなければならない。
2　前項に規定する者は、児童虐待の予防その他の児童虐待の防止並びに児童虐待を受けた児童の保護及び自立の支援に関する国及び地方公共団体の施策に協力するよう努めなければならない。
3　学校及び児童福祉施設は、児童及び保護者に対して、児童虐待の防止のための教育又は啓発に努めなければならない。

（児童虐待に係る通告）
第6条　児童虐待を受けたと思われる児童を発見した者は、速やかに、これを市町村、都道府県の設置する福祉事務所若しくは児童相談所又は児童委員を介して市町村、都道府県の設置する福祉事務所若しくは児童相談所に通告しなければならない。

2　前項の規定による通告は、児童福祉法（昭和22年法律第164号）第25条第1項の規定による通告とみなして、同法の規定を適用する。

3　刑法（明治40年法律第45号）の秘密漏示罪の規定その他の守秘義務に関する法律の規定は、第1項の規定による通告をする義務の遵守を妨げるものと解釈してはならない。

第7条　市町村、都道府県の設置する福祉事務所又は児童相談所が前条第1項の規定による通告を受けた場合においては、当該通告を受けた市町村、都道府県の設置する福祉事務所又は児童相談所の所長、所員その他の職員及び当該通告を仲介した児童委員は、その職務上知り得た事項であって当該通告をした者を特定させるものを漏らしてはならない。

　　（通告又は送致を受けた場合の措置）

第8条　市町村又は都道府県の設置する福祉事務所が第6条第1項の規定による通告を受けたときは、市町村又は福祉事務所の長は、必要に応じ近隣住民、学校の教職員、児童福祉施設の職員その他の者の協力を得つつ、当該児童との面会その他の当該児童の安全の確認を行うための措置を講ずるとともに、必要に応じ次に掲げる措置を採るものとする。

　一　児童福祉法第25条の7第1項第1号若しくは第2項第1号又は第25条の8第1号の規定により当該児童を児童相談所に送致すること。

　二　当該児童のうち次条第1項の規定による出頭の求め及び調査若しくは質問、第9条第1項の規定による立入り及び調査若しくは質問又は児童福祉法第33条第1項若しくは第2項の規定による一時保護の実施が適当であると認めるものを都道府県知事又は児童相談所長へ通知すること。

2　児童相談所が第6条第1項の規定による通告又は児童福祉法第25条の7第1項第1号若しくは第2項第1号若しくは第25条の8第1号の規定による送致を受けたときは、児童相談所長は、必要に応じ近隣住民、学校の教職員、児童福祉施設の職員その他の者の協力を得つつ、当該児童との面会その他の当該児童の安全の確認を行うための措置を講ずるとともに、必要に応じ次に掲げる措置を採るものとする。

　一　児童福祉法第33条第1項の規定により当該児童の一時保護を行い、又は適当な者に委託して、当該一時保護を行わせること。

　二　児童福祉法第26条第1項第3号の規定により当該児童のうち第6条第1項の規定による通告を受けたものを市町村に送致すること。

　三　当該児童のうち児童福祉法第25条の8第3号に規定する保育の利用等（以下この号において「保育の利用等」という。）が適当であると認めるものをその保育の利用等に係る都道府県又は市町村の長へ報告し、又は通知すること。

　四　当該児童のうち児童福祉法第6条の3第2項に規定する放課後児童健全育成事業、同条第3項に規定する子育て短期支援事業、同条第5項に規定する養育支援訪問事業、同条第6項に規定する地域子育て支援拠点事業、同条第14項に規定する子育て援助活動支援事業、子ども・子育て支援法（平成24年法律第65号）第59条第1号に掲げる事業その他市町村が実施する児童の健全な育成に資する事業の実施が適当であると認めるものをその事業の実施に係る市町村の長へ通知すること。

3　前2項の児童の安全の確認を行うための措置、市町村若しくは児童相談所への送致又は

一時保護を行う者は、速やかにこれを行うものとする。

（出頭要求等）

第8条の2 都道府県知事は、児童虐待が行われているおそれがあると認めるときは、当該児童の保護者に対し、当該児童を同伴して出頭することを求め、児童委員又は児童の福祉に関する事務に従事する職員をして、必要な調査又は質問をさせることができる。この場合においては、その身分を証明する証票を携帯させ、関係者の請求があったときは、これを提示させなければならない。

2　都道府県知事は、前項の規定により当該児童の保護者の出頭を求めようとするときは、厚生労働省令で定めるところにより、当該保護者に対し、出頭を求める理由となった事実の内容、出頭を求める日時及び場所、同伴すべき児童の氏名その他必要な事項を記載した書面により告知しなければならない。

3　都道府県知事は、第1項の保護者が同項の規定による出頭の求めに応じない場合は、次条第1項の規定による児童委員又は児童の福祉に関する事務に従事する職員の立入り及び調査又は質問その他の必要な措置を講ずるものとする。

（立入調査等）

第9条　都道府県知事は、児童虐待が行われているおそれがあると認めるときは、児童委員又は児童の福祉に関する事務に従事する職員をして、児童の住所又は居所に立ち入り、必要な調査又は質問をさせることができる。この場合においては、その身分を証明する証票を携帯させ、関係者の請求があったときは、これを提示させなければならない。

2　前項の規定による児童委員又は児童の福祉に関する事務に従事する職員の立入り及び調査又は質問は、児童福祉法第29条の規定による児童委員又は児童の福祉に関する事務に従事する職員の立入り及び調査又は質問とみなして、同法第61条の5の規定を適用する。

（再出頭要求等）

第9条の2　都道府県知事は、第8条の2第1項の保護者又は前条第1項の児童の保護者が正当な理由なく同項の規定による児童委員又は児童の福祉に関する事務に従事する職員の立入り又は調査を拒み、妨げ、又は忌避した場合において、児童虐待が行われているおそれがあると認めるときは、当該保護者に対し、当該児童を同伴して出頭することを求め、児童委員又は児童の福祉に関する事務に従事する職員をして、必要な調査又は質問をさせることができる。この場合においては、その身分を証明する証票を携帯させ、関係者の請求があったときは、これを提示させなければならない。

2　第8条の2第2項の規定は、前項の規定による出頭の求めについて準用する。

（臨検、捜索等）

第9条の3　都道府県知事は、第8条の2第1項の保護者又は第9条第1項の児童の保護者が<u>正当な理由なく同項の規定による児童委員又は児童の福祉に関する事務に従事する職員の立入り又は調査を拒み、妨げ、又は忌避した場合</u>において、児童虐待が行われている疑いがあるときは、当該児童の安全の確認を行い、<u>又はその</u>安全を確保するため、児童の福祉に関する事務に従事する職員をして、当該児童の住所又は居所の所在地を管轄する地方裁判所、家庭裁判所又は簡易裁判所の裁判官があらかじめ発する許可状により、当該児童

の住所若しくは居所に臨検させ、又は当該児童を捜索させることができる。
2　都道府県知事は、前項の規定による臨検又は捜索をさせるときは、児童の福祉に関する事務に従事する職員をして、必要な調査又は質問をさせることができる。
3　都道府県知事は、第1項の許可状（以下「許可状」という。）を請求する場合においては、児童虐待が行われている疑いがあると認められる資料、臨検させようとする住所又は居所に当該児童が現在すると認められる資料及び当該児童の保護者が第9条第1項の規定による立入り又は調査を拒み、妨げ、又は忌避したことを証する資料を提出しなければならない。
4　前項の請求があった場合においては、地方裁判所、家庭裁判所又は簡易裁判所の裁判官は、臨検すべき場所又は捜索すべき児童の氏名並びに有効期間、その期間経過後は執行に着手することができずこれを返還しなければならない旨、交付の年月日及び裁判所名を記載し、自己の記名押印した許可状を都道府県知事に交付しなければならない。
5　都道府県知事は、許可状を児童の福祉に関する事務に従事する職員に交付して、第1項の規定による臨検又は捜索をさせるものとする。
6　第1項の規定による臨検又は捜索に係る制度は、児童虐待が保護者がその監護する児童に対して行うものであるために他人から認知されること及び児童がその被害から自ら逃れることが困難である等の特別の事情から児童の生命又は身体に重大な危険を生じさせるおそれがあることにかんがみ特に設けられたものであることを十分に踏まえた上で、適切に運用されなければならない。

（臨検又は捜索の夜間執行の制限）
第9条の4　前条第1項の規定による臨検又は捜索は、許可状に夜間でもすることができる旨の記載がなければ、日没から日の出までの間には、してはならない。
2　日没前に開始した前条第1項の規定による臨検又は捜索は、必要があると認めるときは、日没後まで継続することができる。

（許可状の提示）
第9条の5　第9条の3第1項の規定による臨検又は捜索の許可状は、これらの処分を受ける者に提示しなければならない。

（身分の証明）
第9条の6　児童の福祉に関する事務に従事する職員は、第9条の3第1項の規定による臨検若しくは捜索又は同条第2項の規定による調査若しくは質問（以下「臨検等」という。）をするときは、その身分を示す証票を携帯し、関係者の請求があったときは、これを提示しなければならない。

（臨検又は捜索に際しての必要な処分）
第9条の7　児童の福祉に関する事務に従事する職員は、第9条の3第1項の規定による臨検又は捜索をするに当たって必要があるときは、錠をはずし、その他必要な処分をすることができる。

（臨検等をする間の出入りの禁止）
第9条の8　児童の福祉に関する事務に従事する職員は、臨検等をする間は、何人に対して

も、許可を受けないでその場所に出入りすることを禁止することができる。
　（責任者等の立会い）
第9条の9　児童の福祉に関する事務に従事する職員は、第9条の3第1項の規定による臨検又は捜索をするときは、当該児童の住所若しくは居所の所有者若しくは管理者（これらの者の代表者、代理人その他これらの者に代わるべき者を含む。）又は同居の親族で成年に達した者を立ち会わせなければならない。

2　前項の場合において、同項に規定する者を立ち会わせることができないときは、その隣人で成年に達した者又はその地の地方公共団体の職員を立ち会わせなければならない。
　（警察署長に対する援助要請等）
第10条　児童相談所長は、第8条第2項の児童の安全の確認を行おうとする場合、又は同項第1号の一時保護を行おうとし、若しくは行わせようとする場合において、これらの職務の執行に際し必要があると認めるときは、当該児童の住所又は居所の所在地を管轄する警察署長に対し援助を求めることができる。都道府県知事が、第9条第1項の規定による立入り及び調査若しくは質問をさせ、又は臨検等をさせようとする場合についても、同様とする。

2　児童相談所長又は都道府県知事は、児童の安全の確認及び安全の確保に万全を期する観点から、必要に応じ迅速かつ適切に、前項の規定により警察署長に対し援助を求めなければならない。

3　警察署長は、第1項の規定による援助の求めを受けた場合において、児童の生命又は身体の安全を確認し、又は確保するため必要と認めるときは、速やかに、所属の警察官に、同項の職務の執行を援助するために必要な警察官職務執行法（昭和23年法律第136号）その他の法令の定めるところによる措置を講じさせるよう努めなければならない。
　（調書）
第10条の2　児童の福祉に関する事務に従事する職員は、第9条の3第1項の規定による臨検又は捜索をしたときは、これらの処分をした年月日及びその結果を記載した調書を作成し、立会人に示し、当該立会人とともにこれに署名押印しなければならない。ただし、立会人が署名押印をせず、又は署名押印することができないときは、その旨を付記すれば足りる。
　（都道府県知事への報告）
第10条の3　児童の福祉に関する事務に従事する職員は、臨検等を終えたときは、その結果を都道府県知事に報告しなければならない。
　（行政手続法の適用除外）
第10条の4　臨検等に係る処分については、行政手続法（平成5年法律第88号）第3章の規定は、適用しない。
　（審査請求の制限）
第10条の5　臨検等に係る処分については、審査請求をすることができない。
　（行政事件訴訟の制限）
第10条の6　臨検等に係る処分については、行政事件訴訟法（昭和37年法律第139号）第37

条の4の規定による差止めの訴えを提起することができない。
　(児童虐待を行った保護者に対する指導等)
第11条　児童虐待を行った保護者について児童福祉法第27条第1項第2号の規定により行われる指導は、親子の再統合への配慮その他の児童虐待を受けた児童が<u>家庭（家庭における養育環境と同様の養育環境及び良好な家庭的環境を含む。）</u>で生活するために必要な配慮の下に適切に行われなければならない。
2　児童虐待を行った保護者について児童福祉法第27条第1項第2号の措置が採られた場合においては、当該保護者は、同号の指導を受けなければならない。
3　前項の場合において保護者が同項の指導を受けないときは、都道府県知事は、当該保護者に対し、同項の指導を受けるよう勧告することができる。
4　都道府県知事は、前項の規定による勧告を受けた保護者が当該勧告に従わない場合において必要があると認めるときは、児童福祉法第33条第2項の規定により児童相談所長をして児童虐待を受けた<u>児童</u>の一時保護を<u>行わせ、</u>又は適当な者に<u>当該一時保護を行う</u>ことを委託させ、同法第27条第1項第3号又は第28条第1項の規定による措置を採る等の必要な措置を講ずるものとする。
5　児童相談所長は、第3項の規定による勧告を受けた保護者が当該勧告に従わず、その監護する児童に対し親権を行わせることが著しく当該児童の福祉を害する場合には、必要に応じて、適切に、児童福祉法第33条の7の規定による請求を行うものとする。
　(面会等の制限等)
第12条　児童虐待を受けた児童について児童福祉法第27条第1項第3号の措置（以下「施設入所等の措置」という。）が採られ、又は同法第33条第1項若しくは第2項の規定による一時保護が行われた場合において、児童虐待の防止及び児童虐待を受けた児童の保護のため必要があると認めるときは、児童相談所長及び当該児童について施設入所等の措置が採られている場合における当該施設入所等の措置に係る同号に規定する施設の長は、厚生労働省令で定めるところにより、当該児童虐待を行った保護者について、次に掲げる行為の全部又は一部を制限することができる。
　一　当該児童との面会
　二　当該児童との通信
2　前項の施設の長は、同項の規定による制限を行った場合又は行わなくなった場合は、その旨を児童相談所長に通知するものとする。
3　児童虐待を受けた児童について施設入所等の措置（児童福祉法第28条の規定によるものに限る。）が採られ、又は同法第33条第1項若しくは第2項の規定による一時保護が行われた場合において、当該児童虐待を行った保護者に対し当該児童の住所又は居所を明らかにしたとすれば、当該保護者が当該児童を連れ戻すおそれがある等再び児童虐待が行われるおそれがあり、又は当該児童の保護に支障をきたすと認めるときは、児童相談所長は、当該保護者に対し、当該児童の住所又は居所を明らかにしないものとする。
第12条の2　児童虐待を受けた児童について施設入所等の措置（児童福祉法第28条の規定によるものを除く。以下この項において同じ。）が採られた場合において、当該児童虐待を

行った保護者に当該児童を引き渡した場合には再び児童虐待が行われるおそれがあると認められるにもかかわらず、当該保護者が当該児童の引渡しを求めること、当該保護者が前条第1項の規定による制限に従わないことその他の事情から当該児童について当該施設入所等の措置を採ることが当該保護者の意に反し、これを継続することが困難であると認めるときは、児童相談所長は、次項の報告を行うに至るまで、同法第33条第1項の規定により当該児童の一時保護を行い、又は適当な者に委託して、当該一時保護を行わせることができる。

2　児童相談所長は、前項の一時保護を行った、又は行わせた場合には、速やかに、児童福祉法第26条第1項第1号の規定に基づき、同法第28条の規定による施設入所等の措置を要する旨を都道府県知事に報告しなければならない。

第12条の3　児童相談所長は、児童福祉法第33条第1項の規定により、児童虐待を受けた児童について一時保護を行っている、又は適当な者に委託して、一時保護を行わせている場合（前条第1項の一時保護を行っている、又は行わせている場合を除く。）において、当該児童について施設入所等の措置を要すると認めるときであって、当該児童虐待を行った保護者に当該児童を引き渡した場合には再び児童虐待が行われるおそれがあると認められるにもかかわらず、当該保護者が当該児童の引渡しを求めること、当該保護者が第12条第1項の規定による制限に従わないことその他の事情から当該児童について施設入所等の措置を採ることが当該保護者の意に反すると認めるときは、速やかに、同法第26条第1項第1号の規定に基づき、同法第28条の規定による施設入所等の措置を要する旨を都道府県知事に報告しなければならない。

第12条の4　都道府県知事は、児童虐待を受けた児童について施設入所等の措置（児童福祉法第28条の規定によるものに限る。）が採られ、かつ、第12条第1項の規定により、当該児童虐待を行った保護者について、同項各号に掲げる行為の全部が制限されている場合において、児童虐待の防止及び児童虐待を受けた児童の保護のため特に必要があると認めるときは、厚生労働省令で定めるところにより、6月を超えない期間を定めて、当該保護者に対し、当該児童の住所若しくは居所、就学する学校その他の場所において当該児童の身辺につきまとい、又は当該児童の住所若しくは居所、就学する学校その他その通常所在する場所（通学路その他の当該児童が日常生活又は社会生活を営むために通常移動する経路を含む。）の付近をはいかいしてはならないことを命ずることができる。

2　都道府県知事は、前項に規定する場合において、引き続き児童虐待の防止及び児童虐待を受けた児童の保護のため特に必要があると認めるときは、6月を超えない期間を定めて、同項の規定による命令に係る期間を更新することができる。

3　都道府県知事は、第1項の規定による命令をしようとするとき（前項の規定により第1項の規定による命令に係る期間を更新しようとするときを含む。）は、行政手続法第13条第1項の規定による意見陳述のための手続の区分にかかわらず、聴聞を行わなければならない。

4　第1項の規定による命令をするとき（第2項の規定により第1項の規定による命令に係る期間を更新するときを含む。）は、厚生労働省令で定める事項を記載した命令書を交付

5　第1項の規定による命令が発せられた後に児童福祉法第28条の規定による施設入所等の措置が解除され、停止され、若しくは他の措置に変更された場合又は第12条第1項の規定による制限の全部又は一部が行われなくなった場合は、当該命令は、その効力を失う。同法第28条第3項の規定により引き続き施設入所等の措置が採られている場合において、第1項の規定による命令が発せられたときであって、当該命令に係る期間が経過する前に同条第2項の規定による当該施設入所等の措置の期間の更新に係る承認の申立てに対する審判が確定したときも、同様とする。

6　都道府県知事は、第1項の規定による命令をした場合において、その必要がなくなったと認めるときは、厚生労働省令で定めるところにより、その命令を取り消さなければならない。

（施設入所等の措置の解除等）

第13条　都道府県知事は、児童虐待を受けた児童について施設入所等の措置が採られ、及び当該児童の保護者について児童福祉法第27条第1項第2号の措置が採られた場合において当該児童について採られた施設入所等の措置を解除しようとするときは、当該児童の保護者について同号の指導を行うこととされた児童福祉司等の意見を聴くとともに、当該児童の保護者に対し採られた当該指導の効果、当該児童に対し再び児童虐待が行われることを予防するために採られる措置について見込まれる効果その他厚生労働省令で定める事項を勘案しなければならない。

2　都道府県知事は、児童虐待を受けた児童について施設入所等の措置が採られ、又は児童福祉法第33条第2項の規定による一時保護が行われた場合において、当該児童について採られた施設入所等の措置又は行われた一時保護を解除するときは、当該児童の保護者に対し、親子の再統合の促進その他の児童虐待を受けた児童が家庭で生活することを支援するために必要な助言を行うことができる。

3　都道府県知事は、前項の助言に係る事務の全部又は一部を**厚生労働省令**で定める者に委託することができる。

4　前項の規定により行われる助言に係る事務に従事する者又は従事していた者は、その事務に関して知り得た秘密を漏らしてはならない。

▶児童虐待の防止等に関する法律施行規則（平成20年厚生労働省令第30号）
（施設入所等の措置の解除）
第6条
2　法第13条第3項に規定する厚生労働省令で定める者は、委託に係る事務を適正かつ円滑に遂行しうる能力を有する人員を十分に有している者であって、職員又は職員であった者が、正当な理由がなく、その業務上知り得た児童又はその家族の秘密を漏らすことがないよう、必要な措置を講じているものとする。

（施設入所等の措置の解除時の安全確認等）

第13条の2　都道府県は、児童虐待を受けた児童について施設入所等の措置が採られ、又は

児童福祉法第33条第２項の規定による一時保護が行われた場合において、当該児童について採られた施設入所等の措置若しくは行われた一時保護を解除するとき又は当該児童が一時的に帰宅するときは、必要と認める期間、市町村、児童福祉施設その他の関係機関との緊密な連携を図りつつ、当該児童の家庭を継続的に訪問することにより当該児童の安全の確認を行うとともに、当該児童の保護者からの相談に応じ、当該児童の養育に関する指導、助言その他の必要な支援を行うものとする。

（児童虐待を受けた児童等に対する支援）

第13条の３ 市町村は、子ども・子育て支援法第27条第１項に規定する特定教育・保育施設（次項において「特定教育・保育施設」という。）又は同法第43条第３項に規定する特定地域型保育事業（次項において「特定地域型保育事業」という。）の利用について、同法第42条第１項若しくは第54条第１項の規定により相談、助言若しくはあっせん若しくは要請を行う場合又は児童福祉法第24条第３項の規定により調整若しくは要請を行う場合には、児童虐待の防止に寄与するため、特別の支援を要する家庭の福祉に配慮をしなければならない。

２　特定教育・保育施設の設置者又は子ども・子育て支援法第29条第１項に規定する特定地域型保育事業者は、同法第33条第２項又は第45条第２項の規定により当該特定教育・保育施設を利用する児童（同法第19条第１項第２号又は第３号に該当する児童に限る。以下この項において同じ。）又は当該特定地域型保育事業者に係る特定地域型保育事業を利用する児童を選考するときは、児童虐待の防止に寄与するため、特別の支援を要する家庭の福祉に配慮をしなければならない。

３　国及び地方公共団体は、児童虐待を受けた児童がその年齢及び能力に応じ充分な教育が受けられるようにするため、教育の内容及び方法の改善及び充実を図る等必要な施策を講じなければならない。

４　国及び地方公共団体は、居住の場所の確保、進学又は就業の支援その他の児童虐待を受けた者の自立の支援のための施策を講じなければならない。

（資料又は情報の提供）

第13条の４ 地方公共団体の機関及び病院、診療所、児童福祉施設、学校その他児童の医療、福祉又は教育に関係する機関（地方公共団体の機関を除く。）並びに医師、看護師、児童福祉施設の職員、学校の教職員その他児童の医療、福祉又は教育に関連する職務に従事する者は、市町村長、都道府県の設置する福祉事務所の長又は児童相談所長から児童虐待に係る児童又はその保護者の心身の状況、これらの者の置かれている環境その他児童虐待の防止等に係る当該児童、その保護者その他の関係者に関する資料又は情報の提供を求められたときは、当該資料又は情報について、当該市町村長、都道府県の設置する福祉事務所の長又は児童相談所長が児童虐待の防止等に関する事務又は業務の遂行に必要な限度で利用し、かつ、利用することに相当の理由があるときは、これを提供することができる。ただし、当該資料又は情報を提供することによって、当該資料又は情報に係る児童、その保護者その他の関係者又は第三者の権利利益を不当に侵害するおそれがあると認められるときは、この限りでない。

（都道府県児童福祉審議会等への報告）
第13条の5　都道府県知事は、児童福祉法第8条第2項に規定する都道府県児童福祉審議会（同条第1項ただし書に規定する都道府県にあっては、地方社会福祉審議会）に、第9条第1項の規定による立入り及び調査又は質問、臨検等並びに児童虐待を受けた児童に行われた同法第33条第1項又は第2項の規定による一時保護の実施状況、児童の心身に著しく重大な被害を及ぼした児童虐待の事例その他の厚生労働省令で定める事項を報告しなければならない。

（親権の行使に関する配慮等）
第14条　児童の親権を行う者は、児童のしつけに際して、民法（明治29年法律第89号）第820条の規定による監護及び教育に必要な範囲を超えて当該児童を懲戒してはならず、当該児童の親権の適切な行使に配慮しなければならない。
2　児童の親権を行う者は、児童虐待に係る暴行罪、傷害罪その他の犯罪について、当該児童の親権を行う者であることを理由として、その責めを免れることはない。

（親権の喪失の制度の適切な運用）
第15条　民法に規定する親権の喪失の制度は、児童虐待の防止及び児童虐待を受けた児童の保護の観点からも、適切に運用されなければならない。

（延長者等の特例）
第16条　児童福祉法第31条第4項に規定する延長者（以下この条において「延長者」という。）、延長者の親権を行う者、未成年後見人その他の者で、延長者を現に監護する者（以下この項において「延長者の監護者」という。）及び延長者の監護者がその監護する延長者について行う次に掲げる行為（以下この項において「延長者虐待」という。）については、延長者を児童と、延長者の監護者を保護者と、延長者虐待を児童虐待と、同法第31条第2項から第4項までの規定による措置を同法第27条第1項第1号から第3号まで又は第2項の規定による措置とみなして、第11条第1項から第3項まで及び第5項、第12条の4並びに第13条第1項の規定を適用する。
一　延長者の身体に外傷が生じ、又は生じるおそれのある暴行を加えること。
二　延長者にわいせつな行為をすること又は延長者をしてわいせつな行為をさせること。
三　延長者の心身の正常な発達を妨げるような著しい減食又は長時間の放置、延長者の監護者以外の同居人による前2号又は次号に掲げる行為と同様の行為の放置その他の延長者の監護者としての監護を著しく怠ること。
四　延長者に対する著しい暴言又は著しく拒絶的な対応、延長者が同居する家庭における配偶者に対する暴力その他の延長者に著しい心理的外傷を与える言動を行うこと。
2　延長者又は児童福祉法第33条第8項に規定する保護延長者（以下この項において「延長者等」という。）、延長者等の親権を行う者、未成年後見人その他の者で、延長者等を現に監護する者（以下この項において「延長者等の監護者」という。）及び延長者等の監護者がその監護する延長者等について行う次に掲げる行為（以下この項において「延長者等虐待」という。）については、延長者等を児童と、延長者等の監護者を保護者と、延長者等虐待を児童虐待と、同法第31条第2項から第4項までの規定による措置を同法第27条第1

項第1号から第3号まで又は第2項の規定による措置と、同法第33条第6項から第9項までの規定による一時保護を同条第1項又は第2項の規定による一時保護とみなして、第11条第4項、第12条から第12条の3まで、第13条第2項から第4項まで、第13条の2、第13条の4及び第13条の5の規定を適用する。
一　延長者等の身体に外傷が生じ、又は生じるおそれのある暴行を加えること。
二　延長者等にわいせつな行為をすること又は延長者等をしてわいせつな行為をさせること。
三　延長者等の心身の正常な発達を妨げるような著しい減食又は長時間の放置、延長者等の監護者以外の同居人による前2号又は次号に掲げる行為と同様の行為の放置その他の延長者等の監護者としての監護を著しく怠ること。
四　延長者等に対する著しい暴言又は著しく拒絶的な対応、延長者等が同居する家庭における配偶者に対する暴力その他の延長者等に著しい心理的外傷を与える言動を行うこと。

（大都市等の特例）

第17条　この法律中都道府県が処理することとされている事務で政令で定めるものは、地方自治法（昭和22年法律第67号）第252条の19第1項の指定都市（以下「指定都市」という。）及び同法第252条の22第1項の中核市（以下「中核市」という。）並びに児童福祉法第59条の4第1項に規定する児童相談所設置市においては、政令で定めるところにより、指定都市若しくは中核市又は児童相談所設置市（以下「指定都市等」という。）が処理するものとする。この場合においては、この法律中都道府県に関する規定は、指定都市等に関する規定として指定都市等に適用があるものとする。

（罰則）

第18条　第12条の4第1項（第16条第1項の規定によりみなして適用する場合を含む。以下この条において同じ。）の規定による命令（第12条の4第2項（第16条第1項の規定によりみなして適用する場合を含む。）の規定により第12条の4第1項の規定による命令に係る期間が更新された場合における当該命令を含む。）に違反した者は、1年以下の懲役又は100万円以下の罰金に処する。

第19条　第13条第4項（第16条第2項の規定によりみなして適用する場合を含む。）の規定に違反した者は、1年以下の懲役又は50万円以下の罰金に処する。

附則　抄

（施行期日）

第1条　この法律は、公布の日から起算して6月を超えない範囲内において政令で定める日〔平成12年11月20日〕から施行する。〔以下略〕

附則　（平成28年6月3日法律第63号）抄

（施行期日）
第1条　この法律は、平成29年4月1日から施行する。ただし、次の各号に掲げる規定は、当該各号に定める日から施行する。
　一　〔前略〕第6条中児童虐待の防止等に関する法律第4条第1項及び第7項、第8条第2項、第10条第1項、第11条第1項及び第4項、第12条の2、第12条の3、第14条第1項並びに第15条の改正規定並びに附則第8条〔中略〕の規定〔中略〕　公布の日
　二　〔前略〕第6条の規定（同号に掲げる改正規定を除く。）〔中略〕　平成28年10月1日
　（検討等）
第2条　政府は、この法律の施行後速やかに、児童の福祉の増進を図る観点から、特別養子縁組制度の利用促進の在り方について検討を加え、その結果に基づいて必要な措置を講ずるものとする。
2　政府は、この法律の施行後速やかに、児童福祉法第6条の3第8項に規定する要保護児童（次項において「要保護児童」という。）を適切に保護するための措置に係る手続における裁判所の関与の在り方について、児童虐待の実態を勘案しつつ検討を加え、その結果に基づいて必要な措置を講ずるものとする。
3　政府は、この法律の施行後2年以内に、児童相談所の業務の在り方、第1条の規定による改正後の児童福祉法第25条第1項の規定による要保護児童の通告の在り方、児童及び妊産婦の福祉に関する業務に従事する者の資質の向上を図るための方策について検討を加え、その結果に基づいて必要な措置を講ずるものとする。
4　政府は、前3項に定める事項のほか、この法律の施行後5年を目途として、この法律による改正後のそれぞれの法律の施行の状況等を勘案し、改正後の各法律の規定について検討を加え、その結果に基づいて必要な措置を講ずるものとする。
　（罰則に関する経過措置）
第7条　この法律の施行前にした行為に対する罰則の適用については、なお従前の例による。
　（その他の経過措置の政令への委任）
第8条　この附則に規定するもののほか、この法律の施行に伴い必要な経過措置（罰則に関する経過措置を含む。）は、政令で定める。

第3編
児童福祉法・児童虐待防止法の新旧対照表

●児童福祉法（抄）

〔昭和22年12月12日〕
〔法　律　第 164 号〕
【平成28年６月３日・10月１日施行】

(　　　の部分は改正部分)

改　　正　　後	改　　正　　前
目次 　第１章　総則（第１条—第３条） 　　第１節　国及び地方公共団体の責務（第３条の２・第３条の３） 　　第２節　定義（第４条—第７条） 　　第３節　児童福祉審議会等（第８条・第９条） 　　第４節　実施機関（第10条—第12条の６） 　　第５節　児童福祉司（第13条—第15条） 　　第６節　児童委員（第16条—第18条の３） 　　第７節　保育士（第18条の４—第18条の24） 　第２章　福祉の保障 　　第１節〜第５節　（略） 　　第６節　要保護児童の保護措置等（第25条—第33条の９の２） 　　第７節・第８節　（略） 　第３章〜第８章　（略） 附則	目次 　第１章　総則（第１条—第３条） 　　第１節　定義（第４条—第７条） 　　第２節　児童福祉審議会等（第８条・第９条） 　　第３節　実施機関（第10条—第12条の６） 　　第４節　児童福祉司（第13条—第15条） 　　第５節　児童委員（第16条—第18条の３） 　　第６節　保育士（第18条の４—第18条の24） 　第２章　福祉の保障 　　第１節〜第５節　（略） 　　第６節　要保護児童の保護措置等（第25条—第33条の９） 　　第７節・第８節　（略） 　第３章〜第８章　（略） 附則
〔児童の福祉を保障するための原理〕 **第１条**　全て児童は、児童の権利に関する条約の精神にのつとり、適切に養育されること、その生活を保障されること、愛され、保護されること、その心身の健やかな成長及び発達並びにその自立が図られることその他の福祉を等しく保障される権利を有する。	〔児童福祉の理念〕 **第１条**　すべて国民は、児童が心身ともに健やかに生まれ、且つ、育成されるよう努めなければならない。 ②　すべて児童は、ひとしくその生活を保障され、愛護されなければならない。
〔児童育成の責任〕 **第２条**　全て国民は、児童が良好な環境において生まれ、かつ、社会のあらゆる分野において、児童の年齢及び発達の程度に応じて、その意見が尊重され、その最善の利益が優先して考慮され、心身ともに健やかに育成されるよう努めなければならない。 ②　児童の保護者は、児童を心身ともに健やかに育成することについて第一義的責任を負う。 ③　国及び地方公共団体は、児童の保護者とともに、児童を心身ともに健やかに育成する責任を負	〔児童育成の責任〕 **第２条**　（新設） （新設） 　　国及び地方公共団体は、児童の保護者とともに、児童を心身ともに健やかに育成する責任を負

　　　　第1節　国及び地方公共団体の責務
第3条の2　国及び地方公共団体は、児童が家庭において心身ともに健やかに養育されるよう、児童の保護者を支援しなければならない。ただし、児童及びその保護者の心身の状況、これらの者の置かれている環境その他の状況を勘案し、児童を家庭において養育することが困難であり又は適当でない場合にあつては児童が家庭における養育環境と同様の養育環境において継続的に養育されるよう、児童を家庭及び当該養育環境において養育することが適当でない場合にあつては児童ができる限り良好な家庭的環境において養育されるよう、必要な措置を講じなければならない。

第3条の3　市町村（特別区を含む。以下同じ。）は、児童が心身ともに健やかに育成されるよう、基礎的な地方公共団体として、第10条第1項各号に掲げる業務の実施、障害児通所給付費の支給、第24条第1項の規定による保育の実施その他この法律に基づく児童の身近な場所における児童の福祉に関する支援に係る業務を適切に行わなければならない。

② 　都道府県は、市町村の行うこの法律に基づく児童の福祉に関する業務が適正かつ円滑に行われるよう、市町村に対する必要な助言及び適切な援助を行うとともに、児童が心身ともに健やかに育成されるよう、専門的な知識及び技術並びに各市町村の区域を超えた広域的な対応が必要な業務として、第11条第1項各号に掲げる業務の実施、小児慢性特定疾病医療費の支給、障害児入所給付費の支給、第27条第1項第3号の規定による委託又は入所の措置その他この法律に基づく児童の福祉に関する業務を適切に行わなければならない。

③ 　国は、市町村及び都道府県の行うこの法律に基づく児童の福祉に関する業務が適正かつ円滑に行われるよう、児童が適切に養育される体制の確保に関する施策、市町村及び都道府県に対する助言及び情報の提供その他の必要な各般の措置を講じなければならない。

　　　　第2節　定義
〔事業〕
第6条の3　（略）
②・③　（略）
④　この法律で、乳児家庭全戸訪問事業とは、一の市町村の区域内における原則として全ての乳児の

（新設）

（新設）

　　　　第1節　定義
〔事業〕
第6条の3　（略）
②・③　（略）
④　この法律で、乳児家庭全戸訪問事業とは、一の市町村**（特別区を含む。以下同じ。）**の区域内に

いる家庭を訪問することにより、厚生労働省令で定めるところにより、子育てに関する情報の提供並びに乳児及びその保護者の心身の状況及び養育環境の把握を行うほか、養育についての相談に応じ、助言その他の援助を行う事業をいう。

⑤〜⑭　（略）

第3節　児童福祉審議会等
〔設置及び権限〕

第8条　第8項、第27条第6項、第33条第5項、第33条の15第3項、第35条第6項、第46条第4項及び第59条第5項の規定によりその権限に属させられた事項を調査審議するため、都道府県に児童福祉に関する審議会その他の合議制の機関を置くものとする。ただし、社会福祉法（昭和26年法律第45号）第12条第1項の規定により同法第7条第1項に規定する地方社会福祉審議会（以下「地方社会福祉審議会」という。）に児童福祉に関する事項を調査審議させる都道府県にあつては、この限りでない。

②〜⑤　（略）

⑥　児童福祉審議会は、特に必要があると認めるときは、児童、妊産婦及び知的障害者、これらの者の家族その他の関係者に対し、第1項本文及び第2項の事項を調査審議するため必要な報告若しくは資料の提出を求め、又はその者の出席を求め、その意見を聴くことができる。

⑦・⑧　（略）

〔児童福祉審議会の委員〕

第9条　児童福祉審議会の委員は、児童福祉審議会の権限に属する事項に関し公正な判断をすることができる者であつて、かつ、児童又は知的障害者の福祉に関する事業に従事する者及び学識経験のある者のうちから、都道府県知事又は市町村長が任命する。

②　（略）

③　児童福祉審議会の臨時委員は、前項の事項に関し公正な判断をすることができる者であつて、かつ、児童又は知的障害者の福祉に関する事業に従事する者及び学識経験のある者のうちから、都道府県知事又は市町村長が任命する。

④　（略）

第4節　実施機関
〔市町村の業務〕

第10条　市町村は、この法律の施行に関し、次に掲

おける原則としてすべての乳児のいる家庭を訪問することにより、厚生労働省令で定めるところにより、子育てに関する情報の提供並びに乳児及びその保護者の心身の状況及び養育環境の把握を行うほか、養育についての相談に応じ、助言その他の援助を行う事業をいう。

⑤〜⑭　（略）

第2節　児童福祉審議会等
〔設置及び権限〕

第8条　第7項、第27条第6項、第33条第5項、第33条の15第3項、第35条第6項、第46条第4項及び第59条第5項の規定によりその権限に属させられた事項を調査審議するため、都道府県に児童福祉に関する審議会その他の合議制の機関を置くものとする。ただし、社会福祉法（昭和26年法律第45号）第12条第1項の規定により同法第7条第1項に規定する地方社会福祉審議会（以下「地方社会福祉審議会」という。）に児童福祉に関する事項を調査審議させる都道府県にあつては、この限りでない。

②〜⑤　（略）

（新設）

⑥・⑦　（略）

〔児童福祉審議会の委員〕

第9条　児童福祉審議会の委員は、児童又は知的障害者の福祉に関する事業に従事する者及び学識経験のある者のうちから、都道府県知事又は市町村長が任命する。

②　（略）

③　児童福祉審議会の臨時委員は、児童又は知的障害者の福祉に関する事業に従事する者及び学識経験のある者のうちから、都道府県知事又は市町村長が任命する。

④　（略）

第3節　実施機関
〔市町村の業務〕

第10条　市町村は、この法律の施行に関し、次に掲

げる業務を行わなければならない。
一・二　（略）
三　児童及び妊産婦の福祉に関し、家庭その他からの相談に応ずること並びに必要な調査及び指導を行うこと並びにこれらに付随する業務を行うこと。
四　前3号に掲げるもののほか、児童及び妊産婦の福祉に関し、家庭その他につき、必要な支援を行うこと。
②～④　（略）

〔都道府県の業務〕
第11条　都道府県は、この法律の施行に関し、次に掲げる業務を行わなければならない。
一　（略）
二　児童及び妊産婦の福祉に関し、主として次に掲げる業務を行うこと。
　　イ～ハ　（略）
　　ニ　児童及びその保護者につき、ハの調査又は判定に基づいて心理又は児童の健康及び心身の発達に関する専門的な知識及び技術を必要とする指導その他必要な指導を行うこと。
　　ホ・ヘ　（略）
三　前2号に掲げるもののほか、児童及び妊産婦の福祉に関し、広域的な対応が必要な業務並びに家庭その他につき専門的な知識及び技術を必要とする支援を行うこと。
②～⑤　（略）

〔児童相談所〕
第12条　（略）
②　児童相談所は、児童の福祉に関し、主として前条第1項第1号に掲げる業務（市町村職員の研修を除く。）並びに同項第2号ロからホまで及び第3号に掲げる業務並びに障害者の日常生活及び社会生活を総合的に支援するための法律第22条第2項及び第3項並びに第26条第1項に規定する業務を行うものとする。
③　都道府県は、児童相談所が前項に規定する業務のうち法律に関する専門的な知識経験を必要とするものを適切かつ円滑に行うことの重要性に鑑み、児童相談所における弁護士の配置又はこれに準ずる措置を行うものとする。
④　児童相談所は、必要に応じ、巡回して、第2項に規定する業務（前条第1項第2号ホに掲げる業務を除く。）を行うことができる。
⑤　（略）

げる業務を行わなければならない。
一・二　（略）
三　児童及び妊産婦の福祉に関し、家庭その他からの相談に応じ、必要な調査及び指導を行うこと並びにこれらに付随する業務を行うこと。
（新設）

②～④　（略）

〔都道府県の業務〕
第11条　都道府県は、この法律の施行に関し、次に掲げる業務を行わなければならない。
一　（略）
二　児童及び妊産婦の福祉に関し、主として次に掲げる業務を行うこと。
　　イ～ハ　（略）
　　ニ　児童及びその保護者につき、ハの調査又は判定に基づいて必要な指導を行うこと。

　　ホ・ヘ　（略）
（新設）

②～⑤　（略）

〔児童相談所〕
第12条　（略）
②　児童相談所は、児童の福祉に関し、主として前条第1項第1号に掲げる業務（市町村職員の研修を除く。）及び同項第2号ロからホまでに掲げる業務並びに障害者の日常生活及び社会生活を総合的に支援するための法律第22条第2項及び第3項並びに第26条第1項に規定する業務を行うものとする。
（新設）

③　児童相談所は、必要に応じ、巡回して、前項に規定する業務（前条第1項第2号ホに掲げる業務を除く。）を行うことができる。
④　（略）

〔児童相談所の所長及び所員の資格〕	〔児童相談所の所長及び所員の資格〕
第12条の3　（略）	第12条の3　（略）
②・③　（略）	②・③　（略）
（削る）	④　判定をつかさどる所員の中には、第2項第1号に該当する者又はこれに準ずる資格を有する者及び同項第2号に該当する者又はこれに準ずる資格を有する者が、それぞれ1人以上含まれなければならない。
④　（略）	⑤　（略）
⑤　判定をつかさどる所員の中には、第2項第1号に該当する者又はこれに準ずる資格を有する者及び同項第2号に該当する者又はこれに準ずる資格を有する者が、それぞれ1人以上含まれなければならない。	（新設）
⑥　指導をつかさどる所員の中には、次の各号に掲げる指導の区分に応じ、当該各号に定める者が含まれなければならない。 一　心理に関する専門的な知識及び技術を必要とする指導　第2項第1号に該当する者若しくはこれに準ずる資格を有する者又は同項第2号に該当する者若しくはこれに準ずる資格を有する者 二　児童の健康及び心身の発達に関する専門的な知識及び技術を必要とする指導　医師又は保健師	（新設）
第5節　児童福祉司	第4節　児童福祉司
〔児童福祉司〕	〔児童福祉司〕
第13条　（略）	第13条　（略）
②　児童福祉司の数は、政令で定める基準を標準として都道府県が定めるものとする。	（新設）
③　（略）	②　（略）
④　児童福祉司は、児童相談所長の命を受けて、児童の保護その他児童の福祉に関する事項について、相談に応じ、専門的技術に基づいて必要な指導を行う等児童の福祉増進に努める。	③　児童福祉司は、児童相談所長の命を受けて、児童の保護その他児童の福祉に関する事項について、相談に応じ、専門的技術に基いて必要な指導を行う等児童の福祉増進に努める。
⑤　他の児童福祉司が前項の職務を行うため必要な専門的技術に関する指導及び教育を行う児童福祉司は、児童福祉司としておおむね5年以上勤務した者でなければならない。	（新設）
⑥　前項の指導及び教育を行う児童福祉司の数は、政令で定める基準を参酌して都道府県が定めるものとする。	（新設）
⑦　児童福祉司は、児童相談所長が定める担当区域により、第4項の職務を行い、担当区域内の市町村長に協力を求めることができる。	④　児童福祉司は、政令の定めるところにより児童相談所長が定める担当区域により、前項の職務を行い、担当区域内の市町村長に協力を求めること

⑧　第3項第1号の施設及び講習会の指定に関し必要な事項は、政令で定める。

第14条　市町村長は、前条第4項に規定する事項に関し、児童福祉司に必要な状況の通報及び資料の提供並びに必要な援助を求めることができる。

②　（略）

　　　第6節　児童委員
　　　第7節　保育士

〔要支援児童等の情報提供〕

第21条の10の5　病院、診療所、児童福祉施設、学校その他児童又は妊産婦の医療、福祉又は教育に関する機関及び医師、看護師、児童福祉施設の職員、学校の教職員その他児童又は妊産婦の医療、福祉又は教育に関連する職務に従事する者は、要支援児童等と思われる者を把握したときは、当該者の情報をその現在地の市町村に提供するよう努めなければならない。

②　刑法の秘密漏示罪の規定その他の守秘義務に関する法律の規定は、前項の規定による情報の提供をすることを妨げるものと解釈してはならない。

〔母子保護の実施〕

第23条　都道府県等は、それぞれその設置する福祉事務所の所管区域内における保護者が、配偶者のない女子又はこれに準ずる事情にある女子であつて、その者の監護すべき児童の福祉に欠けるところがある場合において、その保護者から申込みがあつたときは、その保護者及び児童を母子生活支援施設において保護しなければならない。ただし、やむを得ない事由があるときは、適当な施設への入所のあつせん、生活保護法（昭和25年法律第144号）の適用等適切な保護を行わなければならない。

②・③　（略）

④　都道府県等は、第25条の7第2項第3号、第25条の8第3号若しくは第26条第1項第4号又は売春防止法（昭和31年法律第118号）第36条の2の規定による報告又は通知を受けた保護者及び児童について、必要があると認めるときは、その保護者に対し、母子保護の実施の申込みを勧奨しなければならない。

⑤　（略）

〔要保護児童発見者の通告義務〕

第25条　（略）

②　刑法の秘密漏示罪の規定その他の守秘義務に関

ができる。

⑤　第2項第1号の施設及び講習会の指定に関し必要な事項は、政令で定める。

第14条　市町村長は、前条第3項に規定する事項に関し、児童福祉司に必要な状況の通報及び資料の提供並びに必要な援助を求めることができる。

②　（略）

　　　第5節　児童委員
　　　第6節　保育士

（新設）

〔母子保護の実施〕

第23条　都道府県等は、それぞれその設置する福祉事務所の所管区域内における保護者が、配偶者のない女子又はこれに準ずる事情にある女子であつて、その者の監護すべき児童の福祉に欠けるところがある場合において、その保護者から申込みがあつたときは、その保護者及び児童を母子生活支援施設において保護しなければならない。ただし、やむを得ない事由があるときは、適当な施設への入所のあつせん、生活保護法（昭和25年法律第144号）の適用等適切な保護を加えなければならない。

②・③　（略）

④　都道府県等は、第25条の7第2項第3号、第25条の8第3号又は第26条第1項第4号の規定による報告又は通知を受けた保護者及び児童について、必要があると認めるときは、その保護者に対し、母子保護の実施の申込みを勧奨しなければならない。

⑤　（略）

〔要保護児童発見者の通告義務〕

第25条　（略）

（新設）

する法律の規定は、前項の規定による通告をすることを妨げるものと解釈してはならない。

〔状況の把握〕

第25条の6　市町村、都道府県の設置する福祉事務所又は児童相談所は、第25条第1項の規定による通告を受けた場合において必要があると認めるときは、速やかに、当該児童の状況の把握を行うものとする。

〔通告児童等に対する措置〕

第25条の7　市町村（次項に規定する町村を除く。）は、要保護児童等に対する支援の実施状況を的確に把握するものとし、第25条第1項の規定による通告を受けた児童及び相談に応じた児童又はその保護者（以下「通告児童等」という。）について、必要があると認めたときは、次の各号のいずれかの措置を採らなければならない。

一～四　（略）

②　（略）

〔福祉事務所長の採るべき措置〕

第25条の8　都道府県の設置する福祉事務所の長は、第25条第1項の規定による通告又は前条第2項第2号若しくは次条第1項第3号の規定による送致を受けた児童及び相談に応じた児童、その保護者又は妊産婦について、必要があると認めたときは、次の各号のいずれかの措置を採らなければならない。

一～五　（略）

〔児童相談所長の採るべき措置〕

第26条　児童相談所長は、第25条第1項の規定による通告を受けた児童、第25条の7第1項第1号若しくは第2項第1号、前条第1号又は少年法（昭和23年法律第168号）第6条の6第1項若しくは第18条第1項の規定による送致を受けた児童及び相談に応じた児童、その保護者又は妊産婦について、必要があると認めたときは、次の各号のいずれかの措置を採らなければならない。

一　（略）

二　児童又はその保護者を児童相談所その他の関係機関若しくは関係団体の事業所若しくは事務所に通わせ当該事業所若しくは事務所において、又は当該児童若しくはその保護者の住所若しくは居所において、児童福祉司若しくは児童委員に指導させ、又は市町村、都道府県以外の者の設置する児童家庭支援センター、都道府県以外の障害者の日常生活及び社会生活を総合

〔状況の把握〕

第25条の6　市町村、都道府県の設置する福祉事務所又は児童相談所は、第25条の規定による通告を受けた場合において必要があると認めるときは、速やかに、当該児童の状況の把握を行うものとする。

〔通告児童等に対する措置〕

第25条の7　市町村（次項に規定する町村を除く。）は、要保護児童等に対する支援の実施状況を的確に把握するものとし、第25条の規定による通告を受けた児童及び相談に応じた児童又はその保護者（以下「通告児童等」という。）について、必要があると認めたときは、次の各号のいずれかの措置を採らなければならない。

一～四　（略）

②　（略）

〔福祉事務所長の採るべき措置〕

第25条の8　都道府県の設置する福祉事務所の長は、第25条の規定による通告又は前条第2項第2号若しくは次条第1項第3号の規定による送致を受けた児童及び相談に応じた児童、その保護者又は妊産婦について、必要があると認めたときは、次の各号のいずれかの措置を採らなければならない。

一～五　（略）

〔児童相談所長の採るべき措置〕

第26条　児童相談所長は、第25条の規定による通告を受けた児童、第25条の7第1項第1号若しくは第2項第1号、前条第1号又は少年法（昭和23年法律第168号）第6条の6第1項若しくは第18条第1項の規定による送致を受けた児童及び相談に応じた児童、その保護者又は妊産婦について、必要があると認めたときは、次の各号のいずれかの措置を採らなければならない。

一　（略）

二　児童又はその保護者を児童福祉司若しくは児童委員に指導させ、又は都道府県以外の者の設置する児童家庭支援センター若しくは都道府県以外の障害者の日常生活及び社会生活を総合的に支援するための法律第5条第16項に規定する一般相談支援事業又は特定相談支援事業（次条第1項第2号及び第34条の7において「障害者等相談支援事業」という。）を行う者その他当

に支援するための法律第5条第16項に規定する一般相談支援事業若しくは特定相談支援事業（次条第1項第2号及び第34条の7において「障害者等相談支援事業」という。）を行う者その他当該指導を適切に行うことができる者として厚生労働省令で定めるものに委託して指導させること。

三〜七　（略）

② （略）

〔都道府県の採るべき措置〕

第27条　都道府県は、前条第1項第1号の規定による報告又は少年法第18条第2項の規定による送致のあつた児童につき、次の各号のいずれかの措置を採らなければならない。

一　（略）

二　児童又はその保護者を児童相談所その他の関係機関若しくは関係団体の事業所若しくは事務所に通わせ当該事業所若しくは事務所において、又は当該児童若しくはその保護者の住所若しくは居所において、児童福祉司、知的障害者福祉司、社会福祉主事、児童委員若しくは当該都道府県の設置する児童家庭支援センター若しくは当該都道府県が行う障害者等相談支援事業に係る職員に指導させ、又は市町村、当該都道府県以外の者の設置する児童家庭支援センター、当該都道府県以外の障害者等相談支援事業を行う者若しくは前条第1項第2号に規定する厚生労働省令で定める者に委託して指導させること。

三・四　（略）

②〜⑥　（略）

〔里親等に対する指示及び報告徴収〕

第30条の2　都道府県知事は、小規模住居型児童養育事業を行う者、里親（第27条第1項第3号の規定により委託を受けた里親に限る。第33条の8第2項、第33条の10、第33条の14第2項、第44条の3、第45条の2、第46条第1項、第47条、第48条及び第48条の3において同じ。）及び児童福祉施設の長並びに前条第1項に規定する者に、児童の保護について、必要な指示をし、又は必要な報告をさせることができる。

〔児童の一時保護〕

第33条　児童相談所長は、必要があると認めるときは、第26条第1項の措置を採るに至るまで、児童の安全を迅速に確保し適切な保護を図るため、又

該指導を適切に行うことができる者として厚生労働省令で定めるものに指導を委託すること。

三〜七　（略）

② （略）

〔都道府県の採るべき措置〕

第27条　都道府県は、前条第1項第1号の規定による報告又は少年法第18条第2項の規定による送致のあつた児童につき、次の各号のいずれかの措置を採らなければならない。

一　（略）

二　児童又はその保護者を児童福祉司、知的障害者福祉司、社会福祉主事、児童委員若しくは当該都道府県の設置する児童家庭支援センター若しくは当該都道府県が行う障害者等相談支援事業に係る職員に指導させ、又は当該都道府県以外の者の設置する児童家庭支援センター、当該都道府県以外の障害者等相談支援事業を行う者若しくは前条第1項第2号に規定する厚生労働省令で定める者に指導を委託すること。

三・四　（略）

②〜⑥　（略）

〔里親等に対する指示及び報告徴収〕

第30条の2　都道府県知事は、小規模住居型児童養育事業を行う者、里親（第27条第1項第3号の規定により委託を受けた里親に限る。第33条の8第2項、第33条の10、第33条の14第2項、第44条の3、第45条の2、第46条第1項、第47条及び第48条において同じ。）及び児童福祉施設の長並びに前条第1項に規定する者に、児童の保護について、必要な指示をし、又は必要な報告をさせることができる。

〔児童の一時保護〕

第33条　児童相談所長は、必要があると認めるときは、第26条第1項の措置をとるに至るまで、児童に一時保護を加え、又は適当な者に委託して、一

は児童の心身の状況、その置かれている環境その他の状況を把握するため、児童の一時保護を行い、又は適当な者に委託して、当該一時保護を行わせることができる。
② 都道府県知事は、必要があると認めるときは、第27条第1項又は第2項の措置を採るに至るまで、児童の安全を迅速に確保し適切な保護を図るため、又は児童の心身の状況、その置かれている環境その他の状況を把握するため、児童相談所長をして、児童の一時保護を行わせ、又は適当な者に当該一時保護を行うことを委託させることができる。
③～⑤ （略）
〔児童相談所長の権限等〕
第33条の2 児童相談所長は、一時保護が行われた児童で親権を行う者又は未成年後見人のないものに対し、親権を行う者又は未成年後見人があるに至るまでの間、親権を行う。ただし、民法（明治29年法律第89号）第797条の規定による縁組の承諾をするには、厚生労働省令の定めるところにより、都道府県知事の許可を得なければならない。
② 児童相談所長は、一時保護が行われた児童で親権を行う者又は未成年後見人のあるものについても、監護、教育及び懲戒に関し、その児童の福祉のため必要な措置を採ることができる。
③・④ （略）
〔児童の所持物の保管〕
第33条の2の2 児童相談所長は、一時保護が行われた児童の所持する物であつて、一時保護中本人に所持させることが児童の福祉を損なうおそれがあるものを保管することができる。
②～⑦ （略）
〔児童の遺留物の交付〕
第33条の3 児童相談所長は、一時保護が行われている間に児童が逃走し、又は死亡した場合において、遺留物があるときは、これを保管し、かつ、前条第3項の規定により権利者に返還しなければならない物を除き、これを当該児童の保護者若しくは親族又は相続人に交付しなければならない。
② （略）
第33条の9の2 国は、要保護児童の保護に係る事例の分析その他要保護児童の健全な育成に資する調査及び研究を推進するものとする。
第7節 被措置児童等虐待の防止等
〔被措置児童等虐待〕

時保護を加えさせることができる。
② 都道府県知事は、必要があると認めるときは、第27条第1項又は第2項の措置をとるに至るまで、児童相談所長をして、児童に一時保護を加えさせ、又は適当な者に、一時保護を加えることを委託させることができる。
③～⑤ （略）
〔児童相談所長の権限等〕
第33条の2 児童相談所長は、一時保護を加えた児童で親権を行う者又は未成年後見人のないものに対し、親権を行う者又は未成年後見人があるに至るまでの間、親権を行う。ただし、民法（明治29年法律第89号）第797条の規定による縁組の承諾をするには、厚生労働省令の定めるところにより、都道府県知事の許可を得なければならない。
② 児童相談所長は、一時保護を加えた児童で親権を行う者又は未成年後見人のあるものについても、監護、教育及び懲戒に関し、その児童の福祉のため必要な措置をとることができる。
③・④ （略）
〔児童の所持物の保管〕
第33条の2の2 児童相談所長は、一時保護を加えた児童の所持する物であつて、一時保護中本人に所持させることが児童の福祉を損なうおそれがあるものを保管することができる。
②～⑦ （略）
〔児童の遺留物の交付〕
第33条の3 児童相談所長は、一時保護を加えている間に児童が逃走し、又は死亡した場合において、遺留物があるときは、これを保管し、且つ、前条第3項の規定により権利者に返還しなければならない物を除き、これを当該児童の保護者若しくは親族又は相続人に交付しなければならない。
② （略）
（新設）

第7節 被措置児童等虐待の防止等
〔被措置児童等虐待〕

改正後	改正前
第33条の10 この法律で、被措置児童等虐待とは、小規模住居型児童養育事業に従事する者、里親若しくはその同居人、乳児院、児童養護施設、障害児入所施設、情緒障害児短期治療施設若しくは児童自立支援施設の長、その職員その他の従業者、指定発達支援医療機関の管理者その他の従業者、第12条の4に規定する児童を一時保護する施設を設けている児童相談所の所長、当該施設の職員その他の従業者又は第33条第1項若しくは第2項の委託を受けて児童の一時保護を行う業務に従事する者（以下「施設職員等」と総称する。）が、委託された児童、入所する児童又は一時保護が行われた児童（以下「被措置児童等」という。）について行う次に掲げる行為をいう。 一～四　（略） 〔通告を受けた場合の措置〕 **第33条の14**　（略） ②　都道府県は、前項に規定する措置を講じた場合において、必要があると認めるときは、小規模住居型児童養育事業、里親、乳児院、児童養護施設、障害児入所施設、情緒障害児短期治療施設、児童自立支援施設、指定発達支援医療機関、第12条の4に規定する児童を一時保護する施設又は第33条第1項若しくは第2項の委託を受けて一時保護を行う者における事業若しくは業務の適正な運営又は適切な養育を確保することにより、当該通告、届出、通知又は相談に係る被措置児童等に対する被措置児童等虐待の防止並びに当該被措置児童等及び当該被措置児童等と生活を共にする他の被措置児童等の保護を図るため、適切な措置を講ずるものとする。 ③　（略） 〔親子の再統合のための支援等〕 **第48条の3**　乳児院、児童養護施設、障害児入所施設、情緒障害児短期治療施設及び児童自立支援施設の長並びに小規模住居型児童養育事業を行う者及び里親は、当該施設に入所し、又は小規模住居型児童養育事業を行う者若しくは里親に委託された児童及びその保護者に対して、市町村、児童相談所、児童家庭支援センター、教育機関、医療機関その他の関係機関との緊密な連携を図りつつ、親子の再統合のための支援その他の当該児童が家庭（家庭における養育環境と同様の養育環境及び良好な家庭的環境を含む。）で養育されるために	**第33条の10**　この法律で、被措置児童等虐待とは、小規模住居型児童養育事業に従事する者、里親若しくはその同居人、乳児院、児童養護施設、障害児入所施設、情緒障害児短期治療施設若しくは児童自立支援施設の長、その職員その他の従業者、指定発達支援医療機関の管理者その他の従業者、第12条の4に規定する児童を一時保護する施設を設けている児童相談所の所長、当該施設の職員その他の従業者又は第33条第1項若しくは第2項の委託を受けて児童に一時保護を加える業務に従事する者（以下「施設職員等」と総称する。）が、委託された児童、入所する児童又は一時保護を加え、若しくは加えることを委託された児童（以下「被措置児童等」という。）について行う次に掲げる行為をいう。 一～四　（略） 〔通告を受けた場合の措置〕 **第33条の14**　（略） ②　都道府県は、前項に規定する措置を講じた場合において、必要があると認めるときは、小規模住居型児童養育事業、里親、乳児院、児童養護施設、障害児入所施設、情緒障害児短期治療施設、児童自立支援施設、指定発達支援医療機関、第12条の4に規定する児童を一時保護する施設又は第33条第1項若しくは第2項の委託を受けて一時保護を加える者における事業若しくは業務の適正な運営又は適切な養育を確保することにより、当該通告、届出、通知又は相談に係る被措置児童等に対する被措置児童等虐待の防止並びに当該被措置児童等及び当該被措置児童等と生活を共にする他の被措置児童等の保護を図るため、適切な措置を講ずるものとする。 ③　（略） （新設）

必要な措置を採らなければならない。

〔保育所の情報提供等〕

第48条の4 （略）

② （略）

〔費用の徴収及び負担〕

第56条 （略）

② 第50条第5号、第6号、第6号の2若しくは第7号から第7号の3までに規定する費用を支弁した都道府県又は第51条第2号若しくは第3号に規定する費用を支弁した市町村の長は、本人又はその扶養義務者から、その負担能力に応じ、その費用の全部又は一部を徴収することができる。

③ （略）

④ 前項の規定による徴収金の収納の事務については、収入の確保及び本人又はその扶養義務者の便益の増進に寄与すると認める場合に限り、政令で定めるところにより、私人に委託することができる。

⑤ 都道府県知事又は市町村長は、第1項の規定による負担能力の認定又は第2項若しくは第3項の規定による費用の徴収に関し必要があると認めるときは、本人又はその扶養義務者の収入の状況につき、本人若しくはその扶養義務者に対し報告を求め、又は官公署に対し必要な書類の閲覧若しくは資料の提供を求めることができる。

⑥〜⑨ （略）

第62条 次の各号のいずれかに該当する者は、30万円以下の罰金に処する。

一〜三 （略）

四 正当な理由がないのに、第19条の16第1項、第21条の5の21第1項（同条第2項において準用する場合を含む。）、第21条の5の26第1項（第24条の19の2において準用する場合を含む。）、第24条の15第1項、第24条の34第1項若しくは第24条の39第1項の規定による報告若しくは物件の提出若しくは提示をせず、若しくは虚偽の報告若しくは虚偽の物件の提出若しくは提示をし、これらの規定による質問に対して答弁をせず、若しくは虚偽の答弁をし、又はこれらの規定による立入り若しくは検査を拒み、妨げ、若しくは忌避した者

五〜七 （略）

第62条の6 都道府県は、条例で、次の各号のいずれかに該当する者に対し10万円以下の過料を科する規定を設けることができる。

〔保育所の情報提供等〕

第48条の3 （略）

② （略）

〔費用の徴収及び負担〕

第56条 （略）

② 第50条第5号、第6号、第6号の3及び第7号から第7号の3までに規定する費用を支弁した都道府県又は第51条第2号及び第3号に規定する費用を支弁した市町村の長は、本人又はその扶養義務者から、その負担能力に応じ、その費用の全部又は一部を徴収することができる。

③ （略）

④ 前項に規定する額の収納の事務については、収入の確保及び本人又はその扶養義務者の便益の増進に寄与すると認める場合に限り、政令で定めるところにより、私人に委託することができる。

⑤ 都道府県知事又は市町村長は、第1項の規定による負担能力の認定又は第2項若しくは第3項の規定による費用の徴収に関し必要があると認めるときは、本人又はその扶養義務者の収入の状況につき、官公署に対し、必要な書類の閲覧又は資料の提供を求めることができる。

⑥〜⑨ （略）

第62条 次の各号のいずれかに該当する者は、30万円以下の罰金に処する。

一〜三 （略）

四 正当な理由がないのに、第19条の16第1項、第21条の5の21第1項（同条第2項において準用する場合を含む。）、第21条の5の26第1項（第24条の19の2において準用する場合を含む。）、第24条の15第1項、第24条の34第1項又は第24条の39第1項の規定による報告若しくは物件の提出若しくは提示をせず、若しくは虚偽の報告若しくは虚偽の物件の提出若しくは提示をし、これらの規定による質問に対して答弁をせず、若しくは虚偽の答弁をし、又はこれらの規定による立入り若しくは検査を拒み、妨げ、若しくは忌避した者

五〜七 （略）

第62条の6 都道府県は、条例で、次の各号のいずれかに該当する者に対し10万円以下の過料を科する規定を設けることができる。

一　（略） 二　正当の理由がないのに、第57条の3第2項若しくは第3項の規定による報告若しくは物件の提出若しくは提示をせず、若しくは虚偽の報告若しくは虚偽の物件の提出若しくは提示をし、又はこれらの規定による質問に対して答弁をせず、若しくは虚偽の答弁をした者	一　（略） 二　正当の理由がないのに、第57条の3第2項又は第3項の規定による報告若しくは物件の提出若しくは提示をせず、若しくは虚偽の報告若しくは虚偽の物件の提出若しくは提示をし、又は同項の規定による質問に対して答弁をせず、若しくは虚偽の答弁をした者

●児童福祉法（抄）

〔昭和22年12月12日〕
〔法律第164号〕
【平成29年4月1日施行】

（　　　　の部分は改正部分）

改　正　後	改　正　前
目次 　第1章・第2章　（略） 　第3章　事業、養育里親及び養子縁組里親並びに施設（第34条の3―第49条） 　第4章～第8章　（略） 　附則 〔事業〕 **第6条の3**　この法律で、児童自立生活援助事業とは、次に掲げる者に対しこれらの者が共同生活を営むべき住居における相談その他の日常生活上の援助及び生活指導並びに就業の支援（以下「児童自立生活援助」という。）を行い、あわせて児童自立生活援助の実施を解除された者に対し相談その他の援助を行う事業をいう。 　一　義務教育を終了した児童又は児童以外の満20歳に満たない者であつて、措置解除者等（第27条第1項第3号に規定する措置（政令で定めるものに限る。）を解除された者その他政令で定める者をいう。次号において同じ。）であるもの（以下「満20歳未満義務教育終了児童等」という。） 　二　学校教育法第50条に規定する高等学校の生徒、同法第83条に規定する大学の学生その他の厚生労働省令で定める者であつて、満20歳に達した日から満22歳に達する日の属する年度の末日までの間にあるもの（満20歳に達する日の前日において児童自立生活援助が行われていた満20歳未満義務教育終了児童等であつたものに限る。）のうち、措置解除者等であるもの（以下「満20歳以上義務教育終了児童等」という。） ②～⑦　（略） ⑧　この法律で、小規模住居型児童養育事業とは、第27条第1項第3号の措置に係る児童について、厚生労働省令で定めるところにより、保護者のない児童又は保護者に監護させることが不適当であ	目次 　第1章・第2章　（略） 　第3章　事業、養育里親及び施設（第34条の3―第49条） 　第4章～第8章　（略） 　附則 〔事業〕 **第6条の3**　この法律で、児童自立生活援助事業とは、第25条の7第1項第3号に規定する児童自立生活援助の実施に係る義務教育終了児童等（義務教育を終了した児童又は児童以外の満20歳に満たない者であつて、第27条第1項第3号に規定する措置のうち政令で定めるものを解除されたものその他政令で定めるものをいう。以下同じ。）につき第33条の6第1項に規定する住居において同項に規定する日常生活上の援助及び生活指導並びに就業の支援を行い、あわせて第25条の7第1項第3号に規定する児童自立生活援助の実施を解除された者につき相談その他の援助を行う事業をいう。 ②～⑦　（略） ⑧　この法律で、小規模住居型児童養育事業とは、第27条第1項第3号の措置に係る児童について、厚生労働省令で定めるところにより、保護者のない児童又は保護者に監護させることが不適当であ

ると認められる児童(以下「要保護児童」という。)の養育に関し相当の経験を有する者その他の厚生労働省令で定める者(次条に規定する里親を除く。)の住居において養育を行う事業をいう。

⑨〜⑭　(略)

〔里親〕

第6条の4　この法律で、里親とは、次に掲げる者をいう。

一　厚生労働省令で定める人数以下の要保護児童を養育することを希望する者(都道府県知事が厚生労働省令で定めるところにより行う研修を修了したことその他の厚生労働省令で定める要件を満たす者に限る。)のうち、第34条の19に規定する養育里親名簿に登録されたもの(以下「養育里親」という。)

二　前号に規定する厚生労働省令で定める人数以下の要保護児童を養育すること及び養子縁組によつて養親となることを希望する者(都道府県知事が厚生労働省令で定めるところにより行う研修を修了した者に限る。)のうち、第34条の19に規定する養子縁組里親名簿に登録されたもの(以下「養子縁組里親」という。)

三　第1号に規定する厚生労働省令で定める人数以下の要保護児童を養育することを希望する者(当該要保護児童の父母以外の親族であつて、厚生労働省令で定めるものに限る。)のうち、都道府県知事が第27条第1項第3号の規定により児童を委託する者として適当と認めるもの

〔児童福祉施設〕

第7条　この法律で、児童福祉施設とは、助産施設、乳児院、母子生活支援施設、保育所、幼保連携型認定こども園、児童厚生施設、児童養護施設、障害児入所施設、児童発達支援センター、児童心理治療施設、児童自立支援施設及び児童家庭支援センターとする。

②　(略)

〔必要な支援を行うための拠点の整備〕

第10条の2　市町村は、前条第1項各号に掲げる業務を行うに当たり、児童及び妊産婦の福祉に関し、実情の把握、情報の提供、相談、調査、指導、関係機関との連絡調整その他の必要な支援を行うための拠点の整備に努めなければならない。

〔都道府県の業務〕

第11条　都道府県は、この法律の施行に関し、次に

ると認められる児童(以下「要保護児童」という。)の養育に関し相当の経験を有する者その他の厚生労働省令で定める者(次条第1項に規定する里親を除く。)の住居において養育を行う事業をいう。

⑨〜⑭　(略)

〔里親〕

第6条の4　この法律で、里親とは、養育里親及び厚生労働省令で定める人数以下の要保護児童を養育することを希望する者であつて、養子縁組によつて養親となることを希望するものその他のこれに類する者として厚生労働省令で定めるもののうち、都道府県知事が第27条第1項第3号の規定により児童を委託する者として適当と認めるものをいう。

②　この法律で、養育里親とは、前項に規定する厚生労働省令で定める人数以下の要保護児童を養育することを希望し、かつ、都道府県知事が厚生労働省令で定めるところにより行う研修を修了したことその他の厚生労働省令で定める要件を満たす者であつて、第34条の19に規定する養育里親名簿に登録されたものをいう。

〔児童福祉施設〕

第7条　この法律で、児童福祉施設とは、助産施設、乳児院、母子生活支援施設、保育所、幼保連携型認定こども園、児童厚生施設、児童養護施設、障害児入所施設、児童発達支援センター、情緒障害児短期治療施設、児童自立支援施設及び児童家庭支援センターとする。

②　(略)

(新設)

〔都道府県の業務〕

第11条　都道府県は、この法律の施行に関し、次に

掲げる業務を行わなければならない。
一　第10条第1項各号に掲げる市町村の業務の実施に関し、市町村相互間の連絡調整、市町村に対する情報の提供、市町村職員の研修その他必要な援助を行うこと及びこれらに付随する業務を行うこと。
二　児童及び妊産婦の福祉に関し、主として次に掲げる業務を行うこと。
　イ～ホ　（略）
　ヘ　里親に関する次に掲げる業務を行うこと。

　　⑴　里親に関する普及啓発を行うこと。
　　⑵　里親につき、その相談に応じ、必要な情報の提供、助言、研修その他の援助を行うこと。
　　⑶　里親と第27条第1項第3号の規定により入所の措置が採られて乳児院、児童養護施設、児童心理治療施設又は児童自立支援施設に入所している児童及び里親相互の交流の場を提供すること。
　　⑷　第27条第1項第3号の規定による里親への委託に資するよう、里親の選定及び里親と児童との間の調整を行うこと。
　　⑸　第27条第1項第3号の規定により里親に委託しようとする児童及びその保護者並びに里親の意見を聴いて、当該児童の養育の内容その他の厚生労働省令で定める事項について当該児童の養育に関する計画を作成すること。
　ト　養子縁組により養子となる児童、その父母及び当該養子となる児童の養親となる者、養子縁組により養子となつた児童、その養親となつた者及び当該養子となつた児童の父母（民法（明治29年法律第89号）第817条の2第1項に規定する特別養子縁組により親族関係が終了した当該養子となつた児童の実方の父母を含む。）その他の児童を養子とする養子縁組に関する者につき、その相談に応じ、必要な情報の提供、助言その他の援助を行うこと。
三　（略）
②　都道府県知事は、市町村の第10条第1項各号に掲げる業務の適切な実施を確保するため必要があると認めるときは、市町村に対し、必要な助言を

掲げる業務を行わなければならない。
一　前条第1項各号に掲げる市町村の業務の実施に関し、市町村相互間の連絡調整、市町村に対する情報の提供、市町村職員の研修その他必要な援助を行うこと及びこれらに付随する業務を行うこと。
二　児童及び妊産婦の福祉に関し、主として次に掲げる業務を行うこと。
　イ～ホ　（略）
　ヘ　里親につき、その相談に応じ、必要な情報の提供、助言、研修その他の援助を行うこと。

（新設）

三　（略）
②　都道府県知事は、市町村の前条第1項各号に掲げる業務の適切な実施を確保するため必要があると認めるときは、市町村に対し、必要な助言を行

行うことができる。
③　（略）
④　都道府県知事は、第１項第２号ヘに掲げる業務（次項において「里親支援事業」という。）に係る事務の全部又は一部を厚生労働省令で定める者に委託することができる。
⑤　前項の規定により行われる里親支援事業に係る事務に従事する者又は従事していた者は、その事務に関して知り得た秘密を漏らしてはならない。

〔児童相談所〕
第12条　（略）
②　児童相談所は、児童の福祉に関し、主として前条第１項第１号に掲げる業務（市町村職員の研修を除く。）並びに同項第２号（イを除く。）及び第３号に掲げる業務並びに障害者の日常生活及び社会生活を総合的に支援するための法律第22条第２項及び第３項並びに第26条第１項に規定する業務を行うものとする。
③～⑤　（略）

〔児童福祉司〕
第13条　（略）
②　（略）
③　児童福祉司は、都道府県知事の補助機関である職員とし、次の各号のいずれかに該当する者のうちから、任用しなければならない。
一～三　（略）
四　社会福祉士
五　社会福祉主事として２年以上児童福祉事業に従事した者であつて、厚生労働大臣が定める講習会の課程を修了したもの
六　（略）
④～⑦　（略）
⑧　児童福祉司は、厚生労働大臣が定める基準に適合する研修を受けなければならない。
⑨　（略）

〔乳児家庭全戸訪問事業等〕
第21条の10の２　市町村は、児童の健全な育成に資するため、乳児家庭全戸訪問事業及び養育支援訪問事業を行うよう努めるとともに、乳児家庭全戸訪問事業により要支援児童等（特定妊婦を除く。）を把握したとき又は当該市町村の長が第26条第１項第３号の規定による送致若しくは同項第８号の規定による通知若しくは児童虐待の防止等に関する法律（平成12年法律第82号）第８条第２

行うことができる。
③　（略）
④　都道府県知事は、第１項第２号ヘに掲げる業務に係る事務の全部又は一部を厚生労働省令で定める者に委託することができる。
⑤　前項の規定により行われる第１項第２号ヘに掲げる業務に係る事務に従事する者又は従事していた者は、その事務に関して知り得た秘密を漏らしてはならない。

〔児童相談所〕
第12条　（略）
②　児童相談所は、児童の福祉に関し、主として前条第１項第１号に掲げる業務（市町村職員の研修を除く。）並びに同項第２号ロからホまで及び第３号に掲げる業務並びに障害者の日常生活及び社会生活を総合的に支援するための法律第22条第２項及び第３項並びに第26条第１項に規定する業務を行うものとする。
③～⑤　（略）

〔児童福祉司〕
第13条　（略）
②　（略）
③　児童福祉司は、都道府県知事の補助機関である職員とし、次の各号のいずれかに該当する者のうちから、任用しなければならない。
一～三　（略）
三の二　社会福祉士
四　社会福祉主事として、２年以上児童福祉事業に従事した者
五　（略）
④～⑦　（略）
（新設）
⑧　（略）

〔乳児家庭全戸訪問事業等〕
第21条の10の２　市町村は、児童の健全な育成に資するため、乳児家庭全戸訪問事業及び養育支援訪問事業を行うよう努めるとともに、乳児家庭全戸訪問事業により要支援児童等（特定妊婦を除く。）を把握したときは、当該要支援児童等に対し、養育支援訪問事業の実施その他の必要な支援を行うものとする。

項第2号の規定による送致若しくは同項第4号の規定による通知を受けたときは、養育支援訪問事業の実施その他の必要な支援を行うものとする。
②～④　（略）
〔助産の実施〕
第22条　（略）
②　（略）
③　都道府県等は、第25条の7第2項第3号、第25条の8第3号又は第26条第1項第5号の規定による報告又は通知を受けた妊産婦について、必要があると認めるときは、当該妊産婦に対し、助産の実施の申込みを勧奨しなければならない。
④　（略）
〔母子保護の実施〕
第23条　（略）
②・③　（略）
④　都道府県等は、第25条の7第2項第3号、第25条の8第3号若しくは第26条第1項第5号又は売春防止法（昭和31年法律第118号）第36条の2の規定による報告又は通知を受けた保護者及び児童について、必要があると認めるときは、その保護者に対し、母子保護の実施の申込みを勧奨しなければならない。
⑤　（略）
〔保育の利用〕
第24条　（略）
②・③　（略）
④　市町村は、第25条の8第3号又は第26条第1項第5号の規定による報告又は通知を受けた児童その他の優先的に保育を行う必要があると認められる児童について、その保護者に対し、保育所若しくは幼保連携型認定こども園において保育を受けること又は家庭的保育事業等による保育を受けること（以下「保育の利用」という。）の申込みを勧奨し、及び保育を受けることができるよう支援しなければならない。
⑤～⑦　（略）
〔要保護児童対策地域協議会〕
第25条の2　地方公共団体は、単独で又は共同して、要保護児童（第31条第4項に規定する延長者及び第33条第8項に規定する保護延長者（次項において「延長者等」という。）を含む。次項において同じ。）の適切な保護又は要支援児童若しくは特定妊婦への適切な支援を図るため、関係機関、関係団体及び児童の福祉に関連する職務に従

②～④　（略）
〔助産の実施〕
第22条　（略）
②　（略）
③　都道府県等は、第25条の7第2項第3号、第25条の8第3号又は第26条第1項第4号の規定による報告又は通知を受けた妊産婦について、必要があると認めるときは、当該妊産婦に対し、助産の実施の申込みを勧奨しなければならない。
④　（略）
〔母子保護の実施〕
第23条　（略）
②・③　（略）
④　都道府県等は、第25条の7第2項第3号、第25条の8第3号若しくは第26条第1項第4号又は売春防止法（昭和31年法律第118号）第36条の2の規定による報告又は通知を受けた保護者及び児童について、必要があると認めるときは、その保護者に対し、母子保護の実施の申込みを勧奨しなければならない。
⑤　（略）
〔保育の利用〕
第24条　（略）
②・③　（略）
④　市町村は、第25条の8第3号又は第26条第1項第4号の規定による報告又は通知を受けた児童その他の優先的に保育を行う必要があると認められる児童について、その保護者に対し、保育所若しくは幼保連携型認定こども園において保育を受けること又は家庭的保育事業等による保育を受けること（以下「保育の利用」という。）の申込みを勧奨し、及び保育を受けることができるよう支援しなければならない。
⑤～⑦　（略）
〔要保護児童対策地域協議会〕
第25条の2　地方公共団体は、単独で又は共同して、要保護児童の適切な保護又は要支援児童若しくは特定妊婦への適切な支援を図るため、関係機関、関係団体及び児童の福祉に関連する職務に従事する者その他の関係者（以下「関係機関等」という。）により構成される要保護児童対策地域協議会（以下「協議会」という。）を置くように努

事する者その他の関係者（以下「関係機関等」という。）により構成される要保護児童対策地域協議会（以下「協議会」という。）を置くように努めなければならない。

② 協議会は、要保護児童若しくは要支援児童及びその保護者（延長者等の親権を行う者、未成年後見人その他の者で、延長者等を現に監護する者を含む。）又は特定妊婦（以下この項及び第5項において「支援対象児童等」という。）に関する情報その他要保護児童の適切な保護又は要支援児童若しくは特定妊婦への適切な支援を図るために必要な情報の交換を行うとともに、支援対象児童等に対する支援の内容に関する協議を行うものとする。

③・④　（略）

⑤ 要保護児童対策調整機関は、協議会に関する事務を総括するとともに、支援対象児童等に対する支援が適切に実施されるよう、厚生労働省令で定めるところにより、支援対象児童等に対する支援の実施状況を的確に把握し、必要に応じて、児童相談所、養育支援訪問事業を行う者、母子保健法第22条第1項に規定する母子健康包括支援センターその他の関係機関等との連絡調整を行うものとする。

⑥ 市町村の設置した協議会（市町村が地方公共団体（市町村を除く。）と共同して設置したものを含む。）に係る要保護児童対策調整機関は、厚生労働省令で定めるところにより、専門的な知識及び技術に基づき前項の業務に係る事務を適切に行うことができる者として厚生労働省令で定めるもの（次項及び第8項において「調整担当者」という。）を置くものとする。

⑦ 地方公共団体（市町村を除く。）の設置した協議会（当該地方公共団体が市町村と共同して設置したものを除く。）に係る要保護児童対策調整機関は、厚生労働省令で定めるところにより、調整担当者を置くように努めなければならない。

⑧ 要保護児童対策調整機関に置かれた調整担当者は、厚生労働大臣が定める基準に適合する研修を受けなければならない。

〔通告児童等に対する措置〕

第25条の7　市町村（次項に規定する町村を除く。）は、要保護児童若しくは要支援児童及びその保護者又は特定妊婦（次項において「要保護児童等」という。）に対する支援の実施状況の確

めなければならない。

② 協議会は、要保護児童若しくは要支援児童及びその保護者又は特定妊婦（以下「要保護児童等」という。）に関する情報その他要保護児童の適切な保護又は要支援児童若しくは特定妊婦への適切な支援を図るために必要な情報の交換を行うとともに、要保護児童等に対する支援の内容に関する協議を行うものとする。

③・④　（略）

⑤ 要保護児童対策調整機関は、協議会に関する事務を総括するとともに、要保護児童等に対する支援が適切に実施されるよう、要保護児童等に対する支援の実施状況を的確に把握し、必要に応じて、児童相談所、養育支援訪問事業を行う者その他の関係機関等との連絡調整を行うものとする。

⑥ 要保護児童対策調整機関は、厚生労働省令で定めるところにより、前項の業務に係る事務を適切に行うことができる者として厚生労働省令で定めるものを置くように努めなければならない。

（新設）

（新設）

〔通告児童等に対する措置〕

第25条の7　市町村（次項に規定する町村を除く。）は、要保護児童等に対する支援の実施状況を的確に把握するものとし、第25条第1項の規定による通告を受けた児童及び相談に応じた児童又

に把握するものとし、第25条第1項の規定による通告を受けた児童及び相談に応じた児童又はその保護者（以下「通告児童等」という。）について、必要があると認めたときは、次の各号のいずれかの措置を採らなければならない。
一・二　（略）
三　児童自立生活援助の実施が適当であると認める児童は、これをその実施に係る都道府県知事に報告すること。

四　児童虐待の防止等に関する法律第8条の2第1項の規定による出頭の求め及び調査若しくは質問、第29条若しくは同法第9条第1項の規定による立入り及び調査若しくは質問又は第33条第1項若しくは第2項の規定による一時保護の実施が適当であると認める者は、これを都道府県知事又は児童相談所長に通知すること。

② （略）
〔福祉事務所長の採るべき措置〕
第25条の8　都道府県の設置する福祉事務所の長は、第25条第1項の規定による通告又は前条第2項第2号若しくは次条第1項第4号の規定による送致を受けた児童及び相談に応じた児童、その保護者又は妊産婦について、必要があると認めたときは、次の各号のいずれかの措置を採らなければならない。
一～五　（略）
〔児童相談所長の採るべき措置〕
第26条　児童相談所長は、第25条第1項の規定による通告を受けた児童、第25条の7第1項第1号若しくは第2項第1号、前条第1号又は少年法（昭和23年法律第168号）第6条の6第1項若しくは第18条第1項の規定による送致を受けた児童及び相談に応じた児童、その保護者又は妊産婦について、必要があると認めたときは、次の各号のいずれかの措置を採らなければならない。
一・二　（略）
三　児童及び妊産婦の福祉に関し、情報を提供すること、相談（専門的な知識及び技術を必要とするものを除く。）に応ずること、調査及び指導（医学的、心理学的、教育学的、社会学的及び精神保健上の判定を必要とする場合を除

はその保護者（以下「通告児童等」という。）について、必要があると認めたときは、次の各号のいずれかの措置を採らなければならない。

一・二　（略）
三　第33条の6第1項に規定する住居において同項に規定する日常生活上の援助及び生活指導並びに就業の支援を行うこと（以下「児童自立生活援助の実施」という。）が適当であると認める児童は、これをその実施に係る都道府県知事に報告すること。
四　児童虐待の防止等に関する法律（平成12年法律第82号）第8条の2第1項の規定による出頭の求め及び調査若しくは質問、第29条若しくは同法第9条第1項の規定による立入り及び調査若しくは質問又は第33条第1項若しくは第2項の規定による一時保護の実施が適当であると認める者は、これを都道府県知事又は児童相談所長に通知すること。

② （略）
〔福祉事務所長の採るべき措置〕
第25条の8　都道府県の設置する福祉事務所の長は、第25条第1項の規定による通告又は前条第2項第2号若しくは次条第1項第3号の規定による送致を受けた児童及び相談に応じた児童、その保護者又は妊産婦について、必要があると認めたときは、次の各号のいずれかの措置を採らなければならない。
一～五　（略）
〔児童相談所長の採るべき措置〕
第26条　児童相談所長は、第25条第1項の規定による通告を受けた児童、第25条の7第1項第1号若しくは第2項第1号、前条第1号又は少年法（昭和23年法律第168号）第6条の6第1項若しくは第18条第1項の規定による送致を受けた児童及び相談に応じた児童、その保護者又は妊産婦について、必要があると認めたときは、次の各号のいずれかの措置を採らなければならない。
一・二　（略）
（新設）

【左欄】

く。）を行うことその他の支援（専門的な知識及び技術を必要とするものを除く。）を行うことを要すると認める者（次条の措置を要すると認める者を除く。）は、これを市町村に送致すること。

四～七　（略）

八　放課後児童健全育成事業、子育て短期支援事業、養育支援訪問事業、地域子育て支援拠点事業、子育て援助活動支援事業、子ども・子育て支援法第59条第1号に掲げる事業その他市町村が実施する児童の健全な育成に資する事業の実施が適当であると認める者は、これをその事業の実施に係る市町村の長に通知すること。

②　（略）

〔都道府県の採るべき措置〕

第27条　都道府県は、前条第1項第1号の規定による報告又は少年法第18条第2項の規定による送致のあつた児童につき、次の各号のいずれかの措置を採らなければならない。

一・二　（略）

三　児童を小規模住居型児童養育事業を行う者若しくは里親に委託し、又は乳児院、児童養護施設、障害児入所施設、児童心理治療施設若しくは児童自立支援施設に入所させること。

四　（略）

②～⑥　（略）

〔保護者の児童虐待等の場合の措置〕

第28条　（略）

②・③　（略）

④　家庭裁判所は、第1項第1号若しくは第2号ただし書又は第2項ただし書の承認（以下「措置に関する承認」という。）の申立てがあつた場合は、都道府県に対し、期限を定めて、当該申立てに係る保護者に対する指導措置に関し報告及び意見を求め、又は当該申立てに係る児童及びその保護者に関する必要な資料の提出を求めることができる。

⑤　（略）

〔保護期間の延長等〕

第31条　（略）

②　都道府県は、第27条第1項第3号の規定により小規模住居型児童養育事業を行う者若しくは里親に委託され、又は児童養護施設、障害児入所施設（第42条第1号に規定する福祉型障害児入所施設に限る。）、児童心理治療施設若しくは児童自立支

【右欄】

三～六　（略）

七　子育て短期支援事業又は養育支援訪問事業の実施が適当であると認める者は、これをその事業の実施に係る市町村の長に通知すること。

②　（略）

〔都道府県の採るべき措置〕

第27条　都道府県は、前条第1項第1号の規定による報告又は少年法第18条第2項の規定による送致のあつた児童につき、次の各号のいずれかの措置を採らなければならない。

一・二　（略）

三　児童を小規模住居型児童養育事業を行う者若しくは里親に委託し、又は乳児院、児童養護施設、障害児入所施設、情緒障害児短期治療施設若しくは児童自立支援施設に入所させること。

四　（略）

②～⑥　（略）

〔保護者の児童虐待等の場合の措置〕

第28条　（略）

②・③　（略）

④　家庭裁判所は、第1項第1号及び第2号ただし書並びに第2項ただし書の承認（次項において「措置に関する承認」という。）の申立てがあつた場合は、都道府県に対し、期限を定めて、当該申立てに係る保護者に対する指導措置に関し報告及び意見を求め、又は当該申立てに係る児童及びその保護者に関する必要な資料の提出を求めることができる。

⑤　（略）

〔保護期間の延長等〕

第31条　（略）

②　都道府県は、第27条第1項第3号の規定により小規模住居型児童養育事業を行う者若しくは里親に委託され、又は児童養護施設、障害児入所施設（第42条第1号に規定する福祉型障害児入所施設に限る。）、情緒障害児短期治療施設若しくは児童

援施設に入所した児童については満20歳に達するまで、引き続き同項第3号の規定による委託を継続し、若しくはその者をこれらの児童福祉施設に在所させ、又はこれらの措置を相互に変更する措置を採ることができる。

③　（略）

④　都道府県は、延長者（児童以外の満20歳に満たない者のうち、次の各号のいずれかに該当するものをいう。）について、第27条第1項第1号から第3号まで又は第2項の措置を採ることができる。この場合において、第28条の規定の適用については、同条第1項中「保護者が、その児童」とあるのは「第31条第4項に規定する延長者（以下この条において「延長者」という。）の親権を行う者、未成年後見人その他の者で、延長者を現に監護する者（以下この条において「延長者の監護者」という。）が、その延長者」と、「保護者に」とあるのは「延長者の監護者に」と、「当該児童」とあるのは「当該延長者」と、「おいて、第27条第1項第3号」とあるのは「おいて、同項の規定による第27条第1項第3号」と、「児童の親権」とあるのは「延長者の親権」と、同項第1号中「保護者」とあるのは「延長者の監護者」と、「第27条第1項第3号」とあるのは「第31条第4項の規定による第27条第1項第3号」と、同項第2号中「保護者」とあるのは「延長者の監護者」と、「児童」とあるのは「延長者」と、「第27条第1項第3号」とあるのは「第31条第4項の規定による第27条第1項第3号」と、同条第2項ただし書中「保護者」とあるのは「延長者の監護者」と、「第27条第1項第2号」とあるのは「第31条第4項の規定による第27条第1項第2号」と、「児童」とあるのは「延長者」と、同条第4項中「保護者」とあるのは「延長者の監護者」と、「児童」とあるのは「延長者」と、同条第5項中「保護者」とあるのは「延長者の監護者」とする。

一　満18歳に満たないときにされた措置に関する承認の申立てに係る児童であつた者であつて、当該申立てに対する審判が確定していないもの又は当該申立てに対する承認の審判がなされた後において第28条第1項第1号若しくは第2号ただし書若しくは第2項ただし書の規定による措置が採られていないもの

二　第2項からこの項までの規定による措置が採

自立支援施設に入所した児童については満20歳に達するまで、引き続き同項第3号の規定による委託を継続し、又はその者をこれらの児童福祉施設に在所させる措置を採ることができる。

③　（略）

（新設）

られている者（前号に掲げる者を除く。）
　三　第33条第6項から第9項までの規定による一時保護が行われている者（前2号に掲げる者を除く。）
⑤　前各項の規定による保護又は措置は、この法律の適用については、母子保護の実施又は第27条第1項第1号から第3号まで若しくは第2項の規定による措置とみなす。
⑥　第2項から第4項までの場合においては、都道府県知事は、児童相談所長の意見を聴かなければならない。

〔児童の一時保護〕
第33条　（略）
②〜⑤　（略）
⑥　児童相談所長は、特に必要があると認めるときは、第1項の規定により一時保護が行われた児童については満20歳に達するまでの間、次に掲げる措置を採るに至るまで、引き続き一時保護を行い、又は一時保護を行わせることができる。
　一　第31条第4項の規定による措置を要すると認める者は、これを都道府県知事に報告すること。
　二　児童自立生活援助の実施が適当であると認める満20歳未満義務教育終了児童等は、これをその実施に係る都道府県知事に報告すること。
⑦　都道府県知事は、特に必要があると認めるときは、第2項の規定により一時保護が行われた児童については満20歳に達するまでの間、第31条第4項の規定による措置を採るに至るまで、児童相談所長をして、引き続き一時保護を行わせ、又は一時保護を行うことを委託させることができる。
⑧　児童相談所長は、特に必要があると認めるときは、第6項各号に掲げる措置を採るに至るまで、保護延長者（児童以外の満20歳に満たない者のうち、次の各号のいずれかに該当するものをいう。以下この項及び次項において同じ。）の安全を迅速に確保し適切な保護を図るため、又は保護延長者の心身の状況、その置かれている環境その他の状況を把握するため、保護延長者の一時保護を行い、又は適当な者に委託して、当該一時保護を行わせることができる。
　一　満18歳に満たないときにされた措置に関する承認の申立てに係る児童であつた者であつて、当該申立てに対する審判が確定していないもの又は当該申立てに対する承認の審判がなされた

④　前3項に規定する保護又は措置は、この法律の適用については、母子保護の実施又は第27条第1項第3号若しくは第2項に規定する措置とみなす。
⑤　第2項又は第3項の場合においては、都道府県知事は、児童相談所長の意見を聴かなければならない。

〔児童の一時保護〕
第33条　（略）
②〜⑤　（略）
（新設）

（新設）

（新設）

後において第28条第１項第１号若しくは第２号ただし書若しくは第２項ただし書の規定による措置が採られていないもの 二　第31条第２項から第４項までの規定による措置が採られている者（前号に掲げる者を除く。）	
⑨　都道府県知事は、特に必要があると認めるときは、第31条第４項の規定による措置を採るに至るまで、保護延長者の安全を迅速に確保し適切な保護を図るため、又は保護延長者の心身の状況、その置かれている環境その他の状況を把握するため、児童相談所長をして、保護延長者の一時保護を行わせ、又は適当な者に当該一時保護を行うことを委託させることができる。	（新設）
⑩　第６項から前項までの規定による一時保護は、この法律の適用については、第１項又は第２項の規定による一時保護とみなす。	（新設）
〔児童相談所長の権限等〕	〔児童相談所長の権限等〕
第33条の２　児童相談所長は、一時保護が行われた児童で親権を行う者又は未成年後見人のないものに対し、親権を行う者又は未成年後見人があるに至るまでの間、親権を行う。ただし、民法第797条の規定による縁組の承諾をするには、厚生労働省令の定めるところにより、都道府県知事の許可を得なければならない。	第33条の２　児童相談所長は、一時保護が行われた児童で親権を行う者又は未成年後見人のないものに対し、親権を行う者又は未成年後見人があるに至るまでの間、親権を行う。ただし、民法（明治29年法律第89号）第797条の規定による縁組の承諾をするには、厚生労働省令の定めるところにより、都道府県知事の許可を得なければならない。
②〜④　（略）	②〜④　（略）
〔措置又は助産の実施、母子保護の実施の解除に係る説明等〕	〔措置又は助産の実施、母子保護の実施の解除に係る説明等〕
第33条の４　都道府県知事、市町村長、福祉事務所長又は児童相談所長は、次の各号に掲げる措置又は助産の実施、母子保護の実施若しくは児童自立生活援助の実施を解除する場合には、あらかじめ、当該各号に定める者に対し、当該措置又は助産の実施、母子保護の実施若しくは児童自立生活援助の実施の解除の理由について説明するとともに、その意見を聴かなければならない。ただし、当該各号に定める者から当該措置又は助産の実施、母子保護の実施若しくは児童自立生活援助の実施の解除の申出があつた場合その他厚生労働省令で定める場合においては、この限りでない。	第33条の４　都道府県知事、市町村長、福祉事務所長又は児童相談所長は、次の各号に掲げる措置又は助産の実施、母子保護の実施若しくは児童自立生活援助の実施を解除する場合には、あらかじめ、当該各号に定める者に対し、当該措置又は助産の実施、母子保護の実施若しくは児童自立生活援助の実施の解除の理由について説明するとともに、その意見を聴かなければならない。ただし、当該各号に定める者から当該措置又は助産の実施、母子保護の実施若しくは児童自立生活援助の実施の解除の申出があつた場合その他厚生労働省令で定める場合においては、この限りでない。
一〜四　（略）	一〜四　（略）
五　児童自立生活援助の実施　当該児童自立生活援助の実施に係る満20歳未満義務教育終了児童等又は満20歳以上義務教育終了児童等	五　児童自立生活援助の実施　児童自立生活援助の実施に係る義務教育終了児童等
〔児童自立生活援助事業〕	〔児童自立生活援助事業〕
第33条の６　都道府県は、その区域内における満20	第33条の６　都道府県は、その区域内における義務

歳未満義務教育終了児童等の自立を図るため必要がある場合において、その満20歳未満義務教育終了児童等から申込みがあつたときは、自ら又は児童自立生活援助事業を行う者（都道府県を除く。次項において同じ。）に委託して、その満20歳未満義務教育終了児童等に対し、厚生労働省令で定めるところにより、児童自立生活援助を行わなければならない。ただし、やむを得ない事由があるときは、その他の適切な援助を行わなければならない。

② 満20歳未満義務教育終了児童等であつて児童自立生活援助の実施を希望するものは、厚生労働省令の定めるところにより、入居を希望する住居その他厚生労働省令の定める事項を記載した申込書を都道府県に提出しなければならない。この場合において、児童自立生活援助事業を行う者は、厚生労働省令の定めるところにより、満20歳未満義務教育終了児童等の依頼を受けて、当該申込書の提出を代わつて行うことができる。

③ 都道府県は、満20歳未満義務教育終了児童等が特別な事情により当該都道府県の区域外の住居への入居を希望するときは、当該住居への入居について必要な連絡及び調整を図らなければならない。

④ 都道府県は、第25条の7第1項第3号若しくは第2項第4号、第25条の8第4号若しくは第26条第1項第6号の規定による報告を受けた児童又は第33条第6項第2号の規定による報告を受けた満20歳未満義務教育終了児童等について、必要があると認めるときは、これらの者に対し、児童自立生活援助の実施の申込みを勧奨しなければならない。

⑤ 都道府県は、満20歳未満義務教育終了児童等の住居の選択及び児童自立生活援助事業の適正な運営の確保に資するため、厚生労働省令の定めるところにより、その区域内における児童自立生活援助事業を行う者、当該事業の運営の状況その他の厚生労働省令の定める事項に関し情報の提供を行わなければならない。

⑥ 第1項から第3項まで及び前項の規定は、満20歳以上義務教育終了児童等について準用する。この場合において、第1項中「行わなければならない。ただし、やむを得ない事由があるときは、その他の適切な援助を行わなければならない」とあ

教育終了児童等の自立を図るため必要がある場合において、その義務教育終了児童等から申込みがあつたときは、自ら又は児童自立生活援助事業を行う者（都道府県を除く。次項において同じ。）に委託して、その義務教育終了児童等に対し、厚生労働省令で定めるところにより、義務教育終了児童等が共同生活を営むべき住居において相談その他の日常生活上の援助及び生活指導並びに就業の支援を行わなければならない。ただし、やむを得ない事由があるときは、その他の適切な援助を行わなければならない。

② 前項に規定する義務教育終了児童等であつて児童自立生活援助の実施を希望するものは、厚生労働省令の定めるところにより、入居を希望する同項に規定する住居その他厚生労働省令の定める事項を記載した申込書を都道府県に提出しなければならない。この場合において、児童自立生活援助事業を行う者は、厚生労働省令の定めるところにより、当該義務教育終了児童等の依頼を受けて、当該申込書の提出を代わつて行うことができる。

③ 都道府県は、義務教育終了児童等が特別な事情により当該都道府県の区域外の第1項に規定する住居への入居を希望するときは、当該住居への入居について必要な連絡及び調整を図らなければならない。

④ 都道府県は、第25条の7第1項第3号若しくは第2項第4号、第25条の8第4号又は第26条第1項第5号の規定による報告を受けた児童について、必要があると認めるときは、その児童に対し、児童自立生活援助の実施の申込みを勧奨しなければならない。

⑤ 都道府県は、義務教育終了児童等の第1項に規定する住居の選択及び児童自立生活援助事業の適正な運営の確保に資するため、厚生労働省令の定めるところにより、その区域内における児童自立生活援助事業を行う者、当該事業の運営の状況その他の厚生労働省令の定める事項に関し情報の提供を行わなければならない。

（新設）

るのは「行うよう努めなければならない」と、第3項中「図らなければならない」とあるのは「図るよう努めなければならない」と読み替えるものとする。

〔被措置児童等虐待〕

第33条の10　この法律で、被措置児童等虐待とは、小規模住居型児童養育事業に従事する者、里親若しくはその同居人、乳児院、児童養護施設、障害児入所施設、児童心理治療施設若しくは児童自立支援施設の長、その職員その他の従業者、指定発達支援医療機関の管理者その他の従業者、第12条の4に規定する児童を一時保護する施設を設けている児童相談所の所長、当該施設の職員その他の従業者又は第33条第1項若しくは第2項の委託を受けて児童の一時保護を行う業務に従事する者（以下「施設職員等」と総称する。）が、委託された児童、入所する児童又は一時保護が行われた児童（以下「被措置児童等」という。）について行う次に掲げる行為をいう。

一～四　（略）

〔通告等を受けた場合の措置〕

第33条の14　（略）

②　都道府県は、前項に規定する措置を講じた場合において、必要があると認めるときは、小規模住居型児童養育事業、里親、乳児院、児童養護施設、障害児入所施設、児童心理治療施設、児童自立支援施設、指定発達支援医療機関、第12条の4に規定する児童を一時保護する施設又は第33条第1項若しくは第2項の委託を受けて一時保護を行う者における事業若しくは業務の適正な運営又は適切な養育を確保することにより、当該通告、届出、通知又は相談に係る被措置児童等に対する被措置児童等虐待の防止並びに当該被措置児童等及び当該被措置児童等と生活を共にする他の被措置児童等の保護を図るため、適切な措置を講ずるものとする。

③　（略）

第3章　事業、養育里親及び養子縁組里親並びに施設

〔受託義務〕

第34条の7　障害者等相談支援事業、小規模住居型児童養育事業又は児童自立生活援助事業を行う者は、第26条第1項第2号、第27条第1項第2号若しくは第3号又は第33条の6第1項（同条第6項において準用する場合を含む。）の規定による委

〔被措置児童等虐待〕

第33条の10　この法律で、被措置児童等虐待とは、小規模住居型児童養育事業に従事する者、里親若しくはその同居人、乳児院、児童養護施設、障害児入所施設、情緒障害児短期治療施設若しくは児童自立支援施設の長、その職員その他の従業者、指定発達支援医療機関の管理者その他の従業者、第12条の4に規定する児童を一時保護する施設を設けている児童相談所の所長、当該施設の職員その他の従業者又は第33条第1項若しくは第2項の委託を受けて児童の一時保護を行う業務に従事する者（以下「施設職員等」と総称する。）が、委託された児童、入所する児童又は一時保護が行われた児童（以下「被措置児童等」という。）について行う次に掲げる行為をいう。

一～四　（略）

〔通告等を受けた場合の措置〕

第33条の14　（略）

②　都道府県は、前項に規定する措置を講じた場合において、必要があると認めるときは、小規模住居型児童養育事業、里親、乳児院、児童養護施設、障害児入所施設、情緒障害児短期治療施設、児童自立支援施設、指定発達支援医療機関、第12条の4に規定する児童を一時保護する施設又は第33条第1項若しくは第2項の委託を受けて一時保護を行う者における事業若しくは業務の適正な運営又は適切な養育を確保することにより、当該通告、届出、通知又は相談に係る被措置児童等に対する被措置児童等虐待の防止並びに当該被措置児童等及び当該被措置児童等と生活を共にする他の被措置児童等の保護を図るため、適切な措置を講ずるものとする。

③　（略）

第3章　事業、養育里親及び施設

〔受託義務〕

第34条の7　障害者等相談支援事業、小規模住居型児童養育事業又は児童自立生活援助事業を行う者は、第26条第1項第2号、第27条第1項第2号若しくは第3号又は第33条の6第1項の規定による委託を受けたときは、正当な理由がない限り、こ

〔養育里親名簿及び養子縁組里親名簿〕
第34条の19　都道府県知事は、第27条第1項第3号の規定により児童を委託するため、厚生労働省令で定めるところにより、養育里親名簿及び養子縁組里親名簿を作成しておかなければならない。

〔養育里親及び養子縁組里親の欠格事由〕
第34条の20　本人又はその同居人が次の各号（同居人にあつては、第1号を除く。）のいずれかに該当する者は、養育里親及び養子縁組里親となることができない。
一～四　（略）
② 都道府県知事は、養育里親若しくは養子縁組里親又はその同居人が前項各号（同居人にあつては、同項第1号を除く。）のいずれかに該当するに至つたときは、当該養育里親又は養子縁組里親を直ちに養育里親名簿又は養子縁組里親名簿から抹消しなければならない。

〔厚生労働省令への委任〕
第34条の21　この法律に定めるもののほか、養育里親名簿又は養子縁組里親名簿の登録のための手続その他養育里親又は養子縁組里親に関し必要な事項は、厚生労働省令で定める。

〔児童心理治療施設〕
第43条の2　児童心理治療施設は、家庭環境、学校における交友関係その他の環境上の理由により社会生活への適応が困難となつた児童を、短期間、入所させ、又は保護者の下から通わせて、社会生活に適応するために必要な心理に関する治療及び生活指導を主として行い、あわせて退所した者について相談その他の援助を行うことを目的とする施設とする。

〔児童福祉施設に入所中の児童等の教育〕
第48条　児童養護施設、障害児入所施設、児童心理治療施設及び児童自立支援施設の長、その住居において養育を行う第6条の3第8項に規定する厚生労働省令で定める者並びに里親は、学校教育法に規定する保護者に準じて、その施設に入所中又は受託中の児童を就学させなければならない。

〔乳児院等の長による相談及び助言〕
第48条の2　乳児院、母子生活支援施設、児童養護施設、児童心理治療施設及び児童自立支援施設の長は、その行う児童の保護に支障がない限りにお

れを拒んではならない。

〔養育里親名簿〕
第34条の19　都道府県知事は、第27条第1項第3号の規定により児童を委託するため、厚生労働省令で定めるところにより、養育里親名簿を作成しておかなければならない。

〔養育里親の欠格事由〕
第34条の20　本人又はその同居人が次の各号（同居人にあつては、第1号を除く。）のいずれかに該当する者は、養育里親となることができない。
一～四　（略）
② 都道府県知事は、養育里親又はその同居人が前項各号（同居人にあつては、同項第1号を除く。）のいずれかに該当するに至つたときは、当該養育里親を直ちに養育里親名簿から抹消しなければならない。

〔厚生労働省令への委任〕
第34条の21　この法律に定めるもののほか、養育里親名簿の登録のための手続その他養育里親に関し必要な事項は、厚生労働省令で定める。

〔情緒障害児短期治療施設〕
第43条の2　情緒障害児短期治療施設は、軽度の情緒障害を有する児童を、短期間、入所させ、又は保護者の下から通わせて、その情緒障害を治し、あわせて退所した者について相談その他の援助を行うことを目的とする施設とする。

〔児童福祉施設に入所中の児童等の教育〕
第48条　児童養護施設、障害児入所施設、情緒障害児短期治療施設及び児童自立支援施設の長、その住居において養育を行う第6条の3第8項に規定する厚生労働省令で定める者並びに里親は、学校教育法に規定する保護者に準じて、その施設に入所中又は受託中の児童を就学させなければならない。

〔乳児院等の長による相談及び助言〕
第48条の2　乳児院、母子生活支援施設、児童養護施設、情緒障害児短期治療施設及び児童自立支援施設の長は、当該施設の所在する地域の住民に対

新	旧
いて、当該施設の所在する地域の住民につき、児童の養育に関する相談に応じ、及び助言を行うよう努めなければならない。	して、その行う児童の保護に支障がない限りにおいて、児童の養育に関する相談に応じ、及び助言を行うよう努めなければならない。

〔親子の再統合のための支援等〕

第48条の3 乳児院、児童養護施設、障害児入所施設、児童心理治療施設及び児童自立支援施設の長並びに小規模住居型児童養育事業を行う者及び里親は、当該施設に入所し、又は小規模住居型児童養育事業を行う者若しくは里親に委託された児童及びその保護者に対して、市町村、児童相談所、児童家庭支援センター、教育機関、医療機関その他の関係機関との緊密な連携を図りつつ、親子の再統合のための支援その他の当該児童が家庭（家庭における養育環境と同様の養育環境及び良好な家庭的環境を含む。）で養育されるために必要な措置を採らなければならない。

〔都道府県の支弁〕

第50条 次に掲げる費用は、都道府県の支弁とする。

一～六の三　（略）

七　都道府県が、第27条第1項第3号に規定する措置を採つた場合において、入所又は委託に要する費用及び入所後の保護又は委託後の養育につき、第45条第1項又は第45条の2第1項の基準を維持するために要する費用（国の設置する乳児院、児童養護施設、障害児入所施設、児童心理治療施設又は児童自立支援施設に入所させた児童につき、その入所後に要する費用を除く。）

七の二　（略）

七の三　都道府県が行う児童自立生活援助（満20歳未満義務教育終了児童等に係るものに限る。）の実施に要する費用

八・九　（略）

〔費用の徴収及び負担〕

第56条　（略）

② 第50条第5号、第6号、第6号の2若しくは第7号から第7号の3までに規定する費用を支弁した都道府県又は第51条第2号から第5号までに規定する費用を支弁した市町村の長は、本人又はその扶養義務者から、その負担能力に応じ、その費用の全部又は一部を徴収することができる。

（削る）

〔親子の再統合のための支援等〕

第48条の3 乳児院、児童養護施設、障害児入所施設、情緒障害児短期治療施設及び児童自立支援施設の長並びに小規模住居型児童養育事業を行う者及び里親は、当該施設に入所し、又は小規模住居型児童養育事業を行う者若しくは里親に委託された児童及びその保護者に対して、市町村、児童相談所、児童家庭支援センター、教育機関、医療機関その他の関係機関との緊密な連携を図りつつ、親子の再統合のための支援その他の当該児童が家庭（家庭における養育環境と同様の養育環境及び良好な家庭的環境を含む。）で養育されるために必要な措置を採らなければならない。

〔都道府県の支弁〕

第50条 次に掲げる費用は、都道府県の支弁とする。

一～六の三　（略）

七　都道府県が、第27条第1項第3号に規定する措置を採つた場合において、入所又は委託に要する費用及び入所後の保護又は委託後の養育につき、第45条第1項又は第45条の2第1項の基準を維持するために要する費用（国の設置する乳児院、児童養護施設、障害児入所施設、情緒障害児短期治療施設又は児童自立支援施設に入所させた児童につき、その入所後に要する費用を除く。）

七の二　（略）

七の三　都道府県が行う児童自立生活援助の実施に要する費用

八・九　（略）

〔費用の徴収及び負担〕

第56条　（略）

② 第50条第5号、第6号、第6号の2若しくは第7号から第7号の3までに規定する費用を支弁した都道府県又は第51条第2号若しくは第3号に規定する費用を支弁した市町村の長は、本人又はその扶養義務者から、その負担能力に応じ、その費用の全部又は一部を徴収することができる。

③ 第51条第4号又は第5号に規定する費用を支弁した市町村の長は、本人又はその扶養義務者から、その負担能力に応じ、その費用の全部又は一

③　（略）
④　都道府県知事又は市町村長は、第1項の規定による負担能力の認定又は第2項の規定による費用の徴収に関し必要があると認めるときは、本人又はその扶養義務者の収入の状況につき、本人若しくはその扶養義務者に対し報告を求め、又は官公署に対し必要な書類の閲覧若しくは資料の提供を求めることができる。
⑤　第1項又は第2項の規定による費用の徴収は、これを本人又はその扶養義務者の居住地又は財産所在地の都道府県又は市町村に嘱託することができる。
⑥　第1項又は第2項の規定により徴収される費用を、指定の期限内に納付しない者があるときは、第1項に規定する費用については国税の、第2項に規定する費用については地方税の滞納処分の例により処分することができる。この場合における徴収金の先取特権の順位は、国税及び地方税に次ぐものとする。
⑦・⑧　（略）

〔大都市等の特例〕
第59条の4　この法律中都道府県が処理することとされている事務で政令で定めるものは、指定都市及び地方自治法第252条の22第1項の中核市（以下「中核市」という。）並びに児童相談所を設置する市（特別区を含む。以下この項において同じ。）として政令で定める市（以下「児童相談所設置市」という。）においては、政令で定めるところにより、指定都市若しくは中核市又は児童相談所設置市（以下「指定都市等」という。）が処理するものとする。この場合においては、この法律中都道府県に関する規定は、指定都市等に関する規定として指定都市等に適用があるものとする。
②～⑤　（略）

部を徴収することができる。
④　（略）
⑤　都道府県知事又は市町村長は、第1項の規定による負担能力の認定又は第2項若しくは第3項の規定による費用の徴収に関し必要があると認めるときは、本人又はその扶養義務者の収入の状況につき、本人若しくはその扶養義務者に対し報告を求め、又は官公署に対し必要な書類の閲覧若しくは資料の提供を求めることができる。
⑥　第1項から第3項までの規定による費用の徴収は、これを本人又はその扶養義務者の居住地又は財産所在地の都道府県又は市町村に嘱託することができる。
⑦　第1項から第3項までの規定により徴収される費用を、指定の期限内に納付しない者があるときは、第1項に規定する費用については国税の、第2項又は第3項に規定する費用については地方税の滞納処分の例により処分することができる。この場合における徴収金の先取特権の順位は、国税及び地方税に次ぐものとする。
⑧・⑨　（略）

〔大都市等の特例〕
第59条の4　この法律中都道府県が処理することとされている事務で政令で定めるものは、指定都市及び地方自治法第252条の22第1項の中核市（以下「中核市」という。）並びに児童相談所を設置する市として政令で定める市（以下「児童相談所設置市」という。）においては、政令で定めるところにより、指定都市若しくは中核市又は児童相談所設置市（以下「指定都市等」という。）が処理するものとする。この場合においては、この法律中都道府県に関する規定は、指定都市等に関する規定として指定都市等に適用があるものとする。
②～⑤　（略）

●児童虐待の防止等に関する法律（抄）

〔平成12年5月24日〕
〔法律第82号〕
【平成28年6月3日・10月1日施行】

（　　　の部分は改正部分）

改　正　後	改　正　前
（国及び地方公共団体の責務等） 第4条　国及び地方公共団体は、児童虐待の予防及び早期発見、迅速かつ適切な児童虐待を受けた児童の保護及び自立の支援（児童虐待を受けた後18歳となった者に対する自立の支援を含む。第3項及び次条第2項において同じ。）並びに児童虐待を行った保護者に対する親子の再統合の促進への配慮その他の児童虐待を受けた児童が家庭（家庭における養育環境と同様の養育環境及び良好な家庭的環境を含む。）で生活するために必要な配慮をした適切な指導及び支援を行うため、関係省庁相互間その他関係機関及び民間団体の間の連携の強化、民間団体の支援、医療の提供体制の整備その他児童虐待の防止等のために必要な体制の整備に努めなければならない。 2～6　（略） 7　何人も、児童の健全な成長のために、家庭（家庭における養育環境と同様の養育環境及び良好な家庭的環境を含む。）及び近隣社会の連帯が求められていることに留意しなければならない。 （児童虐待に係る通告） 第6条　（略） 2　前項の規定による通告は、児童福祉法（昭和22年法律第164号）第25条第1項の規定による通告とみなして、同法の規定を適用する。 3　（略） （通告又は送致を受けた場合の措置） 第8条　（略） 2　児童相談所が第6条第1項の規定による通告又は児童福祉法第25条の7第1項第1号若しくは第2項第1号若しくは第25条の8第1号の規定による送致を受けたときは、児童相談所長は、必要に応じ近隣住民、学校の教職員、児童福祉施設の職員その他の者の協力を得つつ、当該児童との面会その他の当該児童の安全の確認を行うための措置	（国及び地方公共団体の責務等） 第4条　国及び地方公共団体は、児童虐待の予防及び早期発見、迅速かつ適切な児童虐待を受けた児童の保護及び自立の支援（児童虐待を受けた後18歳となった者に対する自立の支援を含む。第3項及び次条第2項において同じ。）並びに児童虐待を行った保護者に対する親子の再統合の促進への配慮その他の児童虐待を受けた児童が良好な家庭的環境で生活するために必要な配慮をした適切な指導及び支援を行うため、関係省庁相互間その他関係機関及び民間団体の間の連携の強化、民間団体の支援、医療の提供体制の整備その他児童虐待の防止等のために必要な体制の整備に努めなければならない。 2～6　（略） 7　何人も、児童の健全な成長のために、良好な家庭的環境及び近隣社会の連帯が求められていることに留意しなければならない。 （児童虐待に係る通告） 第6条　（略） 2　前項の規定による通告は、児童福祉法（昭和22年法律第164号）第25条の規定による通告とみなして、同法の規定を適用する。 3　（略） （通告又は送致を受けた場合の措置） 第8条　（略） 2　児童相談所が第6条第1項の規定による通告又は児童福祉法第25条の7第1項第1号若しくは第2項第1号又は第25条の8第1号の規定による送致を受けたときは、児童相談所長は、必要に応じ近隣住民、学校の教職員、児童福祉施設の職員その他の者の協力を得つつ、当該児童との面会その他の当該児童の安全の確認を行うための措置を講

を講ずるとともに、必要に応じ同法第33条第1項の規定により当該児童の一時保護を行い、又は適当な者に委託して、当該一時保護を行わせるものとする。

3　（略）

（臨検、捜索等）

第9条の3　都道府県知事は、第8条の2第1項の保護者又は第9条第1項の児童の保護者が正当な理由なく同項の規定による児童委員又は児童の福祉に関する事務に従事する職員の立入り又は調査を拒み、妨げ、又は忌避した場合において、児童虐待が行われている疑いがあるときは、当該児童の安全の確認を行い、又はその安全を確保するため、児童の福祉に関する事務に従事する職員をして、当該児童の住所又は居所の所在地を管轄する地方裁判所、家庭裁判所又は簡易裁判所の裁判官があらかじめ発する許可状により、当該児童の住所若しくは居所に臨検させ、又は当該児童を捜索させることができる。

2　（略）

3　都道府県知事は、第1項の許可状（以下「許可状」という。）を請求する場合においては、児童虐待が行われている疑いがあると認められる資料、臨検させようとする住所又は居所に当該児童が現在すると認められる資料及び当該児童の保護者が第9条第1項の規定による立入り又は調査を拒み、妨げ、又は忌避したことを証する資料を提出しなければならない。

4～6　（略）

（警察署長に対する援助要請等）

第10条　児童相談所長は、第8条第2項の児童の安全の確認を行おうとする場合、又は同項の一時保護を行おうとし、若しくは行わせようとする場合において、これらの職務の執行に際し必要があると認めるときは、当該児童の住所又は居所の所在地を管轄する警察署長に対し援助を求めることができる。都道府県知事が、第9条第1項の規定による立入り及び調査若しくは質問をさせ、又は臨検等をさせようとする場合についても、同様とする。

2・3　（略）

（児童虐待を行った保護者に対する指導等）

第11条　児童虐待を行った保護者について児童福祉法第27条第1項第2号の規定により行われる指導

ずるとともに、必要に応じ同法第33条第1項の規定による一時保護を行うものとする。

3　（略）

（臨検、捜索等）

第9条の3　都道府県知事は、第8条の2第1項の保護者又は第9条第1項の児童の保護者が前条第1項の規定による出頭の求めに応じない場合において、児童虐待が行われている疑いがあるときは、当該児童の安全の確認を行い又はその安全を確保するため、児童の福祉に関する事務に従事する職員をして、当該児童の住所又は居所の所在地を管轄する地方裁判所、家庭裁判所又は簡易裁判所の裁判官があらかじめ発する許可状により、当該児童の住所若しくは居所に臨検させ、又は当該児童を捜索させることができる。

2　（略）

3　都道府県知事は、第1項の許可状（以下「許可状」という。）を請求する場合においては、児童虐待が行われている疑いがあると認められる資料、臨検させようとする住所又は居所に当該児童が現在すると認められる資料並びに当該児童の保護者が第9条第1項の規定による立入り又は調査を拒み、妨げ、又は忌避したこと及び前条第1項の規定による出頭の求めに応じなかったことを証する資料を提出しなければならない。

4～6　（略）

（警察署長に対する援助要請等）

第10条　児童相談所長は、第8条第2項の児童の安全の確認又は一時保護を行おうとする場合において、これらの職務の執行に際し必要があると認めるときは、当該児童の住所又は居所の所在地を管轄する警察署長に対し援助を求めることができる。都道府県知事が、第9条第1項の規定による立入り及び調査若しくは質問をさせ、又は臨検等をさせようとする場合についても、同様とする。

2・3　（略）

（児童虐待を行った保護者に対する指導等）

第11条　児童虐待を行った保護者について児童福祉法第27条第1項第2号の規定により行われる指導

は、親子の再統合への配慮その他の児童虐待を受けた児童が家庭（家庭における養育環境と同様の養育環境及び良好な家庭的環境を含む。）で生活するために必要な配慮の下に適切に行われなければならない。

2・3　（略）

4　都道府県知事は、前項の規定による勧告を受けた保護者が当該勧告に従わない場合において必要があると認めるときは、児童福祉法第33条第2項の規定により児童相談所長をして児童虐待を受けた児童の一時保護を行わせ、又は適当な者に当該一時保護を行うことを委託させ、同法第27条第1項第3号又は第28条第1項の規定による措置を採る等の必要な措置を講ずるものとする。

5　（略）

（面会等の制限等）

第12条の2　児童虐待を受けた児童について施設入所等の措置（児童福祉法第28条の規定によるものを除く。以下この項において同じ。）が採られた場合において、当該児童虐待を行った保護者に当該児童を引き渡した場合には再び児童虐待が行われるおそれがあると認められるにもかかわらず、当該保護者が当該児童の引渡しを求めること、当該保護者が前条第1項の規定による制限に従わないことその他の事情から当該児童について当該施設入所等の措置を採ることが当該保護者の意に反し、これを継続することが困難であると認めるときは、児童相談所長は、次項の報告を行うに至るまで、同法第33条第1項の規定により当該児童の一時保護を行い、又は適当な者に委託して、当該一時保護を行わせることができる。

2　児童相談所長は、前項の一時保護を行った、又は行わせた場合には、速やかに、児童福祉法第26条第1項第1号の規定に基づき、同法第28条の規定による施設入所等の措置を要する旨を都道府県知事に報告しなければならない。

第12条の3　児童相談所長は、児童福祉法第33条第1項の規定により、児童虐待を受けた児童について一時保護を行っている、又は適当な者に委託して、一時保護を行わせている場合（前条第1項の一時保護を行っている、又は行わせている場合を除く。）において、当該児童について施設入所等の措置を要すると認めるときであって、当該児童虐待を行った保護者に当該児童を引き渡した場合には再び児童虐待が行われるおそれがあると認め

は、親子の再統合への配慮その他の児童虐待を受けた児童が良好な家庭的環境で生活するために必要な配慮の下に適切に行われなければならない。

2・3　（略）

4　都道府県知事は、前項の規定による勧告を受けた保護者が当該勧告に従わない場合において必要があると認めるときは、児童福祉法第33条第2項の規定により児童相談所長をして児童虐待を受けた児童に一時保護を加えさせ又は適当な者に一時保護を加えることを委託させ、同法第27条第1項第3号又は第28条第1項の規定による措置を採る等の必要な措置を講ずるものとする。

5　（略）

（面会等の制限等）

第12条の2　児童虐待を受けた児童について施設入所等の措置（児童福祉法第28条の規定によるものを除く。以下この項において同じ。）が採られた場合において、当該児童虐待を行った保護者に当該児童を引き渡した場合には再び児童虐待が行われるおそれがあると認められるにもかかわらず、当該保護者が当該児童の引渡しを求めること、当該保護者が前条第1項の規定による制限に従わないことその他の事情から当該児童について当該施設入所等の措置を採ることが当該保護者の意に反し、これを継続することが困難であると認めるときは、児童相談所長は、次項の報告を行うに至るまで、同法第33条第1項の規定により当該児童に一時保護を行うことができる。

2　児童相談所長は、前項の一時保護を行った場合には、速やかに、児童福祉法第26条第1項第1号の規定に基づき、同法第28条の規定による施設入所等の措置を要する旨を都道府県知事に報告しなければならない。

第12条の3　児童相談所長は、児童福祉法第33条第1項の規定により児童虐待を受けた児童について一時保護を行っている場合（前条第1項の一時保護を行っている場合を除く。）において、当該児童について施設入所等の措置を要すると認めるときであって、当該児童虐待を行った保護者に当該児童を引き渡した場合には再び児童虐待が行われるおそれがあると認められるにもかかわらず、当該保護者が当該児童の引渡しを求めること、当該

られるにもかかわらず、当該保護者が当該児童の引渡しを求めること、当該保護者が第12条第1項の規定による制限に従わないことその他の事情から当該児童について施設入所等の措置を採ることが当該保護者の意に反すると認めるときは、速やかに、同法第26条第1項第1号の規定に基づき、同法第28条の規定による施設入所等の措置を要する旨を都道府県知事に報告しなければならない。

（施設入所等の措置の解除等）

第13条　（略）

2　都道府県知事は、児童虐待を受けた児童について施設入所等の措置が採られ、又は児童福祉法第33条第2項の規定による一時保護が行われた場合において、当該児童について採られた施設入所等の措置又は行われた一時保護を解除するときは、当該児童の保護者に対し、親子の再統合の促進その他の児童虐待を受けた児童が家庭で生活することを支援するために必要な助言を行うことができる。

3　都道府県知事は、前項の助言に係る事務の全部又は一部を厚生労働省令で定める者に委託することができる。

4　前項の規定により行われる助言に係る事務に従事する者又は従事していた者は、その事務に関して知り得た秘密を漏らしてはならない。

（施設入所等の措置の解除時の安全確認等）

第13条の2　都道府県は、児童虐待を受けた児童について施設入所等の措置が採られ、又は児童福祉法第33条第2項の規定による一時保護が行われた場合において、当該児童について採られた施設入所等の措置若しくは行われた一時保護を解除するとき又は当該児童が一時的に帰宅するときは、必要と認める期間、市町村、児童福祉施設その他の関係機関との緊密な連携を図りつつ、当該児童の家庭を継続的に訪問することにより当該児童の安全の確認を行うとともに、当該児童の保護者からの相談に応じ、当該児童の養育に関する指導、助言その他の必要な支援を行うものとする。

（児童虐待を受けた児童等に対する支援）

第13条の3　（略）

2〜4　（略）

（資料又は情報の提供）

第13条の4　地方公共団体の機関及び病院、診療所、児童福祉施設、学校その他児童の医療、福祉又は教育に関係する機関（地方公共団体の機関を

保護者が第12条第1項の規定による制限に従わないことその他の事情から当該児童について施設入所等の措置を採ることが当該保護者の意に反すると認めるときは、速やかに、同法第26条第1項第1号の規定に基づき、同法第28条の規定による施設入所等の措置を要する旨を都道府県知事に報告しなければならない。

（施設入所等の措置の解除）

第13条　（略）

（新設）

（新設）

（新設）

（新設）

（児童虐待を受けた児童等に対する支援）

第13条の2　（略）

2〜4　（略）

（資料又は情報の提供）

第13条の3　地方公共団体の機関は、市町村長、都道府県の設置する福祉事務所の長又は児童相談所長から児童虐待に係る児童又はその保護者の心身

除く。)並びに医師、看護師、児童福祉施設の職員、学校の教職員その他児童の医療、福祉又は教育に関連する職務に従事する者は、市町村長、都道府県の設置する福祉事務所の長又は児童相談所長から児童虐待に係る児童又はその保護者の心身の状況、これらの者の置かれている環境その他児童虐待の防止等に係る当該児童、その保護者その他の関係者に関する資料又は情報の提供を求められたときは、当該資料又は情報について、当該市町村長、都道府県の設置する福祉事務所の長又は児童相談所長が児童虐待の防止等に関する事務又は業務の遂行に必要な限度で利用し、かつ、利用することに相当の理由があるときは、これを提供することができる。ただし、当該資料又は情報を提供することによって、当該資料又は情報に係る児童、その保護者その他の関係者又は第三者の権利利益を不当に侵害するおそれがあると認められるときは、この限りでない。 （都道府県児童福祉審議会等への報告） **第13条の5**　（略） （親権の行使に関する配慮等） **第14条**　児童の親権を行う者は、児童のしつけに際して、民法（明治29年法律第89号）第820条の規定による監護及び教育に必要な範囲を超えて当該児童を懲戒してはならず、当該児童の親権の適切な行使に配慮しなければならない。 2　（略） （親権の喪失の制度の適切な運用） **第15条**　民法に規定する親権の喪失の制度は、児童虐待の防止及び児童虐待を受けた児童の保護の観点からも、適切に運用されなければならない。 （罰則） **第17条**　（略） **第18条**　第13条第4項の規定に違反した者は、1年以下の懲役又は50万円以下の罰金に処する。	の状況、これらの者の置かれている環境その他児童虐待の防止等に係る当該児童、その保護者その他の関係者に関する資料又は情報の提供を求められたときは、当該資料又は情報について、当該市町村長、都道府県の設置する福祉事務所の長又は児童相談所長が児童虐待の防止等に関する事務又は業務の遂行に必要な限度で利用し、かつ、利用することに相当の理由があるときは、これを提供することができる。ただし、当該資料又は情報を提供することによって、当該資料又は情報に係る児童、その保護者その他の関係者又は第三者の権利利益を不当に侵害するおそれがあると認められるときは、この限りでない。 （都道府県児童福祉審議会等への報告） **第13条の4**　（略） （親権の行使に関する配慮等） **第14条**　児童の親権を行う者は、児童のしつけに際して、その適切な行使に配慮しなければならない。 2　（略） （親権の喪失の制度の適切な運用） **第15条**　民法（明治29年法律第89号）に規定する親権の喪失の制度は、児童虐待の防止及び児童虐待を受けた児童の保護の観点からも、適切に運用されなければならない。 （罰則） **第17条**　（略） （新設）

●児童虐待の防止等に関する法律（抄）

〔平成12年5月24日　法律第82号〕
【平成29年4月1日施行】

(　　　の部分は改正部分)

改　正　後	改　正　前
（児童虐待の定義） **第2条**　この法律において、「児童虐待」とは、保護者（親権を行う者、未成年後見人その他の者で、児童を現に監護するものをいう。以下同じ。）がその監護する児童（18歳に満たない者をいう。以下同じ。）について行う次に掲げる行為をいう。 一～三　（略） 四　児童に対する著しい暴言又は著しく拒絶的な対応、児童が同居する家庭における配偶者に対する暴力（配偶者（婚姻の届出をしていないが、事実上婚姻関係と同様の事情にある者を含む。）の身体に対する不法な攻撃であって生命又は身体に危害を及ぼすもの及びこれに準ずる心身に有害な影響を及ぼす言動をいう。第16条において同じ。）その他の児童に著しい心理的外傷を与える言動を行うこと。 （通告又は送致を受けた場合の措置） **第8条**　（略） 2　児童相談所が第6条第1項の規定による通告又は児童福祉法第25条の7第1項第1号若しくは第2項第1号若しくは第25条の8第1号の規定による送致を受けたときは、児童相談所長は、必要に応じ近隣住民、学校の教職員、児童福祉施設の職員その他の者の協力を得つつ、当該児童との面会その他の当該児童の安全の確認を行うための措置を講ずるとともに、必要に応じ次に掲げる措置を採るものとする。 一　児童福祉法第33条第1項の規定により当該児童の一時保護を行い、又は適当な者に委託して、当該一時保護を行わせること。 二　児童福祉法第26条第1項第3号の規定により当該児童のうち第6条第1項の規定による通告	（児童虐待の定義） **第2条**　この法律において、「児童虐待」とは、保護者（親権を行う者、未成年後見人その他の者で、児童を現に監護するものをいう。以下同じ。）がその監護する児童（18歳に満たない者をいう。以下同じ。）について行う次に掲げる行為をいう。 一～三　（略） 四　児童に対する著しい暴言又は著しく拒絶的な対応、児童が同居する家庭における配偶者に対する暴力（配偶者（婚姻の届出をしていないが、事実上婚姻関係と同様の事情にある者を含む。）の身体に対する不法な攻撃であって生命又は身体に危害を及ぼすもの及びこれに準ずる心身に有害な影響を及ぼす言動をいう。）その他の児童に著しい心理的外傷を与える言動を行うこと。 （通告又は送致を受けた場合の措置） **第8条**　（略） 2　児童相談所が第6条第1項の規定による通告又は児童福祉法第25条の7第1項第1号若しくは第2項第1号若しくは第25条の8第1号の規定による送致を受けたときは、児童相談所長は、必要に応じ近隣住民、学校の教職員、児童福祉施設の職員その他の者の協力を得つつ、当該児童との面会その他の当該児童の安全の確認を行うための措置を講ずるとともに、必要に応じ同法第33条第1項の規定により当該児童の一時保護を行い、又は適当な者に委託して、当該一時保護を行わせるものとする。 （新設） （新設）

を受けたものを市町村に送致すること。	
三　当該児童のうち児童福祉法第25条の8第3号に規定する保育の利用等（以下この号において「保育の利用等」という。）が適当であると認めるものをその保育の利用等に係る都道府県又は市町村の長へ報告し、又は通知すること。	（新設）
四　当該児童のうち児童福祉法第6条の3第2項に規定する放課後児童健全育成事業、同条第3項に規定する子育て短期支援事業、同条第5項に規定する養育支援訪問事業、同条第6項に規定する地域子育て支援拠点事業、同条第14項に規定する子育て援助活動支援事業、子ども・子育て支援法（平成24年法律第65号）第59条第1号に掲げる事業その他市町村が実施する児童の健全な育成に資する事業の実施が適当であると認めるものをその事業の実施に係る市町村の長へ通知すること。	（新設）
3　前2項の児童の安全の確認を行うための措置、市町村若しくは児童相談所への送致又は一時保護を行う者は、速やかにこれを行うものとする。	3　前2項の児童の安全の確認を行うための措置、児童相談所への送致又は一時保護を行う者は、速やかにこれを行うものとする。
（警察署長に対する援助要請等）	（警察署長に対する援助要請等）
第10条　児童相談所長は、第8条第2項の児童の安全の確認を行おうとする場合、又は同項第1号の一時保護を行おうとし、若しくは行わせようとする場合において、これらの職務の執行に際し必要があると認めるときは、当該児童の住所又は居所の所在地を管轄する警察署長に対し援助を求めることができる。都道府県知事が、第9条第1項の規定による立入り及び調査若しくは質問をさせ、又は臨検等をさせようとする場合についても、同様とする。	第10条　児童相談所長は、第8条第2項の児童の安全の確認を行おうとする場合、又は同項の一時保護を行おうとし、若しくは行わせようとする場合において、これらの職務の執行に際し必要があると認めるときは、当該児童の住所又は居所の所在地を管轄する警察署長に対し援助を求めることができる。都道府県知事が、第9条第1項の規定による立入り及び調査若しくは質問をさせ、又は臨検等をさせようとする場合についても、同様とする。
2・3　（略）	2・3　（略）
（児童虐待を受けた児童等に対する支援）	（児童虐待を受けた児童等に対する支援）
第13条の3　市町村は、子ども・子育て支援法第27条第1項に規定する特定教育・保育施設（次項において「特定教育・保育施設」という。）又は同法第43条第3項に規定する特定地域型保育事業（次項において「特定地域型保育事業」という。）の利用について、同法第42条第1項若しくは第54条第1項の規定により相談、助言若しくはあっせん若しくは要請を行う場合又は児童福祉法第24条第3項の規定により調整若しくは要請を行う場合には、児童虐待の防止に寄与するため、特別の支援を要する家庭の福祉に配慮をしなければならない。	第13条の3　市町村は、子ども・子育て支援法（平成24年法律第65号）第27条第1項に規定する特定教育・保育施設（次項において「特定教育・保育施設」という。）又は同法第43条第3項に規定する特定地域型保育事業（次項において「特定地域型保育事業」という。）の利用について、同法第42条第1項若しくは第54条第1項の規定により相談、助言若しくはあっせん若しくは要請を行う場合又は児童福祉法第24条第3項の規定により調整若しくは要請を行う場合には、児童虐待の防止に寄与するため、特別の支援を要する家庭の福祉に配慮をしなければならない。

2〜4　（略）

（延長者等の特例）
第16条　児童福祉法第31条第4項に規定する延長者（以下この条において「延長者」という。）、延長者の親権を行う者、未成年後見人その他の者で、延長者を現に監護する者（以下この項において「延長者の監護者」という。）及び延長者の監護者がその監護する延長者について行う次に掲げる行為（以下この項において「延長者虐待」という。）については、延長者を児童と、延長者の監護者を保護者と、延長者虐待を児童虐待と、同法第31条第2項から第4項までの規定による措置を同法第27条第1項第1号から第3号まで又は第2項の規定による措置とみなして、第11条第1項から第3項まで及び第5項、第12条の4並びに第13条第1項の規定を適用する。

一　延長者の身体に外傷が生じ、又は生じるおそれのある暴行を加えること。
二　延長者にわいせつな行為をすること又は延長者をしてわいせつな行為をさせること。
三　延長者の心身の正常な発達を妨げるような著しい減食又は長時間の放置、延長者の監護者以外の同居人による前2号又は次号に掲げる行為と同様の行為の放置その他の延長者の監護者としての監護を著しく怠ること。
四　延長者に対する著しい暴言又は著しく拒絶的な対応、延長者が同居する家庭における配偶者に対する暴力その他の延長者に著しい心理的外傷を与える言動を行うこと。

2　延長者又は児童福祉法第33条第8項に規定する保護延長者（以下この項において「延長者等」という。）、延長者等の親権を行う者、未成年後見人その他の者で、延長者等を現に監護する者（以下この項において「延長者等の監護者」という。）及び延長者等の監護者がその監護する延長者等について行う次に掲げる行為（以下この項において「延長者等虐待」という。）については、延長者等を児童と、延長者等の監護者を保護者と、延長者等虐待を児童虐待と、同法第31条第2項から第4項までの規定による措置を同法第27条第1項第1号から第3号まで又は第2項の規定による措置と、同法第33条第6項から第9項までの規定による一時保護を同条第1項又は第2項の規定による一時保護とみなして、第11条第4項、第12条から第12条の3まで、第13条第2項から第4項まで、

2〜4　（略）

（新設）

第13条の２、第13条の４及び第13条の５の規定を適用する。 一　延長者等の身体に外傷が生じ、又は生じるおそれのある暴行を加えること。 二　延長者等にわいせつな行為をすること又は延長者等をしてわいせつな行為をさせること。 三　延長者等の心身の正常な発達を妨げるような著しい減食又は長時間の放置、延長者等の監護者以外の同居人による前２号又は次号に掲げる行為と同様の行為の放置その他の延長者等の監護者としての監護を著しく怠ること。 四　延長者等に対する著しい暴言又は著しく拒絶的な対応、延長者等が同居する家庭における配偶者に対する暴力その他の延長者等に著しい心理的外傷を与える言動を行うこと。	
（大都市等の特例）	（大都市等の特例）
第17条　（略）	**第16条**　（略）
（罰則）	（罰則）
第18条　第12条の４第１項（第16条第１項の規定によりみなして適用する場合を含む。以下この条において同じ。）の規定による命令（第12条の４第２項（第16条第１項の規定によりみなして適用する場合を含む。）の規定により第12条の４第１項の規定による命令に係る期間が更新された場合における当該命令を含む。）に違反した者は、１年以下の懲役又は100万円以下の罰金に処する。	**第17条**　第12条の４第１項の規定による命令（同条第２項の規定により同条第１項の規定による命令に係る期間が更新された場合における当該命令を含む。）に違反した者は、１年以下の懲役又は100万円以下の罰金に処する。
第19条　第13条第４項（第16条第２項の規定によりみなして適用する場合を含む。）の規定に違反した者は、１年以下の懲役又は50万円以下の罰金に処する。	**第18条**　第13条第４項の規定に違反した者は、１年以下の懲役又は50万円以下の罰金に処する。

第4編
資　料

◎児童福祉法等の一部を改正する法律案に対する附帯決議

〔平成28年5月26日 参議院厚生労働委員会〕

政府は、本法の施行に当たり、次の事項について適切な措置を講ずるべきである。

一、自分から声を上げられない子どもの権利を保障するため、子どもの権利擁護に係る第三者機関の設置を含めた実効的な方策を検討すること。

二、児童虐待を防止し子どもの健全な育成を図るため、子どもに対する有形力の行使は、子どもの精神あるいは発達に様々な悪影響を及ぼし得るため基本的には不適切であることを周知徹底するなど、体罰によらない子育てを啓発すること。また、今日の家族を取り巻く状況の把握に努めるとともに、国際社会における議論の動向等を踏まえ親権を行う者の懲戒権の行使の在り方について検討すること。

三、要保護児童対策地域協議会の更なる活用等による関係機関の連携強化を推進すること。また、市区町村における支援体制の強化及び児童相談所設置自治体の拡大に当たっては、専門人材の確保や財政面の支援等の必要な措置を行うこと。

四、児童虐待は刑事事件に発展する危険性を有しており、児童相談所と警察等関係機関が連携した対応を行うことが重要であることから、児童虐待案件に関する情報が漏れなく確実に共有されるよう必要な検討を行うとともに、より緊密かつ的確な情報共有が可能となるよう児童相談所の体制の強化についても検討すること。

五、医師・歯科医師・薬剤師は学校における健康診断等を通じて児童の生活状況や栄養状況を知ることができる立場にあることに鑑み、ネグレクトを含め要支援児童等を早期に発見するために学校関係者と学校医・学校歯科医・学校薬剤師が相互に連携を図りながらより一層協力できる体制を整備すること。

六、一時保護については、子どもを取り巻く背景が様々であることに配慮し、個別の事情に応じた一時保護の在り方について検討するとともに、一時保護所の適切な運営を確保するために必要な措置を講ずること。

七、児童心理治療施設が子どもの成長や自立に重要な役割を果たしていることに鑑み、その拡充について必要な措置を講ずること。また、虐待の連鎖を防ぐため、虐待を受けた子どもが大人になった後も継続的に心のケアを受けることができる仕組みを早急に構築すること。

八、社会的養護の対象となった子ども等が自立した生活を送る力を身につけるまで必要な援助を続けるため、措置延長制度や自立援助ホームの積極的活用を図るとともに、児童福祉法が対象とする年齢を超えた場合においても引き続き必要な支援を受けることができる仕組みを早急に整備すること。

九、子どもの社会的養護に万全を期すためには、児童福祉施設における養護とともに、里親制度を始めできる限り家庭と同様の養育環境が必要であることに鑑み、里親制度に関する

国民的理解を広げることも含めた里親への支援体制の整備に関する施策について、更なる拡充を含め検討すること。
十、特別養子縁組により子どもに対して永続的な家庭を保障することの重要性に鑑み、児童相談所と関係機関との連携の強化、養親候補者への研修の実施、特別養子縁組成立後の支援の在り方等について直ちに検討を開始し、特別養子縁組の利用促進のために必要な措置を講ずること。

右決議する。

◎児童虐待防止対策強化プロジェクト（施策の方向性）

Ⅰ　はじめに
- ○　社会の変容等に伴う子どもと家庭を取り巻く今日的な課題に対応するため、中長期的な視点から、児童虐待防止対策をはじめとする子ども家庭福祉の在り方について包括的に検討する。
- ○　特に、依然として深刻な状況にある児童虐待の問題については、その課題の克服に向け、「児童虐待防止対策について」（平成26年12月26日・児童虐待防止対策に関する副大臣等会議）に盛り込まれた事項の着実な実施に加え、発生予防から自立支援までの一連の対策の更なる強化を図る。
- ○　今後、財源確保も含め、強化策の具体化に向けた検討を更に進め、「ひとり親家庭・多子世帯等自立応援プロジェクト」と併せて、平成27年末に政策パッケージを策定することとする。
- ○　なお、新たな子ども家庭福祉の在り方についての検討を速やかにスタートさせ、そうした議論を踏まえ、次期通常国会への法案提出を目指す。
- ○　また、これらの一連の対策が効果的に機能するよう、必要な検証を行い、定期的に見直しを行うこととする。

Ⅱ　今後の児童虐待防止対策の在り方
- ○　子ども家庭福祉の軸となる理念は、単なる安全確保を超えた、全ての児童の健やかな成長とその実現のための養育支援であり、全ての児童は、適切な養育を受ける権利を有するとともに、その自立が保障されるべきである。
- ○　そのためには、官・民のパートナーシップを構築し、民間の創意工夫を積極的に活用することも重要である。
- ○　こうした理念の下、現行の児童相談所が介入と支援の両方の機能を有している点や、国、都道府県（児童相談所）及び市町村の役割と責任の分担について整理し、新たな仕組みを構築するべきであるとの指摘がある。今後、こうした指摘を踏まえつつ、新たな仕組みの在り方についての検討を早急に開始する。その際には、見直しの実効性の検証や専門職員を含む体制強化等についても、併せて検討する。
- ○　また、現行の児童虐待防止対策における司法の関与は部分的であるが、具体的な必要性、要件、効果等を整理した上で、司法の関与を拡大するという方向について検討が必要であるとの指摘がある。こうした見直しの検討に際しては、その検討に先んじて、行政施策に対する司法の関与の在り方に応じた児童相談所の将来像の明確化、本格的な職員の専門性の向上、児童相談所の機能や役割の整理などの検討を行う必要がある。

Ⅲ　当面の児童虐待防止対策の強化の考え方
- ○　まず、望まない妊娠、若年者の妊娠等について、関係機関からの情報提供の新たな仕組み及び子育て家庭へのアウトリーチ型支援により、行政や民間と子育て家庭の接点を

確保し支援につなげることで、児童虐待の発生を未然に防止する。
○　こうした取組によっても、未然に防止できず虐待事案が発生した場合においては、児童相談所、市町村などの関係機関が、共通の判断基準によりアセスメントを行う新たな仕組みを通じて情報を共有することで、全ての支援を要する児童に対し、質の高い最適な支援を実現する。
○　支援の過程において、個々人の状況を踏まえて里親委託や養子縁組など家庭的な環境で養育することを推進するとともに、家庭での養育が困難となった施設入所・里親委託等の被虐待児童についても、個々人の発達に応じたテーラーメード型の支援を行うとともに、新たに、施設退所児童等からの相談に応じるなど心の拠り所となる居場所づくりの推進等のフォローアップを行うことにより、確実な自立に結びつける。

1　児童虐待の発生予防の強化
○　地域における子育て相談・支援機関を拡充するとともに、妊娠期から子育て期までの切れ目ない支援を通じて、行政等と子育て家庭の接点を確保し、児童虐待の発生自体を予防し、減少させることが重要である。

(1)　妊娠期からの切れ目ない支援による発生予防
○　児童相談所や市町村における児童虐待に係る相談対応件数は増加の一途を辿り、死亡事例の4割強が0歳児であるなど、妊娠や子育ての不安、孤立等に対応し、児童虐待のリスクを早期に発見・逓減することが必要である。その際、子育て支援等に自ら接点を持ちにくい家庭への支援も積極的に行うことが必要である。

【施策の方向性】
①　子育て世代包括支援センターの全国展開
　　産婦人科・小児科の医療機関等と連携しながら、妊娠期から子育て期まで切れ目ない支援をワンストップで実施するため、子育て世代包括支援センターの全国展開を目指す。また、関係機関等において支援を要する妊婦の情報について共有し、低所得の妊婦に対し助産施設の周知を行うとともに、望まない妊娠や若年者の妊娠等について相談を受けた場合に、必要に応じて、児童相談所と連携して、特別養子縁組につなぐ仕組みとすること等を検討する。

②　支援を要する妊婦の情報の確実な把握等
　　児童虐待による死亡事例の4割強が0歳児であることを踏まえ、妊娠期段階から、適切な支援を行うことで、虐待を未然に防ぐことが可能な場合がある。このため、支援を要する妊婦と思われる者を把握した学校、児童福祉施設、病院等の機関が、市町村に対して通知するなど、適切に情報提供を行うものとすることを検討する。

③　助産施設の周知の徹底
　　費用負担を懸念して医療機関へのアクセスをためらい、結果として支援が遅れることを防ぐため、低所得の妊婦に助産を行う助産施設の更なる周知を行うことを検討する。

④　子育て家庭へのアウトリーチ型支援

様々な事情により行政機関や子育て支援拠点と自ら接点を持ちにくい子育て家庭に対するアウトリーチ型支援の在り方を検討する。また、乳児家庭全戸訪問事業・養育支援訪問事業について、里親家庭も対象であることを明確化した上で、活用することを検討する。

⑤ 児童相談所全国共通ダイヤルの積極的な活用

児童相談所全国共通ダイヤル（189）については、その運用状況を踏まえつつ、更なる周知を行うとともに、必要に応じて、利用者の立場に立った利便性の改善を図ることを検討する。

2 関係機関の情報共有による最適な支援

○ 児童虐待が発生した場合には、児童の安全を確保するための初期対応が確実・迅速に図られるよう、国、都道府県（児童相談所）及び市町村の役割と責任の分担を整理するとともに、児童相談所や市町村の体制整備や要保護児童対策地域協議会の機能強化を行う。

(1) 児童相談所・市町村の体制整備と役割分担

○ 児童相談所や市町村における児童虐待に係る相談対応件数が増加の一途を辿る中、業務量に見合った児童相談所や市町村の相談体制を整備するとともに、その専門性を確保することが必要である。また、児童相談所と市町村との役割分担をより明確化することが必要である。

【施策の方向性】

① 児童相談所等の相談体制

児童虐待に係る相談対応件数が増加傾向にある中、法的知識を要する相談や心理面に配慮することが必要な相談に迅速かつ的確に対応するため、児童相談所や市町村の相談体制の整備や専門性の向上について検討する。

② 初期対応の役割分担及び児童相談所から市町村への事案送致

迅速な初期対応を図るため、児童相談所・市町村間の共通アセスメントツールの枠組みや、市町村が対応することが適当な事案を児童相談所から市町村に送致する枠組みについて検討する。

(2) 要保護児童対策地域協議会の機能強化

○ 児童虐待については地域の関係機関等が連携して対応するべきであるが、依然として要保護児童対策地域協議会を置いていない市町村がある一方、要保護児童対策地域協議会を置いている場合であっても、要保護児童対策調整機関の専門性が十分でなく、その調整能力が発揮されていないケースがあるとの指摘があるなど、要保護児童対策地域協議会の機能を強化することが必要である。

【施策の方向性】

① 協議会設置促進・調整機関の専門性の向上

地域の関係機関等が連携して適切に対応するため、市町村の要保護児童対策地域協議会の設置促進、要保護児童対策調整機関の専門性の向上について検討する。

② 調整機関による対象児童の判断

要保護児童対策地域協議会が取り扱う児童数が多過ぎ、結果としてその機能が十分に発揮されない事態を回避することにより、児童の置かれている状況に応じた手厚い支援を行うため、要保護児童対策調整機関が、協議会による支援等の対象児童か、利用者支援事業等の利用を促す児童かを判断する枠組みについて検討する。

③ 調整機関による協議不調時における主担当機関指定

　　　関係機関等の協議に時間を要して、適時適切に児童の保護等を行えない事態を回避するため、要保護児童対策地域協議会の協議が調わない場合には、要保護児童対策調整機関が、参加する１つの機関を主たる支援機関として指定する枠組みについて検討する。

(3) 被虐待児童の早期発見と迅速かつ的確な対応

○　児童虐待については早期に発見し、迅速かつ的確に対応することが重要であるが、児童虐待を発見しやすい立場にある学校や医療機関において、児童相談所や市町村に通告すべき事案であるかどうかを迷うケースがあるとの指摘がある。このため、それらの機関において、児童虐待に従来以上に対応できる体制を整備することが必要である。

○　また、児童相談所や市町村が迅速かつ的確に対応することができるよう、関係機関等の協力等について見直しを行うことが必要である。

【施策の方向性】

① **学校における児童虐待対応体制の整備**

　　　日々児童と接する学校において被虐待児童を早期に発見し、児童相談所や市町村への通告等の的確な対応が迅速になされるようにするため、虐待を発見するポイント・発見後の対応の仕方などについて研修等において引き続き教職員に周知していく。

　　　また、市町村や児童相談所と連携しながら必要な支援を実施するため、学校へのスクールソーシャルワーカー及びスクールカウンセラーの配置を充実するとともに、これらの外部専門家に対する虐待を含めた研修を充実することを検討する。

② **医療機関における児童虐待対応体制の整備**

　　　医療機関において被虐待児童を早期に発見するとともに、被虐待児童やその保護者への対応を適切に行うため、医療従事者に対する研修や要保護児童対策地域協議会への参加を促進することを検討する。

③ **関係機関等による調査協力等**

　　　児童虐待の防止に必要であるとして児童相談所や市町村から児童やその保護者の心身の状況等に関する資料等の提供を求められた場合に、地方公共団体の機関や学校、児童福祉施設及び医療機関等が、当該調査に対し協力する枠組み等について検討する。

④ **児童相談所間の情報共有**

　　　児童虐待に関する情報連絡システムや全国の児童相談所間のデータ共有の在り方について検討する。

⑤ **緊急時の臨検・捜索手続の簡素化**

虐待を受けていると思われる児童の安全を迅速に確保するため、緊急時における、都道府県による児童の家庭への臨検・児童捜索手続の簡素化について検討する。

⑥ **民間の活用等による里親委託等の推進**

民間企業やNPO法人を含む民間団体それぞれの得意分野に応じて、里親の開拓、研修、マッチング、自立支援等の里親支援機関事業の委託を推進することにより、児童相談所の里親委託に係る業務の軽減と里親委託の推進を図ることを検討する。その際、成果に応じた仕組みとすることや、里親支援機関事業の在り方について検討する。また、養子縁組に関する調査研究等の状況を踏まえ、養子縁組の推進方策の在り方について検討する。さらに、育児・介護休業法上の育児休業の対象となる子の範囲について検討する。

⑦ **その他**
・一時保護の対象となる児童の数が増加傾向にあるとともに、その入所事由も被虐待や非行等様々であることから、一時保護所の体制整備等を検討
・一時保護所の第三者評価の在り方の検討
・被虐待児童の心理的負担に配慮した面接の在り方の検討
・情緒障害児短期治療施設の体制整備等の検討

3 被虐待児童の自立支援とフォローアップ

○ 被虐待児童については、まずは親子関係の再構築を図るための支援が重要であるが、施設入所や里親委託の措置が採られることとなった場合には、18歳到達後や施設退所後等も含め、個々の児童の発達に応じた支援を実施し、自立に結びつけることが重要である。

(1) **親子関係再構築の支援**

○ 虐待を受けた経験のある児童について、児童本人への支援はもとより、保護者への援助も行うことで親子関係の再構築が図られることは意義があり、また、親子関係再構築支援の取組により児童が家庭復帰した場合には、安定的な親子関係の継続に配慮することが必要である。

【施策の方向性】

① **一時保護の延長の際の保護者関与**

一時保護の延長に当たって、児童相談所と保護者との関係を円滑に保ち、保護者の納得性を高めるため、都道府県児童福祉審議会の意見聴取の際に、保護者が意見を述べる機会を設けることを検討する。

② **一時保護や措置の解除時の助言等**

親子関係再構築を円滑に進め、児童の家庭復帰後の再度の虐待発生を防止するため、一時保護・施設入所等の措置の解除時における、第三者による今後の親子関係の在り方等に関する助言・カウンセリングの実施を検討する。

③ **措置解除後等における継続的な安全確保措置**

措置解除後に帰宅した場合や一時保護の解除時、施設入所中の一時帰宅時などにおいても、市町村、児童養護施設、NPO等の関係機関等が連携して定期的に連絡・訪

問すること等により、児童の安全確認を行うとともに、家族への相談支援を行うものとすることを検討する。

④ **児童養護施設等による親子関係再構築支援**
施設等入所中又は施設等退所後の児童とその保護者に対する当該施設等による親子関係再構築支援の在り方について検討する。

⑤ **その他**
・児童家庭支援センターの更なる活用の在り方の検討

(2) **施設入所等児童の自立支援**
○ 被虐待児童に対し、入所措置等の時点から計画的・効果的な自立支援を行うとともに、施設退所等後も引き続き適切な支援を行うことが必要である。

【施策の方向性】

① **自立支援計画に基づく効果的な進路指導等の実施**
施設入所等児童に対し、入所措置の時点から自立に向けて効果的な支援を提供していくため、進路指導、職業指導等に係る専門的支援を行うことを検討する。

② **里親委託児童の自立支援の充実**
里親委託児童の自立支援を充実させるため、日常的に里親や委託児童を支援する里親支援機関が自立支援計画を作成することを可能とすることを検討する。また、乳幼児健康診査について、里親家庭も対象であることを明確化した上で、活用することを検討する。

③ **18歳に達した者に対する支援**
積極的な保護や支援が必要な者への18歳到達後の支援の在り方について検討する。

④ **施設退所後のアフターケアの推進**
自立援助ホームの活用等を通じた生活支援や施設退所児童等からの相談に応じるなど心の拠り所となる居場所づくりの推進について検討する。

4 **民間の創意工夫の活用**

○ 今回とりまとめた「方向性」を踏まえた具体的な検討に当たっては、被虐待児童等の社会的養護を必要とする者への支援は、社会全体で取り組むことが重要との認識の下、官・民のパートナーシップを構築し民間の創意工夫を積極的に活用することを検討する。

○ 既に、行政が未だ実施していない事業を民間投資によって行い、行政がその成果に対する対価を支払うといった手法が行われている。こうした取組を始めとした先駆的な取組を幅広く参考とし、本分野での効果的な取組手法の検討・導入を目指す。

◎児童相談所強化プラン

〔平成28年4月25日　厚生労働省児童虐待防止対策推進本部決定〕

1　目的

- 児童相談所における児童虐待相談対応件数の増加が続き、複雑・困難なケースも増加している。第190回国会に提出した「児童福祉法等の一部を改正する法律案」においては、児童虐待に関する対策強化の一環として、児童相談所の体制・専門性や権限の強化を図るとともに、里親や養子縁組に関する支援を児童相談所の業務として位置付けること等を盛り込んでいる。

　こうした状況を踏まえ、「すべての子どもの安心と希望の実現プロジェクト」（愛称：「すくすくサポート・プロジェクト」）（平成27年12月21日子どもの貧困対策会議決定）に基づき、児童福祉司等の専門職の配置の充実や資質の向上を図るなど、児童相談所の体制及び専門性を計画的に強化するため、「児童相談所強化プラン」を策定する。

　厚生労働省としては、本プランを達成するため、関係省庁と連携しつつ、法律・予算・運用全般にわたり必要な取組を強力に進めていく。

※「すべての子どもの安心と希望の実現プロジェクト」（抄）
○　児童相談所の体制や専門性を計画的に強化するため、「児童相談所体制強化プラン」（仮称）を策定し、児童福祉司、児童心理司、保健師等の配置の充実や、子どもの権利を擁護する観点等からの弁護士の活用等を行う。

2　対象期間

- 本プランの対象期間は、平成28年度から平成31年度までとする。

3　専門職の増員等

○児童福祉司の増員

- 児童虐待発生時の迅速・的確な対応を確保するため、児童・保護者等への指導等を行う児童福祉司について、配置標準を、区域内の人口等に加え、児童虐待相談対応件数を考慮したものに見直した上、平成31年度までの4年間で、全国で550人程度増員を目指す。

　【目標】平成27年度　2,930人
　　　→　平成31年度　3,480人（＋550人程度）

○スーパーバイザーの増員

- 児童福祉司の職務遂行能力の向上等を図るため、他の児童福祉司の指導・教育を行う児童福祉司（スーパーバイザー）について、児童相談所への配置を児童福祉法に新たに規定した上、平成31年度までの4年間で、全国で110人程度の増員を目指す（児童福祉司の増員の内数）。

　【目標】平成27年度　470人

→ 平成31年度　580人（＋110人程度）

○**児童心理司の増員**
- 虐待等により心に傷を負った児童へのカウンセリング等の充実を図るため、心理に関する専門的な知識・技術に基づき指導を行う児童心理司について、児童相談所への配置を児童福祉法に新たに規定した上、平成31年度までの4年間で、全国で450人程度の増員を目指す。
  【目標】平成27年度　1,290人
  → 平成31年度　1,740人（＋450人程度）

○**保健師の増員**
- 児童の健康・発達面に関する支援の充実を図るため、保健師について、児童相談所への配置を児童福祉法に新たに規定した上、平成29年度までに全国で120人程度の増員を目指す。
  【目標】平成27年度　90人
  → 平成29年度　210人（＋120人程度）

○**弁護士の配置等**
- 法律に関する専門的な知識経験に基づき業務を適切かつ円滑に行うため、児童相談所への弁護士の配置又はこれに準ずる措置を児童福祉法に新たに規定し、積極的に推進する。
  【目標】平成28年10月以降、全ての児童相談所において、弁護士の配置又はこれに準ずる措置を行う。

4　児童福祉司の資質の向上

○**児童福祉司の研修**
- 児童福祉法を改正し、児童福祉司は、国が定める基準に適合する研修を受けなければならないものとする。
  【目標】平成29年度までに全ての児童福祉司の研修受講を目指す。
  （H27年度の児童福祉司数　2,930人）

○**スーパーバイザーの研修**
- 児童福祉法を改正し、他の児童福祉司の指導・教育を行う児童福祉司（スーパーバイザー）は、国が定める基準に適合する研修を受けなければならないものとする。
  【目標】平成29年度までに全てのスーパーバイザーの研修受講を目指す。
  （H27年度のスーパーバイザーの数　470人）

○**児童福祉司に任用される社会福祉主事の任用前講習**
- 児童福祉法を改正し、社会福祉主事として児童福祉事業に従事した者を児童福祉司に任用する場合には、国が定める講習会の課程を修了した者を任用するものとする。

5　関係機関との連携強化等

○**市町村との役割分担**
- 増大する通告・相談に迅速・的確に対応するため、児童相談所と市町村（特別区を含む）との間で事前に役割分担が可能となるよう、児童相談所と市町村に共通のアセ

スメントツールを作成し、両者の役割分担を明確化する。

○市町村の要保護児童対策地域協議会の機能強化
- 地域の関係機関等の連携を強化するため、市町村が設置する要保護児童対策地域協議会の設置を徹底する。
- 児童福祉法を改正し、要保護児童対策調整機関に配置される専門職は、国の定める基準に適合する研修を受けなければならないものとする。

○警察との連携強化
- 被虐待児童の迅速・適切な安全確保を徹底するため、事案や地域の実情を踏まえながら、児童相談所と警察との以下の連携を強化する。
  ① 確実な情報共有等の取組を強化する。
  ② 児童相談所において、警察と連携し人事交流や研修、警察官OBの配置を推進する。

○一時保護所の環境改善
- 一時保護所について、個々の児童の状況等に配慮した対応を確保するため、居室の小規模化や、児童の年齢、入所事由等に応じた処遇確保等の改善を図る。

○民間の創意工夫の活用
- 家族再統合に向けた保護者支援等について、民間の創意工夫を積極的に活用する。

児童相談所強化プランの目標（専門職の増員）

	平成27年度		配置目標		
児童福祉司	2,930人	→	3,480人（平成31年度まで）	＋	550人程度
うちスーパーバイザー	470人	→	580人（平成31年度まで）	＋	110人程度
児童心理司	1,290人	→	1,740人（平成31年度まで）	＋	450人程度
保健師	90人	→	210人（平成29年度まで）	＋	120人程度
合計	4,310人	→	5,430人（平成31年度まで）	＋	1,120人程度

※児童相談所の人員体制強化に当たり、上記専門職以外の職員の一部（450人程度）を専門職に振り替える（全体で670人程度の純増）。
※進捗状況等を踏まえ、必要に応じて目標の前倒し等の見直しを行うことがあり得る。
※平成27年度は、平成27年4月1日時点で児童相談所に配置されている人数（雇用均等・児童家庭局総務課調べ）。

キーワード索引

あ行

一時預かり事業　33、108
一時保護　8、98
医療型児童発達支援　31
医療型児童発達支援センター　117

か行

家庭的保育事業　34
家庭的保育事業等　108
給付決定等　32
居宅訪問型保育事業　34
継続障害児支援利用援助　32
子育て援助活動支援事業　35
子育て支援事業　71
子育て世代包括支援センター　24
子育て短期支援事業　33、107

さ行

里親　19、35、118
事業所内保育事業　34
市町村　7、37
市町村児童福祉審議会　36
指定小児慢性特定疾病医療機関　31
指定発達支援医療機関　31
指定保育士養成施設　43
児童　30
児童委員　42
児童家庭支援センター　117
児童虐待　2、142
児童虐待防止対策強化プロジェクト　2、196
児童厚生施設　116
児童自立支援施設　117
児童自立生活援助事業　32、101、106
児童心理司　10

児童心理治療施設　24、117
児童相談所　10、17、39、93
児童相談所強化プラン　11、202
児童等　31
児童発達支援　31
児童発達支援センター　117
児童福祉司　10、39、40
児童福祉施設　36、113
児童福祉審議会　14、36
児童養護施設　116
重症心身障害児　36
障害児　31
障害児支援利用援助　32
障害児支援利用計画　32
障害児支援利用計画案　32
障害児相談支援　32
障害児相談支援事業　32、105
障害児通所支援　31
障害児通所支援事業　31、105
障害児入所支援　36
障害児入所施設　116
小規模住居型児童養育事業　34、106
小規模保育事業　34
情緒障害児短期治療施設　24
小児慢性特定疾病　47
小児慢性特定疾病児童等　31
小児慢性特定疾病児童等自立支援事業　54
少年　31
助産施設　115
自立援助ホーム　23
スーパーバイザー　10

た行

地域子育て支援拠点事業　33、107
地方社会福祉審議会　36
通所給付決定　32

通所給付決定の変更の決定　32
通所給付決定保護者　32
特定妊婦　10、33
都道府県　7、37、94
都道府県児童福祉審議会　36

行

乳児　30
乳児院　116
乳児家庭全戸訪問事業　33
妊産婦　31

行

被措置児童等虐待　102
病児保育事業　35、112
福祉型児童発達支援センター　117
福祉事務所　39、93
保育士　43
保育所　116
保育所等訪問支援　32
保育を必要とする乳児・幼児　34

放課後児童健全育成事業　33、106
放課後等デイサービス　31
保護者　31
母子健康包括支援センター　24
母子生活支援施設　116

行

満20歳以上義務教育終了児童等　33
満20歳未満義務教育終了児童等　33

行

養育里親　35、112
養育支援訪問事業　33
幼児　30
養子縁組里親　20、35、112
要支援児童　10、33
要支援児童等　33
要保護児童　8、34、90
要保護児童対策地域協議会　16、90
幼保連携型認定こども園　116

改正児童福祉法・児童虐待防止法のポイント
（平成29年4月完全施行）
—— 新旧対照表・改正後条文

平成28年11月25日　初 版 発 行
令和元年11月1日　　初版第2刷発行

編　　集	中央法規出版編集部
発 行 者	荘村明彦
発 行 所	中央法規出版株式会社
	〒110-0016　東京都台東区台東3-29-1　中央法規ビル
	営　　業　TEL 03-3834-5817　FAX 03-3837-8037
	書店窓口　TEL 03-3834-5815　FAX 03-3837-8035
	編　　集　TEL 058-231-8160　FAX 058-296-0031
	https://www.chuohoki.co.jp/
印刷・製本	長野印刷商工株式会社

定価はカバーに表示してあります。
ISBN978-4-8058-5445-7

本書のコピー、スキャン、デジタル化等の無断複製は、著作権法上での例外を除き禁じられています。また、本書を代行業者等の第三者に依頼してコピー、スキャン、デジタル化することは、たとえ個人や家庭内での利用であっても著作権法違反です。

落丁本・乱丁本はお取り替えいたします。